デヴィッド・グレーバー
David Graeber
酒井隆史 訳

官僚制のユートピア

テクノロジー、構造的愚かさ、リベラリズムの鉄則

The Utopia of Rules
On Technology, Stupidity, and the Secret Joys of Bureaucracy

以文社

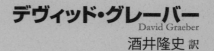

官僚制のユートピア　目　次

序　リベラリズムの鉄則と全面的官僚制化の時代　3

リベラリズムの鉄則　13

1　物理的暴力そのものの重要性を過小評価してはならない。　43

2　原因としてのテクノロジーの重要性を過大評価するな。　47

3　すべて究極的には価値にかかわることであると銘記すること。　50

1　想像力の死角？　構造的愚かさについての一考察　63

2　空飛ぶ自動車と利潤率の傾向的低下　149

テーゼ　一九七〇年代に、いまとはちがう未来の可能性とむすびついたテクノロジーへの投資から、労働規律や社会的統制を促進させるテクノロジーへの投資の根本的転換がはじまったとみなしうる。　171

アンチテーゼ　とはいえ、莫大な資金をえている科学やテクノロジーの領域すらも、もともと期待されていたブレイクスルーをみていない。　186

ジンテーゼ　詩的テクノロジー（Poetic Technologies）から
官僚制的テクノロジー（Bureaucratic Technologies）への移行について　200

3　規則《ルール》のユートピア、あるいは、つまるところ、
なぜわたしたちは心から官僚制を愛しているのか　211

1　脱魔術化の魔術化、あるいは郵便局の魔力　217
2　精神性の一形式としての合理主義　235
3　反官僚制的ファンタジーの官僚制化について　246
4　規則《ルール》のユートピア　270

補論　バットマンと構成的権力の問題について　293

注　324
訳者あとがき　371

装幀＝難波園子

扉の風刺画は、*Kultur Dokuments*（オリジナルはJay Kinney 編、PM Pressより2012年刊行の*Anarchy Comics: The Complete Collection*所収の*Anarchy Comics* ＃2より）より、吹き出し内の台詞を邦訳して転載。

官僚制のユートピア——テクノロジー、構造的愚かさ、リベラリズムの鉄則

序　リベラリズムの鉄則と全面的官僚制化の時代

いまや、官僚制が話題にのぼることはあまりなくなった。しかし、二〇世紀のなかごろ、とりわけ一九六〇年代後半から一九七〇年代はじめには、官僚制なる語はありふれていた。『官僚制の一般理論』[*1]『官僚制の政治』[*2]、はたまた『世界の官僚制化』[*3]といったような仰々しいタイトルの社会学の書物があった。それに、『パーキンソンの法則』[*4]『ピーター原理』[*5]あるいは『官僚制――いかに連中を困らせるか』[*6]といった通俗ペーパーバックのタイトルがずらりとならぶ。カフカ風の小説もあったし、諷刺映画もあった。官僚制的人生や官僚制的手続きの欠点や不条理が現代人間存在を規定する特徴のひとつであって、それ自体、大いに議論するにあたいするものと、だれもが感じていたようだ。しかし、一九七〇年代からこのかた、その波は奇妙なほどひいた。

たとえば次のような、一九世紀後半から二〇世紀にかけて英語で書かれた本に「官僚制」という用語があらわれる頻度をあらわした図をみてみよう。この主題についての関心は、戦後期までは地味なものだが、一九五〇年代には顕著な上昇をみせはじめ、一九七三年に頂点に達したあと、ゆるやかだが一貫して低落している。

なぜだろうか？　端的に慣れという事情があるのはあきらかである。官僚制はわたしたちにとって空気のようなものになったのだ。そこでもうひとつ別のグラフを想像してみよう。書類作成、あるいは純粋に官僚制から派生する義務をはたすために平均的アメリカ人――あるいはイギリス人あるいはタイの住民――が一年間に費やす時間数を単純に記録したものである（いうまでもなく、こうした義務のうちの圧倒的多数が、もはや物理的に実在する書類をふくんでいない）。

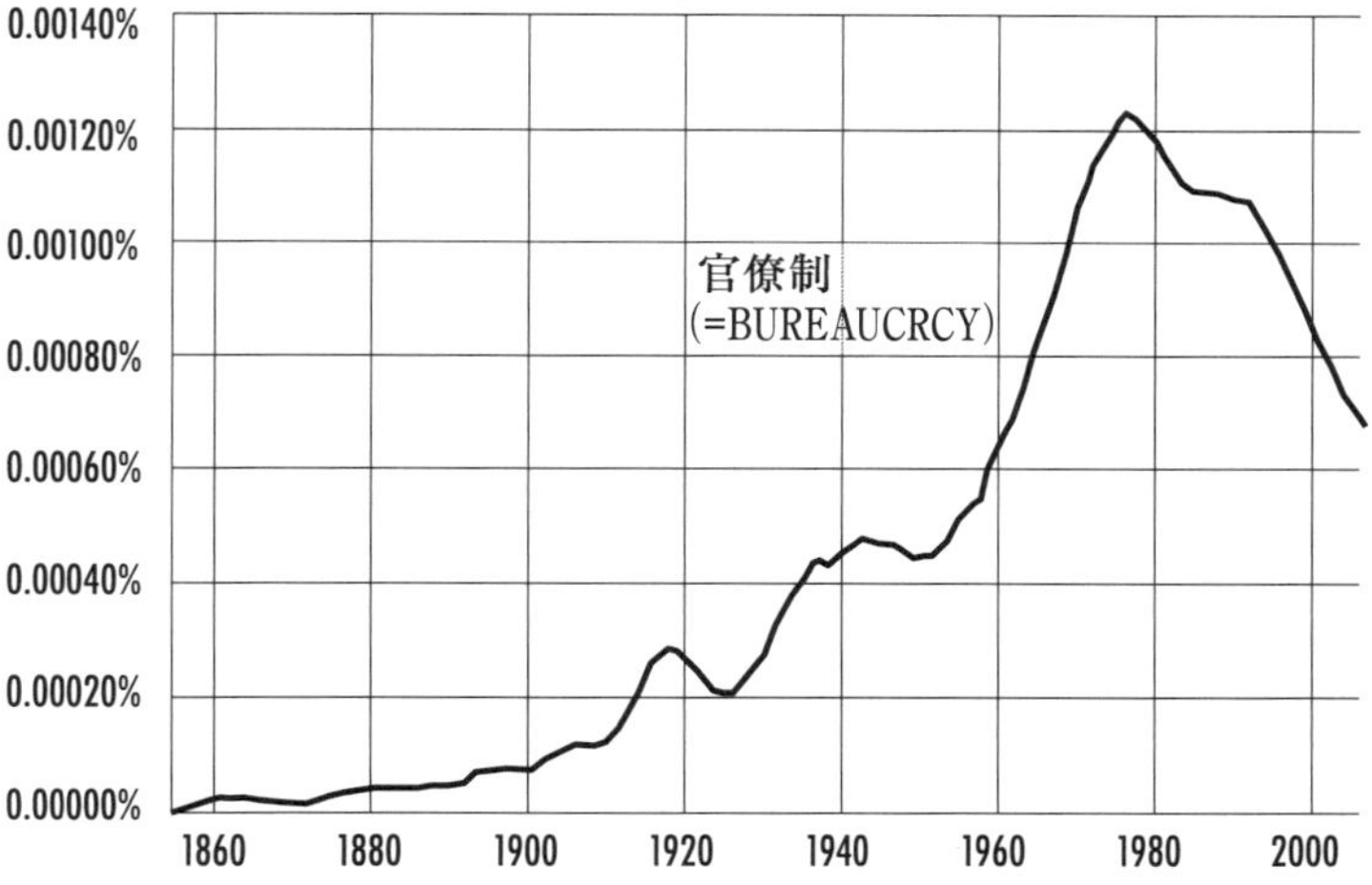

このグラフは、ほとんど確実に、先ほどのグラフの線と似たような動きを示すだろう。つまり、一九七三年まではゆるやかに上昇する。ところがこの時点で、ふたつのグラフは分岐して、［想像上の］グラフの線は、下降ではなく、そのまま上昇をつづけるであろう。それどころか、グラフの線は、二〇世紀終わりの次のような状況を追尾するなら、もっと急激に上昇するはずだ。かたや、中産階級市民は、携帯の電波状況やウェブ上の操作に悪戦苦闘して多大なる時間を費し、かたや、それほど恵まれぬ者は、縮小していく社会福祉サーヴィスをなんとかして獲得しようと、ややこしくなるいっぽうのサーカスばりの輪を一つひとつくぐっていくのに膨大な時間をつぎ込む、そのようなありさまである。

わたしが想像するに、グラフは次のようなものになるだろう。

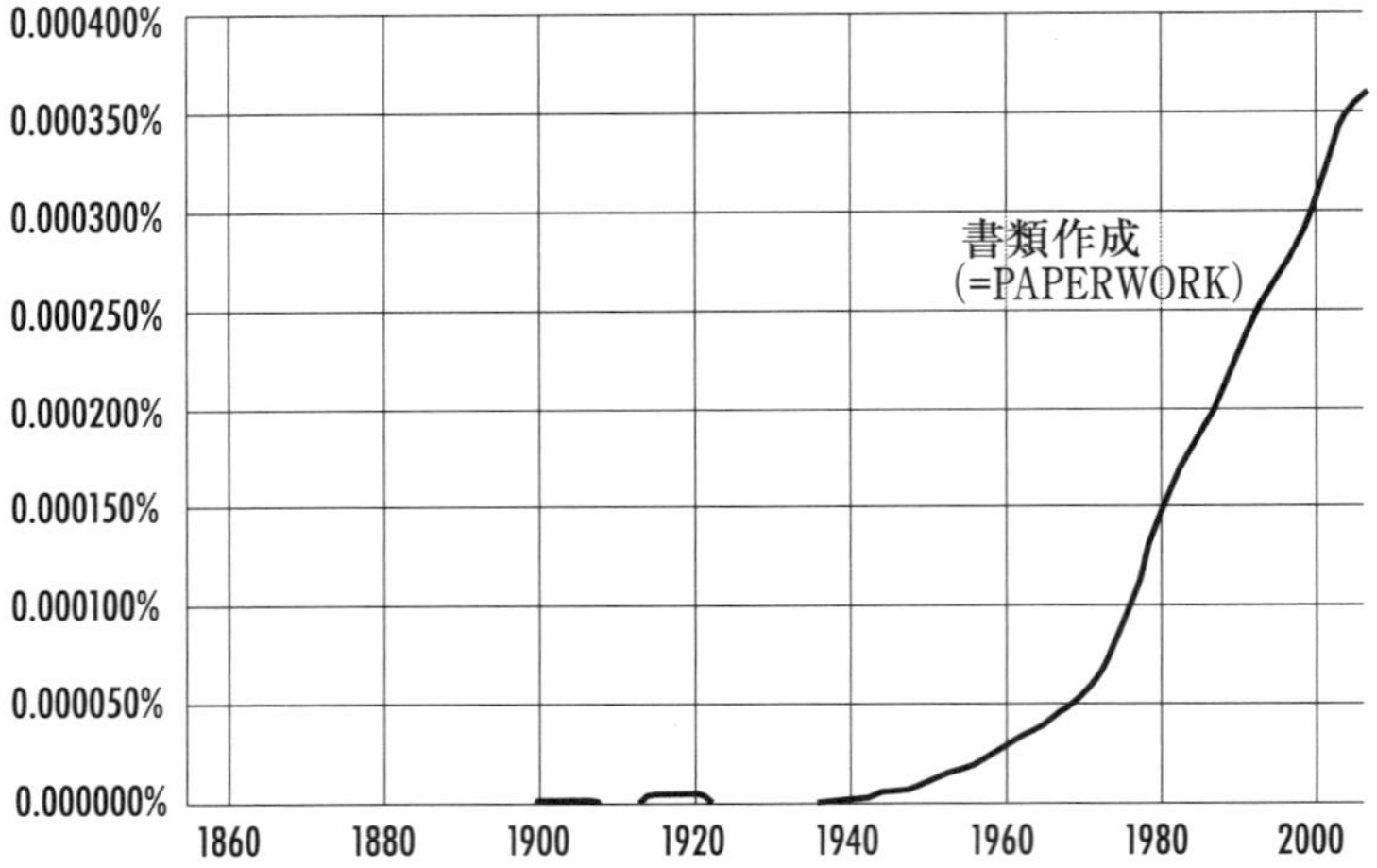

このグラフは、書類作成《ペーパーワーク》［以下、ペーパーワーク］についやされた時間ではなく、「ペーパーワーク」という用語が英語の書物で使用された頻度を示したものである。しかし、タイムマシーンで実態調査ができるわけではないので、これは［実際にペーパーワークに費やされた時間について］わたしたちのうることのできそうな近似値である。

ところで、ペーパーワークに関連した類似の意味の用語でもほとんど同様の結果をうることができる［たとえば、「業績評価（performance review）」である］。

この本に収められた論考はすべて、それぞれの視点から、この［官僚制という語彙使用の減少とペーパーワークの増大のあいだの］亀裂を対象としたものである。わたしたちは、もはや官僚制について考えることを好まないが、官僚

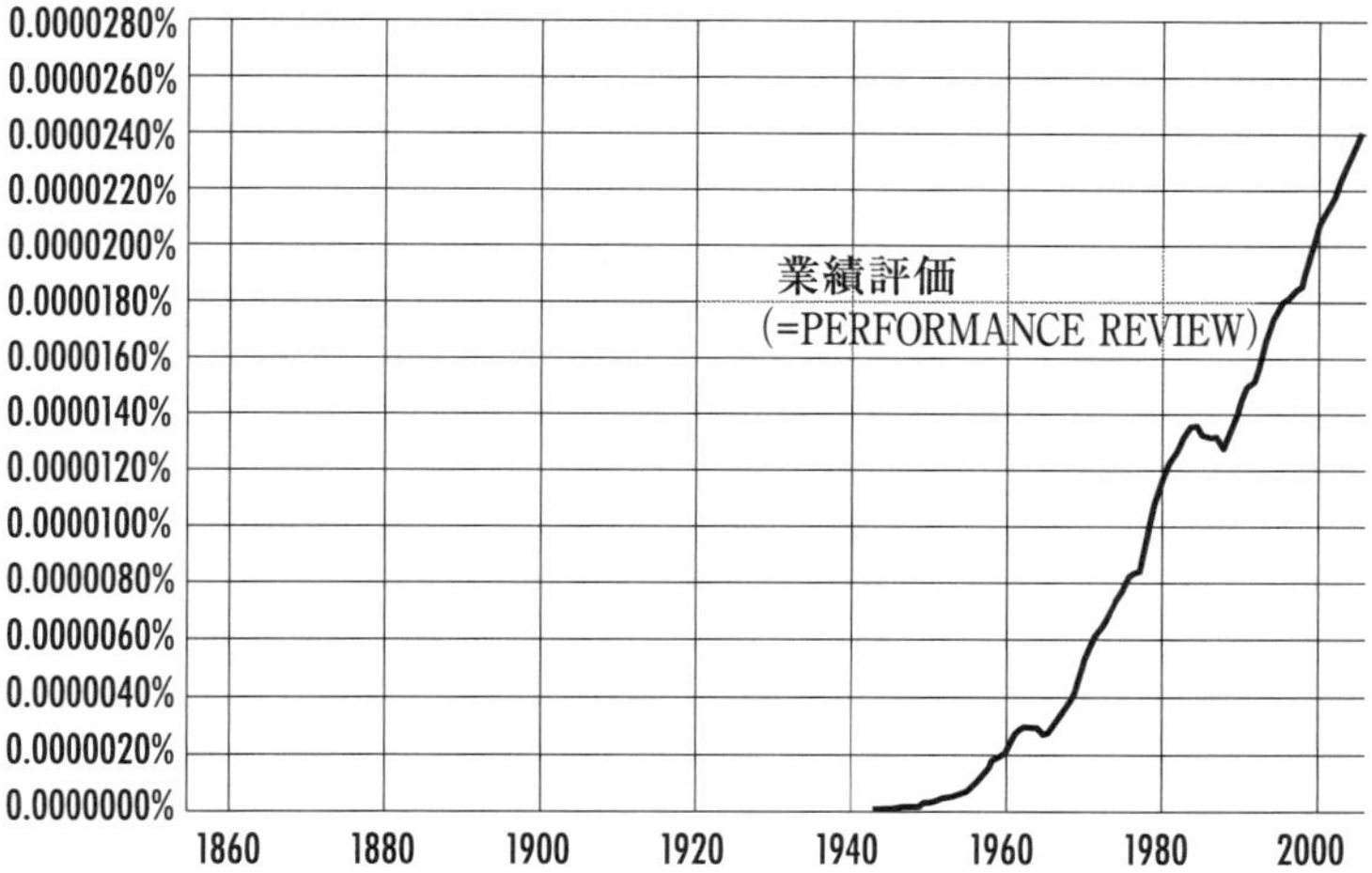

制は、わたしたちの存在のあらゆる側面を規定している。あたかも、一個の世界文明［総体］として、この話題が俎上にのぼるたびに、耳をふさぎ、鼻歌で聞こえないふりをしようと決め込んだかのようである。わたしたちがこの話題をあえて論議しようとするとしても、その場合、いまだこの用語がポピュラーだった一九六〇年代や一九七〇年代はじめの見方のうちにとどまっている。一九六〇年代の社会運動は、概して、その着想において左翼的であったが、かれらはまた官僚制に対しても、あるいはより正確にいうならば、官僚制的心性、そして戦後福祉国家のはらむ精神破壊的な体制順応主義《コンフォーミティ》に対しても反抗した。国家資本主義的体制と国家社会主義的体制の双方の灰色の役人を前にして、一九六〇年代は、個の表現や自発的共生《コンヴィヴィアリティ》の側に立ち、あらゆる形態の社会的統制に対抗し

た（「規則《ルール》とか規制《レギュレーション》とか、だれが必要としてるんだ？」）のである。

旧来の福祉国家の解体とともに、こうした議論が、決定的にズレているようにみえてきた。あらゆる社会問題に「市場による解決」を押しつける右翼が、獰猛ぶりに磨きをかけながら反官僚主義的個人主義の語り口を採用するにつれ、主流の左翼はますますいわば味気ない防衛的ふるまいにみずからを切り縮めていった。すなわち、旧式の福祉国家の残骸を救出せんとするのである。つまり、社会サーヴィスの一部私有化「民営化」や、あるいは、「市場原理」、「市場インセンティヴ」そして市場ベースの「説明責任プロセス」を、官僚制の構造それ自身に統合させることで、政府の取り組みをより「効率的」なものにしようとする試みに甘んじるか、あるいはしばしばそれを率先してさえきたのである。

その結果は政治的破局である。まったくもってそれ以外に表現しようがない。どんな社会問題であれ「穏健な」左翼的解決として提示されるものは——急進左派的《ラディカル》な解決法は、ほとんどあらゆる場面で、いまや**端的に**排除されている——、官僚制の最悪の要素と資本主義の最悪の要素の悪夢のごとき混合物である。あたかも何者かが、これ以上なく魅力の乏しい政治的立場を意図的にひねりだしているかのようなのだ。このたぐいの政策を掲げる政党に投票しようとする者がいるということは、まさに左翼的理念がいまだくすぶりつづけていることの証左ではある。というのも、かれらが投票する理由は、良い政策だからではなく、中道左派を自認する人間にとっての立場表明できるただひとつの政策だからである。

だとしたら、社会的危機のさいに、いま、人びとの怒りを表現する立場にたつのが左翼ではなくいつも右翼であるのに、どんな不思議があるだろう？

少なくとも右翼は官僚制の批判を**もっている**。決して上質のものではない。しかし少なくとも存在する。ところが左翼に、それはない。そのため、左翼と自認する者が官僚制について批判をしたいとき、たいてい右翼による批判を水で薄めたようなこととしかいえなくなってしまうのだ。[*7]

この右翼による官僚制批判をまとめることはむずかしくはない。起源は一九世紀のリベラリズムにある。[*8]フランス革命以降のヨーロッパでは、中産階級サークルにある筋書《ストーリー》きが流布しはじめた。文明化された世界は、ゆるやかで不均等ではあるが、避けることのできない変容を経験している、しかるに、その変容とは、権威主義的政府と坊主くさいドグマやカーストのごとき階層化をともなう戦士エリートの統治から、自由と平等そして啓蒙された商業的自己利益による統治への変容である、と。中世の商人階級は、シロアリのごとく古い封建的秩序を掘り崩した。シロアリとはいっても、良いシロアリである。崩壊した絢爛豪華たる絶対主義国家とは、リベラル版の歴史観によれば、旧体制の断末魔なのであり、国家が市場に、宗教的信仰が科学的悟性に、侯爵や男爵夫人などからなる厳格な秩序と身分が個人間の自由な契約にかわったとき、終わりを告げるはずのものなのである。

近代の官僚制の登場は、この筋書きに収まりがいいとはいえないために、いつもちょっとした厄介の種であった。原理上では、複雑な命令の鎖にしばられた役所のこれらお堅い役人など封建制の遺物にすぎず、次第に軍隊や将校団とおなじ轍をふんでいくはずであった。要するに、やがて不要になるとみなされていたのである。一九世紀終わりごろからのロシアの小説を開いてみるだけでよい。貴族の旧家の御曹司は全員が――実際には、「その御曹司のみならず」ほとんどだれもが――軍人（military officer）かあるいは官吏（civil officer）に転身するし（重要な登場人物はそれ以外になにもやっていないようにみえる）、軍人と官吏の集団は、ほとんど同一であるような身分、肩書き、感性を有しているようみなされていたのである。ところが、「ここには」だれの眼にもあきらかな問題が存在した。もし官僚制がたんなる遺物であるならば、なぜいたるところで――ロシアのような僻地だけでなく、繁栄する産業社会であるイギリスやドイツにおいても――年々、官僚たちが増殖をつづけているようにみえるのか?

ここから議論は次の段階へと進展する。官僚制は民主主義のプロジェクトに内在する欠陥である、という主張を核心とする議論があらわれるのである。*9 その最大の代表者は、オーストリアの亡命貴族であるルードヴィヒ・フォン・ミーゼスである。その一九四四年に公刊の書物『官僚制』の主張によれば、非人格的な市場の価格機構の効率性のようなものによって情報を組織することは、政府の行政システムにとって、その本性からして不可能である。ところが、経済上のゲームの敗者にまで投票権を拡張することは、行政手段によって社会問題の解決を試みる立派な事業という名目での、政府による介入へと必ずやいたりつくだろう。フォン・ミーゼスは、そうした解決策の支持者の多くが善意の持ち主であることはまちがいないと認めている。しかし、かれらの取り組みは事態を悪化させるだけなのだ。フォン・ミーゼスの考えでは、現実において、かれらの取り組みは究極のところ、民主主義の政治的基盤それ自体を破壊することになるであろう。というのも、社会的プログラムの管理運営者たちは、政府の運営のために選挙された政治家よりもはるかに影響力をもつ権力集団を形成するであろうし、つねに急進的《ラディカル》な改革を支持するだろうからである。フォン・ミーゼスによれば、その結果、当時、デンマークやスウェーデンはもとより、フランス、イギリスのような地域にも登場しつつあった社会的福祉国家は、一〇年か二〇年のうちに、不可避にファシズムに帰着するはずであった。

この観点においては、官僚制とは、暴走する善意なるものの究極の事例である。このような思考の型をもっとも効果的に人口に膾炙させたのが、たぶんロナルド・レーガンである。「英語でもっとも身の毛もよだつ九つのワードは、「わたしは政府から派遣されて来ました、なにか手助けいたしましょう（I'm from the government and I'm here to help）」である」という、かの有名な発言によってである。

これら［の主張］に共通する問題は、それが現実にほとんど照応していないということにある。なによりもまず、歴史的にみて市場は、もろもろの国家機関とは無関係だったり対立したりする、たんなる自由の自律的な領域としてあらわれたのではない。事実は正反対である。市場は、一般的に政府による活動とりわけ軍事的行動の副産物であるか、直接に政府の政策によって形成された。これが少なくとも鋳造硬貨《コイネージ》の発明以来の真実である。鋳造硬貨はまず、兵士に食糧供給する手段として製造され普及した。ユーラシア大陸の歴史の大部分を通して、たいていの人びとがインフォーマルな信用手段を利用していたのであって、金、銀、銅などからなる物理的貨幣やそれが可能にした一種の非人格的市場は、概して、軍隊の動員、都市の略奪、貢納の取り立て、戦利品の処分を補助する役割にとどまっていた。近代的中央銀行システムもおなじく、創設された最初の目的は戦争に融資するためである。それゆえ、常識とされている歴史は、実に初歩的な問題をはらんでいるのだ。さらに、それとは別のもっと眼を惹く問題がある。市場は政府と対立したり政府から独立しているという発想が、少なくとも一九世紀以来、政府の役割の縮少をもくろんだレッセフェールの経済政策の正当化のために用いられたとしても、その政策が実際にそんな効果をもたらすことはなかったことである。たとえば、イングランドのリベラリズムがみちびいたのは、国家官僚制の縮小などではなく、その正反対、すなわち法曹家、役所の記録係、検査官、公証人、警察官たちの際限のない膨張であった。自律した個人のあいだの自由な契約の世界というリベラルな夢をみることができるのも、かれらあってこそなのだ。自由な市場経済を維持するためには、ルイ一四世風の絶対君主政の数千倍のお役所仕事が必要だったわけである。

この明白な逆説、すなわち、政府による経済への介入の縮減を意図する政策が、実際には、より多くの規制、官僚、警察官を生みだす結果にいたるという逆説は、実にひんぱんに観察できるので、それを社会学的一般法則とみなすことも正当であるようにおもう。そこで、これを「リベラリズムの鉄則」と名づけたい。

リベラリズムの鉄則　いかなる市場改革も、規制を緩和し市場原理を促進しようとする政府のイニシアチヴも、最終的に帰着するのは、規制の総数、お役所仕事の総数、政府の雇用する官僚の総数の上昇である。

フランスの社会学者エミール・デュルケームはすでに二〇世紀への折り返しにこの傾向を看取っていたが、最終的には、無視することができなくなった。[*10] 二〇世紀の中盤までには、フォン・ミーゼスのような右翼の批評家も——少なくともアカデミックな著作では——市場が実際には自己統御したりはしないということ、市場システムを動かしつづけるためにおびただしい数の行政官が実際には必要になることを積極的に認めている（フォン・ミーゼスにとって、この行政官の一団が問題となるのは、貧困者に過度の負担をもたらすような市場の影響を修正する目的にそれがむけられるときのみである）。[*11] しかし、右翼ポピュリストは、現実に照応しているかはおかまいなしに、官僚を的《まと》にかければ、ほとんどつねに効果があることに気づいてしまった。合衆国の州知事ジョージ・ウォレスは、一九六八年の大統領選のキャンペーンではじめて、汗水たらして働く市民の税金で食っている「頭でっかちの官僚（pointy-headed bureaucrats）」とラベルを貼った。こうした「頭でっかちの官僚」への激しい非難が、公的発言の場でつねに聞かれるようになったのである。

ウォレスは実際、ここでは重要人物である。今日、アメリカ人はふつう、かれをおもいだすときは、失墜した反動家とか、ひどいときは吠えまくる狂人ぐらいに考えている。公立学校の門の外で斧をもって立っている、しぶとい最後の南部隔離主義者というわけである。しかし、その一方で、ウォレスの遺産を幅広い視点でとらえたとき、かれは一種の政治的天才ともみなしうる。つまるところ、かれは一国レベルでひとつの右翼ポピュリズムの型を創造した最初の政治家であった。その感染力の強力さはすぐにあきらかになり、一世代後のいまとなっては、政治的立場を越えて、ほとんど万人が利用するようになった。その結果、アメリカ人労働者階級のなかでは、政府はいまや、一般的に二種類の人物からなるとみなされるようになった。一方には「政治家連中」がいる。かれらは騒々しいいかさま師ではあるものの、少なくとも選挙で追い払うこともできる。他方には「官僚連中」がいる。かれらは尊大なエリート主義者であり、なおかつ追っ払うことができないのである。「寄生する貧民」（アメリカではふつうあからさまに人種差別的にイメージされる）とみなされるようになった人びとと、おなじく寄生的である――なにせ他人のカネを貧民に施すなりわいで食っているのだから――独善的なお役人のあいだには一種の暗黙の同盟関係があると想定されている。そしてここでもまた、主流の左派――あるいはかつては左派とされていた人びと――ですら、この右翼言語を水増しした以上のものを、ほとんど提示できなくなったのである。たとえば、ビル・クリントンは、みずからのキャリアの多くの時間を公務員バッシングにつぎこんだ。［そのバッシングの激しさは］オクラホマ・シティの爆破事件[†1]のあと、

「公務員の献身的働きに」本当に感動して、公務員も生身の人間であることをアメリカ人に想起させ、「官僚連中」という単語を二度と使わないと約束したぐらいであった。*12

現代アメリカ（アメリカ以外の世界もますますおなじになりつつある）のポピュリズムにおいて「官僚制」にかわりうるもの《オルタナティヴ》はたったひとつしかない。「市場」である。ときに、これは、政府はもっと企業のごとく経営されねばならず、その進路は自然にゆだねるべし、というふうに理解されている。つまり、上から押しつけられるきりのない規則《ルール》や規制《レギュレーション》にわずらわされることなく、おのれの人生という事業《ビジネス》に取り組み、問題が起きたときは、市場の魔術に解決をまかせられるようにすること、と理解されている。

こうして「民主主義」も、市場を意味するようになった。ひるがえって、「官僚制」とは、市場への政府による介入を意味するようになる。今日にいたるまで、それはほとんど変わっていない。

いつもそうだったわけではない。一九世紀後半における近代的企業の登場は、概して、当時においては、近代的な官僚制の技術《テクニック》を民間セクターに応用する問題とみなされていた。そしてこれ

†1　一九九五年四月一九日、アメリカ合衆国オクラホマ州の州都オクラホマシティで発生した連邦政府ビル爆破事件。元陸軍兵士のティモシー・マクベイらが、自動車爆弾でオクラホマシティ連邦地方庁舎を爆破。子供一九人をふくむ一六八人が死亡、八〇〇人以上が負傷した。

らの技術は、小家族経営の工場の世界を支配していた人格的ないしインフォーマルな結合よりも効率的であるがゆえに、大規模な展開のさいには必要であると考えられていた。このような、あたらしい［私的］官僚制の草分けはアメリカとドイツである。ドイツの社会学者であるマックス・ヴェーバーは、同時代のアメリカ人を観察して、かれらがとりわけ公的な官僚制と私的な官僚制を本質的に同類とみなす傾向にあるとしている。

官庁に勤務する官吏の総体は、それに対応する物財や文書の設備とともに、「役所（bureau）」をかたちづくる。これは私経営ではしばしば「事務所（the office）」と名づけられる。……すぐれて官僚制的な近代的国家の支配者がみずからを国家の「第一級の公僕」と称したのとまったく同様に、近代的企業家が自己の経営の「第一のクラーク」としてふるまうということは、［たしかに］近代的企業家の特質であるといえる。国家的な役所の仕事と私経済的な事務所の仕事とが内面的にまったく異なったものであるという考えは、ヨーロッパ的、大陸的なものであり、われわれ［ドイツ人］と違って、アメリカ人にはまったく無縁のものである。*13

いいかえれば、二〇世紀への転換点にあって、政府も企業のように運営されるべしと不平をもらすどころか、アメリカ人は、政府と企業――少なくとも大企業――は、端的におなじようなやり方で運営されていると考えていたのである。

なるほど、一九世紀の大半を通じて、アメリカ合衆国の経済は、主として小家族経営の商店と大型融資からなるものであった。当時のイギリスと、とてもよく似ていたのである。ところが、一九世紀終わり、アメリカの一強国としての世界という舞台への登場は、アメリカに特徴的な形態である企業的-官僚制的-資本主義の擡頭に対応していた。ジョヴァンニ・アリギの指摘したように、類似の企業モデルが同時にドイツにも登場し、アメリカとドイツというふたつの国は、衰退する大英帝国のあとをどちらが引き継いで、世界経済や政治秩序をどちらのヴィジョンで構築するのかをめぐり、二〇世紀前半のほとんどを戦いに費やすにいたった。どちらが勝者であったかは周知である。アリギはここでもうひとつ、興味深い指摘をおこなっている。自由市場のレトリックをマジメに受け止めて、有名な一八四六年の反穀物法案[†2]で保護関税を撤廃した大英帝国とは異なり、ドイツもアメリカも自由貿易にとくに関心をよせたことはない。とくにアメリカ人が、

---

†2　Anti-Corn Law Bill: ここでは法案というより、穀物法の撤廃を指しているといえるだろう。イギリスでは、一四世紀以来、穀物とりわけ小麦の輸出入に一定の制限を与える法律が制定されてきた。ここでの穀物法はとくに、穀価が一定価格に達しない場合には穀物の輸入を禁止するものとして、一八一五年に制定されたものを指す。目的は地主階級の保護であった。この法律は、当時の穀価の下落、輸入穀物の増加という状況のなかで地主・農業経営者の支持を受けて制定されたものであったが、生産品の輸出、原料の安価な購入と穀価および労賃の低額安定を望む商工業者は、この法律に強い不満を示すことになった。こうしたなかで自由貿易を主張する商工業者が反穀物法同盟を結成し根強い反対運動を続けたため、結局穀物法は一八四二年の改定を経て、四六年の議会においてその廃止が決定された。この決定はイギリスの自由貿易政策へのひとつの転機をなすものであったとされている。

それよりはるかに関心をよせたのは、国際的行政機構を創設することであった。第二次大戦後、公式に大英帝国から主導権を引き継いで、アメリカ合衆国が最初におこなったのは、まさに世界初の正真正銘の地球規模の官僚制度を設立することであった。すなわち、国際通貨基金、世界銀行、のちにWTOになるGATTのような国際連合やブレトンウッズ体制を構成する諸制度である。大英帝国はこのようなことを試みたことは一度もない。他国を征服するか、貿易をおこなうかである。［それに対し］アメリカ人はあらゆるものとあらゆる人間を管理しようと試みたのだ。

　わたしの観察するところ、イギリスの人びとは、じぶんたちが官僚制にとくにむいていないということを大いに誇りに感じている。ところがアメリカ人は、概して、じぶんたちが官僚制にとてもむいているという事実に困惑をおぼえるようにみえる。[*14] 自国の自己イメージにふさわしくないからである。われわれは、本来、自立した個人主義者であるはずなのだ（まさにこれが右翼ポピュリストによる官僚制の悪魔化が、どうしてかくもうまくいくのかの理由である）。とはいえ、アメリカ合衆国が根っから官僚制社会である――そして一世紀を超えてずっとそうだった――という事実は揺るぎない。この点がなぜ見逃されやすいかというと、アメリカの官僚制的習慣や感性のほとんどが――衣服から言語、文書やオフィスのデザインにいたるまで――民間［私的］セクターから生まれてきたからである。小説家や社会学者が、ソヴィエトの役人に匹敵する魂なき体制順応主義者《コンフォーミスト》として「組織人間」あるいは「灰色の服の男」をえがいたとき、かれらは建造物保存局とか社会保障局の役人について語っていたわけではない。企業の中間管理職を描写していたのである。なるほど、この時代あたりには、企業の官僚たちは、事実としては、官僚とは**呼ばれては**いなかった。しかし、それでも、かれらこそ、行政的役人とはいかなるものかというイメージの標準であったのである。

「官僚」という言葉と「公務員［公僕］（civil servant）」とは、おなじ意味として扱うべきだ、という感覚は、一九三〇年代のニューディール期にさかのぼる。この時期はまた、官僚制の機構や技術が、多数の一般的な人びとの日常に、はっきりとみえてきたはじめての時代であった。しかし、実のところ、その端緒から、ルーズヴェルトのニューディーラーたちは、法律家、エンジニア、そしてフォード社やコカコーラ社あるいはP&G社［プロクター・アンド・ギャンブル。アメリカの総合家庭用品メーカーの最大手］によって雇われた企業官僚の一群と、密接な協力関係をむすびながら、かれらのやり方や感性の多くを吸収しているのである。合衆国が一九四〇年代に戦時体制へと移行してからは、さらに米軍の巨大な官僚制も追随した。いうまでもなく、合衆国はそれ以来、戦時体制から離れたことはない。さて、こうした経緯のなかで、「官僚」という用語はほとんどもっぱら公務員にのみむすびつけられるようになった。たとえ一日中机の前に坐り、書類書きをおこない、報告書を整理しているとしても、［企業の］中間管理職も軍人（military officers）も決して官僚とはみなされないのである（このことは警官にもNSAの職員にもいえる）。

アメリカ合衆国では、公的なものと私的なもののあいだの分割線がぼやけてきてから長い。たとえば米軍は、その回転ドアで有名である。物資調達に携わった高官は、決まって、軍事関連請負業者の取締役に落ち着くというわけである。もっと大きなレベルでいうと、合衆国政府は、実際には、ソヴィエト流の産業計画に関与してきた。軍事目的のため、特定の国内産業は保護し、特定の国内産業は発展させる、といった具合にである。ところが、その「軍事目的という」お題目によって、このような産業計画もそれとして認識せずにすますことができる。つまるところ、特定の数量の鉄鋼プラントの維持からインターネットを設立するための初発の研究にいたるまで、おおよそのことがらが軍備という理由をもって正当化されうる。しかし、軍事官僚と企業官僚の連携によって実行されるがゆえに、ここでもまた、この種類の計画が官僚制にかかわるものとみなされることはまったくないのである。

ところが、金融セクターの上昇とともに、ことは質的に異なるレベル、なにが公的なものでなにが私的なものかほとんど説明することが不可能なレベルにまで到達した。かつては政府のものであった機能が私［民間］企業に委譲《アウトソース》されるといったよく知られた事態のためだけではない。なによりもまず、私企業みずからの、そのふるまいの様式の変化のためである。

一例をあげよう。二、三週間前のことだが、海外からじぶんの口座情報にアクセスしようとして、わたしはバンク・オブ・アメリカとの電話に数時間かじりつくハメにおちいった。そのあいだ、四人の異なる代表者と話をし、ふたつの存在しない番号に電話をさせられ、複雑でどうみても恣意的な規則《ルール》について三度の長々とした説明を聞かされ、古いアドレスといろんなコンピュータシステムに散在している電話番号情報を変更するのに二回失敗した。いいかえれば、それは、まさにお役所的たらい回しの定義そのものだったのである（格闘の末、ついにわたしはじぶんの口座情報にアクセスすることはできなかった）。

もしわたしが銀行の責任者を探しだし、ことの原因を問いただすなら、彼ないし彼女は、銀行が悪いのではなく、やたらとややこしい政府による規制のせいなのだ、とただちに応じるであろう。これには一分のうたがいもない。しかしながら、おなじぐらいうたがいないのは、もしこれらの規制の由来を探りあてたなら、きっと、銀行委員会の意を汲んだ国会議員、銀行自身の雇ったロビイストや弁護士が束になっての助力によって策定されたことが判明するであろうことである。ちなみに、その間《かん》、当の国会議員の再選キャンペーンには寛大なる資金が注ぎ込まれているであろう。さらにいえば、信用格付け、保険プログラム、住宅ローンの申し込みなどから、航空チケットの購入、スキューバダイビングのライセンス、表向き私立［ということになっている］大学のじぶんの研究室に高級チェアを購入要求する試みにいたるまで、おなじことがあてはまるであろう。わたしたちのペーパーワークの大半はまさにこの種の中間地帯——建前上は私的ということになっているが、実際はすべて、政府によって象《かたど》られている——に存在している。法的枠組みを設定し、裁判所やそれに付随する複雑な法執行の機構によって諸規則を支えるのだが、しかし、重要なことに、私企業と密着することで、結果としてある程度の私的利益が保障されることなるよう怠ることのない、その政府である。

このような事例に、わたしたちの用いている言語——右翼による批判に由来するような——は、まったくもってふさわしくない。現実に生じている事態について、それはなにも教えてはくれないのだ。[*15]

「規制緩和（deregulation）」という用語について考えてみよう。今日の政治的言説において、「規制緩和」は、「改革（reform）」と同様、ほぼ例外なくよいものとされている。規制緩和によって、官僚による干渉は少なくなるし、イノベーションや交易を邪魔する規則や規制も減るし、というわけである。規制緩和という用語がこのように使用されることによって、政治的立場の左側に位置する者たちは厄介な立場におかれる。というのも、規制緩和に反対となると、たとえば、二〇〇八年の銀行危機を招いたのもまさにこの「規制緩和」の狂騒じゃないかという指摘さえも、もっと多くの規則や規制を、そしてそれゆえ、灰色スーツの男たち——自由やイノベーションの前に立ちふさがり、ひとになすべきことを指図する——を欲しがっているというふうにみえてしまうのだ。

しかしこのようなお話しは、前提が誤っている。銀行の例にもどろう。「規制なき」銀行のようなものは存在しない。というか存在不可能なのである。銀行は政府によって貨幣創造の権限を与えられている、あるいは、やや専門的にいえば、政府が法定通貨として承認する借用証書（IOUs）を発行する権限を与えられている制度である。それゆえ、政府はそれを、税の支払いのさいに受領したり、国内の債務支払いに使用したりするのである。いうまでもなく、いかなる政府も、だれに対してであれ——とりわけ利潤追求を旨とする企業に——好きなときに好きなだけ貨幣を創造する権限など与えようとはしない。それは正気の沙汰ではないだろう。貨幣創造の権限とはまさに、定義からして、政府が慎重に制限した（規制した、と読め）条件のもとでのみ認められるものである。わたしたちがいつもぶつかるのがこの現実である。銀行の準備預金制度から営業時間までのすべてを政府は規制している。利子、手数料、罰金などをどれぐらい科すことができるか、どのようなセキュリティ対策を採用できるか、あるいはしなければならないか、記録はどのように保管し報告が必要か、顧客にいつその権利や責任を告知しなければならないか、例をあげればきりがない。

だとしたら、「規制緩和」が人の口にのぼるとき、それはいったいなにを指しているのだろうか？　一般的用法では、この言葉は「オレ好みに規制の構造を変える」ということを意味しているようにみえる。実際のはなし、この言葉はほとんどなんでも意味することができる。一九七〇年代や八〇年代における航空業や遠距離通信業の場合、二、三の大企業に保護を与える規制のシステムから、中規模企業のあいだの厳しく監督された競争を促進させるような規制のシステムへと転換させることを意味していた。銀行業の場合、「規制緩和」はふつう、その正反対を意味している。すなわち、中規模企業のあいだの管理された競争という状況から少数の金融コングロマリットが完全に市場を支配することができるような状況への移行である。規制緩和という用語を好都合なものにしているのはこれである。あたらしい規制手段に「規制緩和」とラベリングすることで、あたかもそれが官僚制を縮小させ、個人の創意工夫を解放するものであるかのように、世論にみせかけることができるのだ。たとえその結果、処理すべき書類、仕上げるべき報告書、解釈に法律家を必要とする規則《ルール》や規制《レギュレーション》、そして、あれこれは認められないことの理由の説明がその仕事のすべてであるかのような、オフィスのなんにでも口を出す人びと《オフィシャス》の実数が五倍上昇したとしても、である。*16

この過程には、いまだ名前が与えられていない。公的権力と私的権力とが徐々に融合して単一の統一体——その究極の目的を利潤の形態で富を取得することにおく規則《ルール》と規制《レギュレーション》でいっぱいの——を形成する過程である。この名称を与えられていないということそれ自体が重大である。上記のような諸事態が生じるのも、その大部分が、わたしたちがそれをどう語るか、その方法をいまだもたないがゆえである。ところが、その帰結については、生活のあらゆる側面において、わたしたちは眼にすることができる。わたしたちの日常を、ペーパーワークでいっぱいにしてくれているのだ。申請用紙はますます長大かつ複雑なものと化している。請求書、切符、スポーツクラブや読書クラブの会員証のような日常的書類も、数頁にわたる細目の規定でパンパンになっている。

それでは名称を与えてみよう。わたしは、このような様相を呈している現代を、「全面的官僚制化（total bureaucratization）」の時代と呼んでみたい（「略奪的官僚制化（predatory bureaucratization）」と呼んでみたい誘惑にもかられたが、ここでわたしが強調したいのはこの野獣《ビースト》のもつ、すべてを包摂してしまうような性格である）。その最初の徴候は、まさに官僚制についての公共の議論が消えはじめた一九七〇年代の終わりにあらわれはじめ、一九八〇年代に取り返しがたく浸透をはじめた。だが本当の離陸《テイクオフ》は、一九九〇年代である。

前著『負債論』のなかで、わたしは、現在の経済体制のさきがけとなった根本的な歴史的切断の生じたのは一九七一年であって、それはUSドルが金本位制を離脱した日であると論じた。これは資本主義の金融化への第一歩であったが、究極的には資本主義総体の終焉をもたらすであろうはるかに深刻な長期的変化への第一歩となるのではないかと、わたしはみている。いまでもわたしはそう考えている。しかしここでは、視野をはるかに短期的効果に絞り込もう。戦後アメリカのような根っから官僚制化した社会にとって、金融化はなにを意味しているのか？[*17]

わたしの考えでは、いまなにが起きているのかをもっともうまく把握するには、大企業の役員の側の階級的連携（class allegiances）に一種の転換、すなわち、自社の労働者との波乱ぶくみの事実上の同盟関係から、投資家との同盟関係への転換が起きているとみるのがよい。ジョン・ケネス・ガルブレイスが大昔に指摘したように、もしあなたが、香水、日用品あるいは航空機の胴体などといったものの生産を目的とした組織をつくったとして、あとをメンバーの創意にゆだねたとすれば、たいていの場合、かれらはすべての努力を、もっと多くのもっと品質の高い香水、日用品、あるいは航空機の胴体を生産するために注ぎ込むことだろう。要するに、どうやって株主のためにカネを稼いでやるか、などということを真っ先に考えることはないだろう。さらにいうと、二〇世紀のほとんどのあいだ、官僚制的大工場で働くことは、終身雇用を意味していたから、この過程に参加するだれもが――経営者も労働者もともに――、ある意味では、所有者と株主を超えて、ときにはかれらに抗して、共通の利害を共有しているとみなす傾向にあった。この種の階級の境界を横断した連帯はひとつの名前ももっている。「コーポラティズム」である。「しかし」「コーポラティズム」を理想化してはならない。それはなによりもファシズムの哲学的基盤であった。実際、ファシズムは、労働者と経営者が共通の利害を形成しているということ、企業やコミュニティのような組織が有機的全体を形成しているということ、金融業者はよそ者であり寄生的勢力であること、こういった考えをたんにとりあげて、血塗られた極限にまで展開させたということもできる。もっと穏健な社会民主主義的ヴァージョンにおいても、ヨーロッパやアメリカでは、それらの政策はしばしば排外主義の色彩を帯びるようになった。*18 だがそれは、投資家階級はつねにいくぶんかは外部者《アウトサイダー》とみなされるのだから、ホワイトカラーもブルーカラーも、少なくともある程度は、その投資家に対しては共通の陣営にあるとみなすことができた、ということでもある。

反戦デモといえば、決まってナショナリストのトラック運転手《チームスター》や建築労働者から襲撃されるのが当たり前であった一九六〇年代のラディカルの眼からすれば、コーポラティズムが反動的意味をはらんでいるのは自明のものにみえた。大企業の背広組と産業プロレタリアートのなかでも高給取りのアーチー・ブンカー［注18をみよ］系の人びとは、あきらかにおなじ陣営に属していたのである。それゆえ、当時の左翼による官僚主義批判が、社会民主主義がその提唱者たちの考える以上にいかにファシズムと共通する部分をもっているか、という点を強調したのには驚くようなところはない。また、この批判が、今日、なんの意義をもたないようにみえるのも無理からぬところである。[*19]

一九七〇年代にあらわれはじめ、今日にいたるまでまっすぐつながっている事態には、アメリカ企業官僚制の上層による一種の戦略上の転換が文脈として作動している。すなわち、労働者から離脱して、株主に接近すること、そして最終的に金融機構総体へと接近することである。合併、買収、引き抜き、不良債権、資産引き剥がしは、レーガンとサッチャー時代にはじまって、非公開株投資会社の登場で絶頂に達するが、それらは、初期の仕掛けのうちの比較的眼を惹くいくつかにすぎない。だが、こうした仕掛けを通して、［階級的］連携の転換が成し遂げられたのである。実際には二重の運動があった。かたや、企業経営がますます金融化していった。かたや、それと同時に、個人投資家にとってかわった投資銀行やヘッジファンドなどなどによって、金融セクターも企業化していった。その結果、投資家階級と企業の上級幹部職階級とは、見分けることもほとんどむずかしくなったのである（「ファイナンシャル・マネジメント［財務管理］」という用語について考えてみよ。それは企業官僚制の最高位が自社を経営する方法と、投資家がみずからのポートフォリオを運営するやり方の双方を指している)。ヒーローとしてのCEOたちがメディアでもてはやされたのはそうむかしのことではない。かれらの成功は、主としてクビにした被雇用者の人数によって測定されていた。一九九〇年代までに、終身雇用は、ホワイトカラー労働者にとってすら、過去の遺物と化した。企業が忠誠心を確保しようとするとき、かれらは被雇用者にストックオプションで支払うことでそうするようになった。*20

万人が投資家の眼をもって世界をみるべし、これが、この時代のあたらしい信条《ニュー・クレド》である。一九八〇年代には、新聞社は労働問題担当記者を解雇しはじめたが、その一方で、毎日のテレビニュースの画面の下方には最新の株価情報が流されるようになった、その理由がこれである。退職年金基金やあれこれの投資基金への参加を通じて、だれもが資本主義の分け前にあずかることができるのだ、これが決まり文句となった。実際には魔方円《マジック・サークル》が拡がって、高給取りの専門職や企業官僚自身をも呑み込んだ、というだけのことなのだが。

それでも、この拡大はきわめて重大であった。およそ政治的革命で、同盟なしに成功したものはないし、特定の割合の中産階級を味方につけることは重要である。そして、より重要であるのは、中産階級の多数に、金融主導の資本主義にじぶんたちも利害関係をもっていることを納得させることである。そのはてに、労働組合のような労働者階級組織が迷走するなか、この専門職・管理職エリートのリベラル色の強いメンバーが「左翼」政党とされているものの社会的基盤となった(かくして、アメリカの民主党やイギリスのニューレイバーのリーダーたちは、歴史的にみずからの最強の基盤であった組合を、おおっぴらに見棄ててみせる、という儀式を定期的にやることになるわけである）。いうまでもなく、これらの人びとの労働環境は、それが学校であろうと病院であろうと企業法務部であろうと、すでに徹底的に官僚化されている傾向にあった。そうした人格類型に伝統的に嫌悪感を抱いてきた実際の労働者階級は、政治からは完全に脱落するか、あるいはますます急進右派に抗議票を投じるというだけに追いつめられたのである。[*21]

これはたんに政治的再編にとどまるものではなく、ひとつの文化的変容でもあった。金融界や企業世界で発展してきた官僚制的技術（業績評価、フォーカスグループ［forcus group：市場調査のために抽出された消費者グループ］、時間割当サーヴィス……）は、社会全域――教育、科学、政府――を侵食し、最終的に、日常生活のほとんどすべての領域に浸透するようになった。このプロセスのお膳立てをしたのが、文化的変容であって、このプロセスを追尾する最良の方法は、言葉に注目することである。当初は、金融界や企業世界に奇妙なイディオムがあらわれはじめた。ヴィジョン、クオリティ、ステイクホルダー、リーダーシップ、エクセレンス、イノベーション、ストラテジックゴールズ、ベストプラクティスといったような、むなしくキラキラした用語がそれである（その多くは、一九七〇年代に企業の重役室で大人気だったライフスプリング、マインド・ダイナミクス、エスト[†3]のような「自己実現（self-actualization）」運動に起源をもち、即座に一人歩きするようになった）。さて、いまある大都市の地図を作成するとして、その文書に先ほどあげたワードのうち少なくとも三つは使用している場所に小さな青いドットマークを記入し、その変化を観察してみよう。そうすると、金融街の重役室からはじまって、役所のオフィスや大学、それから、なんであろうがリソースの配分について議論するために人の集まるところならどこでも覆いつくすといった具合に、まるでシャーレに落とされた青い染みのように、このあたらしい企業官僚制文化が拡散していくのがみてとれるだろう。

市場や個人のイニシアチヴへの称賛にもかかわらず、この政府と金融の同盟のもたらした結果は、旧ソ連あるいはグローバルサウス［南の発展途上国］の停滞した旧植民地にみられる最悪の過剰な官僚制化に顕著なまでに似ている。たとえば、旧植民地世界における、証明書、免許、卒業証書へのカルトについての人類学的文献は多数にのぼる。それらの文献でよく指摘されるのは、バングラデシュ、トリニダード、あるいはカメルーンのように、植民地支配の重苦しい遺産と土着の魔術的伝統のあいだをさまよっている国では、公的な資格証明書（official credentials）が一種の物質的フェティシュとみなされている、ということである。そうした［資格］証明書が証明しているはずの現実の知識や経験、訓練とは完全に区別された、おのずと力を発揮する魔術的対象なのである。しかし、一九八〇年代以来、資格偏重主義（credentialism）の真の爆発が、アメリカ合衆国、イギリス、カナダのような、もっとも「先進的」とされる経済国にも起きた。人類学者のサラ・ケンジアーのいうように、

「アメリカ合衆国は、世界でもっとも厳格に資格証明書の支配する社会である」とジェイムズ・エンゲルとアンソニー・デンファーフィールドは、二〇〇五年の著作『カネ万能時代に高等教育を守ること』で書いている。「信じがたいことに、四年といわないまでも、二年はフルタイムの訓練が必要な働き口に、学士号［資格取得に四年必要な］が必要とされるのである」。中産階級的生活への参入資格としての高等教育《カレッジ》の促進のもたらしたものは……公の影響力をもつ職業からの非大卒者の排除であった。一九七一年には、ジャーナリストのうち大卒は五八パーセントを占めていた。それが今日では九二パーセントである。出版社のうちの多数で、大学院のジャーナリズムの学位が必要とされている。もっとも著名なジャーナリストたちは、決してジャーナリズムを学んだりはしてこなかったにもかかわらず。[*22]

ジャーナリズムは、政治をふくむ数ある公的影響力をもつ領域のひとつであり、そこで資格証明書（credentials）は、**事実上の**免許として機能している。それをもたない人間は雇用の可能性は低くなり、職にとどまることのできる可能性も低くなる。資格証明書がないと能力は低く見積もられるが、それを獲得する能力は、たいてい、家庭の財力に左右される。[*23]

---

†3 Lifespring, Mind Dynamics, EST：ライフスプリング、マインド・ダイナミクス、エストはともに、自己啓発セミナーの起源にあたるとされる組織。一九六八年に、イギリス人のアレクサンダー・エベレットによって設立されたマインド・ダイナミクスが大元であり、マインド・ダイナミクス、エストは、そこから派生している。

看護師から芸術講師、心理療法士から対外政策コンサルタントまで、どの領域でも、おなじ筋書きをくり返すことができる。これまでは（実地に学ぶのが最良である）技能とみなされてきたほとんどすべての努力が、いまや、公式の専門訓練と修了証を必要としている。そして、このことは、民間と公共の双方のセクターで、等しく生じているようにおもわれる。というのも、すでに示したように、官僚制にまつわる区別は実質的にはますます無意味なものになっているからである。こうした手段は——すべての官僚制の手段とおなじように——、以前であれば内輪の知識とコネの支配した領域に、公平で非人格的な仕組みを打ち立てる方法と称賛されているが、その効果といえばしばしば逆である。大学に在籍した者なら知っているように、いわゆる［財政的］支援を確保するための書類作成のコツを一番よく知っているのは、家族の資産により、もっとも財政的支援を必要としない人間、すなわち、知的専門 - 中間管理職階級の子息たちである。[*24] そんな境遇とは無縁の人間にとって、一年間の専門教育の主要な成果といえば、学生ローンによる膨大な借金でがんじがらめになったことである。たとえ職にありついたとしても、その後の収入のかなりの部分が、月ごとに、金融機関に吸い上げられる。なかには、こうしたあたらしい訓練の必要が完全なる詐欺としかみなしようのないものもある。金貸しと訓練プログラムの立ち上げをもくろむ人間が、手を組んで政府に圧力をかけ、たとえばすべての薬剤師は以後、追加の資格試験をパスする必要があるという決まりを発表させ、すでに職に就いている多数の人びとが夜学に通うよう余儀なくさせる、といった場合である。薬剤師たちの多くは、夜学に通うにも高利の学生ローンに頼るしかない。[*25] これによって、金貸しは、実質的に、薬剤師のその後の収入の削減をみずから法制化させているのである。[*26]

この事例は極端なもののようにみえる。しかし、これもまた、あたらしい金融体制のもとでの公的権力と私的権力の融合の模範例なのである。アメリカにおける企業利益は、ますます、商業や産業からではなく、金融から——つまるところ人びとの負債から——上がるようになっている。こうした人びとの負債は、たまたま生じたのではない。それらは、かなりの部分が操作的につくられたものである——まさに、この種類の公的権力と私的権力の融合によって、である。教育が私企業化《コーポラタイゼーション》する。その結果、授業料は増大する。学生たちは、巨大フットボール・スタジアムやそのたぐいの常務理事お気に入りのプロジェクトへの支払い負担や、増える一方の大学職員の急増する給与支払に貢献するよう見込まれている。それから、中産階級の生活水準を保障してくれるはずの職種への参入資格証明としての学位への要求の上昇。その結果、負債の度合いもどんどん高まる——これらはすべて、単一の網の目を形成しているのだ。こうして積み上がった負債の結果のひとつ目が、政府それ自体が、企業利潤取得のための主要な機構と化してしまう事態である（もしだれかが学生ローンの債務不履行をやらかしたとして、なにが起きるか考えてみるだけでよい。法にかかわる機構総体がただちに作動をはじめ、資産の押収、賃金の差し押さえ、数千ドルもの追加的罰金をもって脅しをかけることになる）。結果のふたつ目が、債務者を強制して、かれの生活のいろんな局面をますます官僚制化させることである。つまり、かれの生活は、収入と支出を計算し、たえずその収支バランスを確保すべく格闘する小企業であるかのように、運営されねばならないのである。

この利潤取得のシステムは、規則《ルール》や規制《レギュレーション》の言語でみずからを粉飾するようになったが、しかし、実際に作動する様式という と、法の支配もなにもあったものではない。むしろ、法システムそれ自体がますます恣意的になる利潤取得のシステムのための手段と化してきている。銀行やクレジットカード会社からの利潤が顧客から徴収される「手数料と違約金（fees and penalties）」から取得されるようになるにつれ——支払いに次ぐ支払いのなかで生きる人間たちは、五ドルの超過引き出しについて八〇ドルを「ペナルティとして」課されることもあるぐらいなのだ——、金融会社のふるまいは、これまでとは完全に異なる一群の規則《ルール》にしたがうようになった。かつてわたしは銀行システムの危機をテーマにした会議に出席したことがある。そこで、ブレトンウッズ系のとある機関（それがどれかはいわない方がいいだろう）のエコノミストと短いインフォーマルな会話を交わすことができた。わたしはかれに、二〇〇八年の金融恐慌をみちびいた過失行為でもって一人の銀行役員も裁判にかけられていないのかと聞いた。

エコノミスト　そう、アメリカの検事が金融詐欺に対してとる方法はいつも示談交渉だからね、そこが理解のカギだな。かれらは裁判沙汰になるのを嫌がるんだ。結果、金融機関は高額を支払うことになる。何億ドルという莫大な金額にのぼることもある。でもそれで犯罪の責任は負わなくてすむ。告訴に抗弁するつもりはありません。しかし、被告は賠償しますので、法的にはいかなる罪状からもかれはまぬがれています。弁護士がこういっておしまい。

わたし　そうすると、たとえばゴールドマン・サックスやバンク・オブ・アメリカの詐欺行為を政府が発見しても、政府はかれらに罰金を課すだけだということですね。

エコノミスト　そうそう。

わたし　そうすると、この場合……そう、正しい質問はこうですね。企業の賠償総額が、詐欺行為自体からえた総額を**上回る**という事例はこれまであったのでしょうか？

エコノミスト　いやいや、知ってるかぎりで、ないない。だいたい、かなり低いよね。

わたし　五〇パーセントぐらい？

エコノミスト　平均二〇パーセントから三〇パーセントぐらいかな。でもケース・バイ・ケースでだいぶ変わるな。

わたし　ということは……まちがってたら指摘してください、実質的に政府は、「きみたちが詐欺行為をしでかして、オレたちがつかまえたとして、そのときは分け前をよこせよな」といってることになりませんか？

エコノミスト　ううむ、この仕事をやってるかぎり、そういうふうにはいえないが、だ……。

そして、いうまでもなく、口座保持者のたかだか超過引き出しぐらいで八〇ドルもの請求をおこなうこれらの銀行には支払いの執行力となって奉仕するこのおなじ裁判所が、銀行自体が詐欺行為をおこなったときには、たんに分け前を徴収するのにその力を使うだけで満足するのである。

さて、あるレベルでは、これはたんに、金持ちの規則《ルール》はわれわれの規則《ルール》とは違う、といったおなじみの話の一例にすぎないようにみえるかもしれない。銀行家の子どもたちが、もし貧困者や黒人であれば連邦刑務所で数十年は喰《くら》らうのがほとんど確実の量のコカインを所持していたとしても、たいてい責任を免れることができる。だとしたら、連中が大人になって銀行家になったとして、要するになにも変わらないということではないか？　しかし、わたしの考えでは、ここにはなにかもっと深いものがある。そしてそれは、官僚制システムの本性そのものとかかわっている。そうした諸制度はつねに、共謀の文化をつくりだす。つまり、たんに規則《ルール》を破ることのできる人間たちがいるというだけが問題なのではない。組織への忠誠の尺度のひとつが、そんな規則《ルール》破りなんて起きていないと偽る意志にあることも問題なのである。そして、官僚制的論理が社会総体に拡大したとき、わたしたち全員がそれに沿ってふるまいはじめるのだ。

この論点は拡大してみる価値がある。わたしのいいたいのは、ここにあるのはたんなるダブルスタンダードではなくて、官僚制システムに典型的な種類の特殊なダブルスタンダードである、ということだ。すべての官僚制は、ある程度はユートピア的である。というのも、それは、現実の人間にはとてもしたがうことの不可能な抽象的理念を提示するからである。手始めに、学歴主義を例にとってみよう。ヴェーバー以来、社会学者はつねに、そのスタッフが形式的で非人格的な基準で——たいてい筆記試験で——選択されるというところに、官僚制を規定する特徴のひとつがあるといってきた（つまり、官僚は政治家のように選挙されるわけではないが、かといって、たんにだれかのいとこだからといって職をうるわけでもない）。理論上、このシステムはメリトクラシーである。しかし、周知のように、実際には、このシステムは、やりかたはさまざまあれど、多数の妥協によって成り立っている。スタッフの多くは、事実上、だれかのいとこだからというだけでその職に就いているし、しかもだれもがそのことを知っている。組織への忠誠の最初の基準は共謀になる。出世は能力でもないし、だれかのいとこだからというわけですら必ずしもない。なによりもまず、たとえだれもが真実ではないと知っているにもかかわらず、出世は能力に**よっている**というフィクション、あるいは、実際はしばしば完全に恣意的な人格的権力の手段として運用されているにせよ、規則《ルール》や規制《レギュレーション》が万人に平等に適用されるというフィクションに沿って働けるかどうかによっている。[*27]

　官僚制はつねに、このように作動する傾向をもつ。しかし、これまでのほとんどの歴史のなかで、この事実が重要な意味をもったのは、たとえば、中世中国の野心に燃える儒学者のような、行政システムの内部で実際に活動する人間にとってのみにすぎない。それ以外のごく一部以外のだれもが、組織のことについてひんぱんにおもい悩む必要はなかったのである。たいてい、ひとが官僚に遭遇するのは、せいぜい二、三年に一度、じぶんの田畑や飼い牛を、地域の税務署に登録しに行くときぐらいであった。しかし、指摘したように、この二世紀に官僚制の爆発があり、とりわけここ三、四〇年はわたしたちの生活のあらゆる場面にその原理が拡大してきた。その結果、おなじように、この共謀の文化も拡大してきたのである。わたしたちの多数が、あたかも裁判所が本当に金融エリートを規定通りに処遇しているかのように、裁判所は金融エリートに厳格きわまりない対応を示しているかのように、さらには、そこらの市民は超過引き出しのために一〇〇倍も厳しく罰されねばならないと信じているかのようにふるまっている。社会総体が、恣意的な血統のシステムではなく、資格重視の巨大な能力主義社会としてみずからを表象するようになるにつれ、だれもがそれを本当に信じていていているかのようにみせかけながら、空気を乱さぬよう卑屈にふるまっているのである。

としたら、左翼による全面的（あるいは略奪的）官僚制化の批判とは、どのようなものでありうるか？

おもうに、グローバル・ジャスティス運動の歴史がヒントを与えてくれる。というのも、運動自身にとっても意外だろうが、このような批判がどのようなものか、発見したのがこの運動だからである。わたしはこの歴史をよくおぼえているのだが、それは当時、この運動に深くかかわっていたからである。一九九〇年代をふり返ると、トーマス・フリードマンのようなジャーナリストたち（とはいえ実際には、アメリカの主流メディアのジャーナリスト全員と富裕国のジャーナリストのほとんど）に称揚された「グローバリゼーション」は、ほとんど自然力として描写されていた。テクノロジーの発展――とりわけインターネット――は、かつてなく世界を緊密におりあわせ、コミュニケーションの上昇が貿易の上昇を主導し、自由貿易協定が地球を単一の世界市場に統合していくにしたがって国境は急速に無用のものになる。主流メディアの当時の政治的論調では、こうしたことが自明の現実として論じられ、この過程に反対する者はだれでも本源的な自然の法則に逆らっているように扱われた。連中は迷信家であり、道化であり、進化をデマだと信じる聖書原理主義者の左翼版だ、というのである。

かくしてグローバル・ジャスティス運動がはじまったとき、メディアはこうくり返した。保護主義や国家主権を復活させ、貿易やコミュニケーションに障壁を求め、そして一般的には〈不可避の歴史の流れ〉にむなしく抗う、古くさい左翼の後退戦だ、と。このような見方の問題は、そもそも真実ではないということだ。一番手っ取り早い例でいうと、抗議者の平均年齢は、とりわけ比較的富裕な国では、おおよそ一九歳ぐらいのようにみえた。より重要なことは、運動がグローバリゼーションそれ自体の一形態であるという事実の存在である。それは、世界のあらゆる場所からやってきた人びとによる万華鏡のような連合であり、インドの農民連合からカナダの郵便労働者組合、パナマの先住民グループ、デトロイトのアナキスト・コレクティヴまで、広範な組織をふくんでいたのである。さらにいえば、メディアが「グローバリゼーション」と呼んでいるものは、喧伝されているところとは反対に、国境の消滅とか、ヒト、商品、発想の自由な運動などとはほとんど関係がないと、運動の代表者たちは倦むことなくくり返していた。世界人口のますます大きな部分が高度に軍事化された国境内に閉じ込められていること、その国境内では社会的保護措置が体系的に剥奪されていること、状況があまりに絶望的なためほとんど無賃金でも働かざるをえない労働者のプールが形成されていること――グローバリゼーションなるものの実態はこれである、と。それに対抗して、かれらは真に国境なき世界を提唱したのである。

もちろん、こうした考えを提示する者たちが、このことをテレビや大新聞で発言できたわけではない。少なくとも、アメリカのような国ではそうである。アメリカでは、メディアは国内の企業官僚による厳格な取り締まりのもとにおかれているのであって、そのような議論は事実上のタブーである。しかし、わたしたちが発見したのは、じぶんたちにもできて、ほとんどおなじようにうまく機能するものがあるということであった。わたしたちには、もろもろの貿易協定を交渉するサミットや、諸機関の年次総会――それを通して、グローバリゼーションなるものの細目が現実に仕立てられ、コード化され、執行される――を包囲することが可能だったのである。一九九九年一一月のシアトルにおける世界貿易会議の包囲行動、そしてそれにつづくワシントンでのIMF／世界銀行の会合の封鎖によって、この運動が北米に到来するまで、ほとんどのアメリカ人はこうした組織の存在すらまったく耳にしたことがなかった。行動はまるで魔術のように作用して、秘匿されているとみなされていたすべてを白日のもとにさらけだした。すなわち、ただ姿をあらわし、会合場所へのアクセスをブロックするだけで、ただちに、だれもまともに取り合わないことになっていた、結合し合う諸組織からなる巨大なグローバル官僚制の存在があかるみになったのである。もちろん、それと同時に、わたしたちは、数千におよぶ重武装の機動隊をも魔術のように呼びだした。これらの官僚たちが、行く手をさえぎろうとする者に――いかに非暴力的であろうが――、なにをもって応答するつもりなのか、それではっきりしたのである。

それは驚くほど有効な戦略だった。およそ二、三年のうちに、わたしたちは、提案されたあたらしいグローバルな貿易協定のほとんどを取り下げさせ、IMFのような機関をアジアやラテンアメリカそして地表のほとんどから実質的に追い出したのである。[*28]

映像は効いた。というのもそれは、グローバリゼーションについて語られることが虚偽であることを万人に示したからである。グローバリゼーションとは、新テクノロジーによって拓かれた平和的貿易という自然のプロセスではない。「自由貿易」とか「自由市場」といった用語でもって語られてきたものの内実は、地球規模の行政官僚システムの世界初の実質的な完成であり、[*29]それも自覚的にもくろまれたくわだてであった。このシステムの諸基礎が構築されたのは一九四〇年代であるが、真に実効的になったのは冷戦の衰退とともにはじめてである。この過程のなかで、それらはしばしば概念上においてすらまったく区別できない、公的要素と私的要素の徹底した絡み合いからなるようになった。同時期に形成された、それ以外のほとんどのより小規模の官僚制システムも同様であった。次のように考えてみよう。頂点には、NAFTAのような条約機構やEUとともに、IMF、世界銀行、WTO、そしてG8諸国のような貿易にかかわる官僚組織がある。グローバルサウスのいわゆる民主的な政府もしたがっている経済政策——社会政策すらも——を展開させているのは、これらの組織である。トップのすぐ下には、ゴールドマン・サックス、リーマンブラザース、アメリカ保険グループのようなグローバルに展開する大規模金融会社、それに加えて、スタンダード&プアーズのような諸組織がある。その下には、超国家的《トランスナショナル》巨大企業がやってくる（「国際貿易」と呼ばれるものの多くが、実際には、おなじ企業のさまざまな部門のあいだの、物資のやりとりを意味している）。最後に、NGOがあって、世界のさまざまの場所で、かつては政府によっていた社会的サーヴィスの多くを担うようになった。その結果、ネパールにある市街の都市計画とかナイジェリアのある小さな町の保健政策が、チューリッヒやシカゴの事務所で練られることになるわけである。

当時、わたしたちは、事態について、まったくこうした観点から把握してはいなかった。つまり、「自由貿易」や「自由市場」とは、実際には投資家にとっての利潤取得の保障を主要に狙うグローバルな行政機構の形成のことである、とか、「グローリゼーション」の本当の意味は官僚制化である、という観点である。ときに、その地点にまで接近はした。しかし、それを明確に理解し、表現することはめったになかったのである。

ふり返ってみれば、わたしたちが強調すべきはまさにこのことだったようにおもう。運動の中核にあるあたらしい形式の民主的諸過程（アッセンブリー、スポークスカウンシルなど）の発明への重視すら、書類書きに追われたり、裁判に訴えたり、警備会社や警察に電話するよう脅かされることなく、一緒にやっていくことができる――さらには、重要な決定を下したり複雑な集団的プロジェクトを実現できる――ということを、なによりまず提示する方法だったのだ。

グローバル・ジャスティス運動は、全面的官僚制化の時代における、独特の方法をとった、はじめての大きな左翼的反官僚主義運動であった。とすれば、それは、おなじような批判を発展させようとする試みには、重要な教訓を与えてくれるようにおもう。そのうちの三項目について指摘して序章を終えたい。

1　物理的暴力そのものの重要性を過小評価してはならない。

サミットへの抗議者を攻撃しにあらわれた高度に軍事化した警察の武装は、「グローバリゼーション」にともなう逸脱的な副作用ではない。「自由市場」について話をはじめるときは、あたりに銃をもった男がいないか探すのが賢明である。かれらがはるか遠くにいるということは決してない。一九世紀の自由市場リベラリズムには、近代警察や私立探偵組織の創設が対応していた。[*30] これらの警察は徐々に、露天商からプライベートなパーティの騒音の規制、あるいはイカれた叔父さんや大学のルームメイトとの大げんかの仲裁にいたるまで、実質的にあらゆる都市生活の局面にわたって、少なくとも最終的にはじぶんの管轄権におくようになる。こうしていま、厄介な状況の解決には、警察を呼ぶことが少なくとも**可能ではある**という考えに、わたしたちは慣れてしまった。いったい人びとはこういう場合、以前はどうしていたのか、想像することすら困難になったのである。[31] 実際、歴史を通して、大多数の人間にとって——大都市居住の人びとにとってすら——そうした状況で呼ぶことのできる権威ある機関は、端的に存在しなかったからである。あるいは少なくとも、威力を背景にして任意の解決を押しつける権力をもった近代警察のような非人格的官僚組織のようなものは存在しなかった。

ここで、リベラリズムの鉄則に一種の派生系《コロラリー》を追加することができるようにおもう。歴史が教えるのは、「市場」を促進する政治的方策は、つねに、ものごとを管理するために、「そうでないとき以上の」より多くの役人を必要としてきたということだ。だが、歴史はまた、「市場」を促進する政治的施策のもとでは、究極的には暴力の脅威をもって規制される社会的諸関係の範囲と密度が上昇するということもあきらかにしている。これらのことが、市場について信じ込まされてきたことすべてと真っ向から対立するのはあきらかだが、しかし、実態を観察するなら、まちがいなく真実である。ある意味で、これを「派生系」と呼ぶのも欺瞞的だ。というのも、おなじ事態を違った表現で語っているにすぎないからである。日常生活の官僚制化とは、非人格的規則《ルール》と規制《レギュレーション》の押しつけを意味している。ひるがえって、非人格的規則と規制が作動できるのは、それらが実力《フォース》の脅しによって支えられる場合にのみである。[32] そして実際、全面的官僚制化のこの最新局面において、わたしたちが目撃してきたのは、監視カメラ、白バイ、仮ＩＤカードの発行人、公共・民間施設問わず、さまざまな制服でうろつく男性と女性である。威嚇、脅迫、究極的には物理的暴力を行使する戦術を訓練で身につけたかれらは、まさにほとんどあらゆる場所にあらわれる。遊園地、小学校、大学キャンパス、病院、図書館、公園あるいはリゾートビーチですら。五〇年前だったら、そのような光景はけしからぬ《スキャンダラス》ものか、あるいは端的に場違いであると考えられたはずだ。

　このような事態が進行している一方で、社会理論家たちは、あいもかわらず、社会統制の構造を維持する因子として、実力《フォース》への直接の訴えはその役割を低下させていると主張しつづけている。[*33] しかし、不正な図書館使用でスタンガンにやられた大学生、キャンパス内の交通規則違反での捕縛のあと投獄され重罪を課せられた英文学教授といった報道が増えれば増えるほど、それこそ英文学教授たちの好む分析対象たる微細な象徴権力のあれこれこそが重要なのだ、という居直った物腰の主張の声はますます大きくなる。権力の作動が現実には粗暴で単純になり、日常生活でもそれがだれの眼にもあきらかになるにつれて、そうした主張はますますこうした現実の絶望的な受け入れの拒絶のようにみえてくるのである。

　わたし自身の出身地であるニューヨークでは、銀行支店が際限なく増殖してきた。わたしがまだ子どもだった時代、ほとんどの銀行店舗が、たいていギリシアやローマの神殿に似せてデザインされた巨大で独立した建築物だった。この三〇年にわたり、その三つか四つの大銀行の店先支店（storefront brances）が、マンハッタンの比較的はぶりのよい場所なら三ブロックに一店舗はみられるようになった。ニューヨークとその周辺エリアならば、いまでは誇張ぬきに数千にのぼり、かつてはあれこれの物的財やサーヴィスを供給していた店舗にとってかわった。ある意味で、これらはわたしたちの時代を完全に表現するシンボルである。すなわち、純粋な抽象を売る店舗なのである。清潔なボックスのなかにみられるのは、ガラスと鉄の仕切り、コンピュータのスクリーン、武装した警備員のみ。この店先支店は、銃と情報とが完全に結合する地点である。というのも、まさに銃と情報こそ、そこに存在しているすべてなのだから。そしてこの結合が、わたしたちの生活のほとんどあらゆる側面を枠づけるようになったのである。

こうした問題について考察をめぐらすとき、わたしたちは一般的にすべてが単純にテクノロジーの効果であるかのようにふるまうものである。つまり、この世界はコンピュータによって湧き出てきたのだ、というふうに。そもそもこの世界がコンピュータのようではないか、とか。たしかに、あたらしい銀行のロビーは、一九九〇年代のビデオゲームによくみられる、ミニマムな要素に還元されたヴァーチャル・リアリティときわだった類似性をみせている。あたかも、そうしたヴァーチャル・リアリティを具体化し、それによって新奇な官僚制の複雑な迷宮に挑戦するといったある種のビデオゲームにじぶんたちの人生を還元する能力を、わたしたちがついに獲得したように。そのようなビデオゲームにおいては、現実に、なにひとつ生み出されることはない。すべては［なにもないところから］突然姿をあらわすものだ。［そんなゲームのなかで］わたしたちは、ポイントを獲得したり武器携帯の人間をよけるなどして人生を終えるのである。

しかし、コンピュータの創造した世界を生きているというこの感覚は、それ自体が幻想である。

この世界が、社会的・政治的諸力ではなく、すべてテクノロジーの発展の不可避の結果であるなどという考えは、おそらくひどい誤りなのだ。ここでもまた、どういうわけかインターネットによって形成されたと想定されている「グローバリゼーション」の教訓が決定的に重要である。すなわち、こういうことである。

2　原因としてのテクノロジーの重要性を過大評価するな。

「グローバリゼーション」と呼ばれるようになってきたものが、実際には、あたらしい政治的同盟、政策決定、あたらしい官僚制の産物であったように――コンテナ輸送のような物理的テクノロジーやインターネットは、そのあとにただ追随しただけである――コンピュータにみちびかれた日常生活への官僚制化の浸透も、それ自体はテクノロジーの発展の結果ではない。むしろその反対である。テクノロジーの変動は単純に独立変数であるのではない。テクノロジーは進歩するものであるし、しかもしばしば驚嘆すべき予期せざる仕方で進歩する。しかし、それのとる方向性は社会的諸要因に依存しているのだ。

このことがたやすく忘れられるとしたら、それは、わたしたちの日常的な官僚制化の直接の経験が、あたらしい情報テクノロジーに完全に包囲されているからである。つまり、フェイスブック、スマホバンキング、Amazon、PayPal、あげるときりのない携帯デバイスである。それらは、わたしたちを取り囲む世界を、マップ、フォーム、コード、グラフに還元してしまっている。しかし、こうした事態のすべてを可能にしているのは、まさにこの論考で論じてきた一九七〇年代から八〇年代に金融官僚と企業官僚の連携とともにはじまった、中核的な諸要因の結合である。すなわち、そこから生まれてきた、あたらしい企業文化であり、教育界、科学界、政府行政の世界にまで浸透する、その企業文化の力能である。その浸透力の結果、公的官僚制と私的官僚制が、富の直接的な取得を促進すべく設計された大量のペーパーワークのうちに、ついに混淆するのである。このような事態は、あたらしいテクノロジーの産物ではない。反対に、ふさわしいテクノロジーはあとからやってきたのであって、それには数十年かかっている。コンピュータは当初、まだ冗談みたいなものであった。銀行や政府の役所は熱心にコンピュータをサーヴィスに利用しようとしていたが、受け手側の立場からしたら、それこそ官僚制の愚かしさそのものであった。だれがみてもあきらかなひどいミスが起きたとき、反応はいつも、おなじである。「コンピュータ」が、と、そちらにちらりと目をやりながら、責任転嫁するのである。それから四〇年、情報テクノロジーに惜しみなく研究資金を投入した結果、銀行のコンピュータこそミスを犯すことのない魔術的な効率性の定義そのものである、という次元にまで到達したのである。

ATM機器について考えてみよう。この三〇年、ATMでおカネをおろして、出てきた金額がまちがっていたことは、ただの一度もない。わたしの知るかぎり、そんな目にあった人間もいない。だから、二〇〇〇年の合衆国大統領選のあと、このタイプの投票機械では二・八パーセントのエラー、あのタイプの投票機械では一・五パーセントのエラーが見込まれると聞かされたとき、あえて次のような声があがったのである。世界でもっとも偉大な民主主義国と自称し、選挙が神聖であるような国で、毎日何億というATMはミスなく作動しているくせに、投票機械が規則的に票を読み違えるといったことが起こるのを当然のように受け入れているのはどういうわけか、と。この指摘は、国民としてのアメリカ人にとって、本当に優先されているのはなにかを示唆してはいないだろうか？

金融テクノロジーは、お約束のギャグのネタから、とても信頼できるようなものになり、ついに、わたしたちの社会的現実を保障する背骨を形成するまでにいたった。わたしたちは現金自動支払機が引き落とし金額をまちがっていないか、いちいち悩む必要はない。うまく作動しているなら、まちがえるはずがないのである。このことが、金融的抽象作用に究極の確実性といった空気──マルティン・ハイデガーのいう「用具的（ready-to-hand）」性格──を与える。日常のあれこれの実践的インフラの本質的部分になるほどであるから、わたしたちは、それ自体について は決して考える必要がないのである。だからといって、道路、エスカレーター、橋、地下鉄のような物理的インフラが崩れ去り、大都市をかこむ景観は過去世代の幻視した未来のように、悪臭をはなち、汚れ、あるいは放置されたままである、といった事態が起きたかというと、決してそうではない。まさにそれは、国家的優先事項の問題なのである。つまり、景観保存から特定の種類の科学的調査にいたるまで、あらゆることに予算を配分する政策決定の帰結である。「ヴィジョン」「クオリティ」「リーダーシップ」「イノベーション」といった言葉の乱舞する、はてしのない書類が現実に生みだしている世界がまさにこれである。テクノロジーの変化はわたしたちの現状の原因なのではなく、テクノロジーの変化のとる方向性それ自体が、大部分、金融権力の関数［機能］なのである。

3　すべて究極的には価値にかかわることであると銘記すること（あるいは、最大の価値は合理性にあるとだれかがいうのを耳にしたら、そのひとが最大の価値が本当はなんなのかを認めたくないからそういってるのだと銘記すること）。

このあたらしい官僚制言語のほとんどの源泉である「自己実現」の哲学は、こう主張する。われわれは時間なき現在に生きているのであり、歴史は意味をもたない、意志の力をもっておのれのまわりに世界をつくるのみである、と。これは一種の個人主義的ファシズムである。この哲学が一九七〇年代に流行したころ、ある保守的キリスト教神学者が、よく似た方向性をもって考察をつづけていた。電子貨幣を神の創造的力能の一種の延長とみなし、それが霊感を受けた起業家たちの精神を通して物質的に転化したものと考えるのである。このような発想から、金融的抽象作用が現実の岩盤そのものであると感じられたり、じぶんの生活環境がだれかのコンピュータのディスプレイから3Dでプリントアウトされたようにみえる、といった世界にいかに発展したのかを理解するのはやさしい。実際、ここまで論じてきたような、世界がデジタルに生成するという感覚は、もうひとつの社会的法則——少なくとも、わたしにとっては、それは法則としてみなすべきである——を過不足なく描写している。法則とはこうである。もしとんでもない(outlandish)考えをもつ人間の一群に存分に社会的権力を与えたとする。かれらは意識しようとしまいと、最終的には、あるもくろみに帰着するだろう。すなわち、そこで生活しているだけで、じぶんたちのとんでもない考えが、微細な点にわたって、うたがいようもなく自明であるような印象を強化するようなかたちで世界をつくろうとすることである。

北大西洋の諸国では、このような事態は、価値の起源についての人びとの考えを改造しようという長期にわたる努力の頂点に位置している。たとえば、かつて、ほとんどのアメリカ人は俗流労働価値説に同意していたものだった。なにしろ、ひとがほぼ、農民であり、機械工であり、商店主であるような世界では、直感にぴったりきたからである。人生には良きものごと《グッド・シングス》が存在すると想定されていた。そのものごとを生産するのに人びとが労苦をかけたがゆえに「そのものごとはよきものになる」である。そんな労苦には、たいてい、頭脳と筋肉とが、およそ等しくふくまれているとみなされていた。一九世紀中盤には、主流派の政治家ですら、あたかもカール・マルクスから直接に引用してきたような言葉を、しばしば使用している。たとえば、エイブラハム・リンカーンは次のように述べている。

労働は資本に先立ち、資本から自律している。資本は労働の果実にすぎないし、もし労働が先になければ死に絶えてしまうだろう。労働は資本にまさり、はるかに高い配慮にあたいする。[34]

「ところが」金ぴか時代の官僚制資本主義の勃興期に、当時の新しい支配者たちは、自覚的に力を込めて、このような言葉遣いを押しのけようとした。価値は資本それ自体から生まれる――鉄鋼王アンドリュー・カーネギーは「〈富〉の〈福音〉」と述べている――、とする哲学の普及に熱心に努めたのである。このような考えは、当時は大胆な新哲学とみなされていた。カーネギーと仲間たちは、豊富な資金をもって、アメリカ中のロータリークラブとか商工会議所のみならず、学校、教会、市民協会《シヴィック・アソシエーション》で、このあたらしい福音を伝道するキャンペーンを開始した。[35] わが指揮するあたらしい巨大企業の効率性こそ、かくも豊かな物質的恵みを生みだすことができるのであり、かくしてアメリカ人は、じぶんたちが生産するものより消費するものをこそ通して自己実現することができるのだ、と。これが基本的な主張である。このような見方からすれば、価値とは、究極的には、あたらしいコングロマリットの官僚主義的組織による産物である。

グローバル・ジャスティス運動が教えてくれるひとつのことがらは、政治は究極的には価値にかかわるものであること、とはいえ、巨大な官僚制システムを構成する人びとがその価値が本当にはなんなのかを認めることはほとんどない、ということである。このことは現代のカーネギーたちにもあてはまる。ふつう、かれらは――二〇世紀の変わり目の泥棒男爵とおなじように――、みずからの行動を効率性や「合理性」の名のもとに正当化するだろう。しかし、実際には、こうした言葉はつねに、故意にあいまいにされている、あるいは無意味なものにされていることがわかる。「合理的」人間とは、基本的な論理の結合をなすことができ、現実を錯乱していない仕方で評価できるような人間を指す。いいかえれば、イカれていない人間のことである。みずからの政治を合理性に基礎づけると宣言する者は、みな——そしてこれは右翼にも左翼にもあてはまるのだが——じぶんに同意しない人間は正気ではないと宣言しているのであり、これはひとが取りうるもっとも傲慢なポジションである。さもなくば、かれらは、「合理性」を「技術的有効性」とおなじ意味で用いることで、じぶんたちが**いかにして**物事に取り組んでいるのかのみを語る。というのも、じぶんたちが究極的に取り組んでいるのは**なにか**について語ることを望まないからである。このようなやり口にかけて、新古典派経済学は悪名高い。国政選挙に投票するのは「不合理」である（個人の投票者が見込みうる利益よりも、その努力の方が高くつくがゆえに）と、経済学者が証明しようと試みるとき、かれらがこのような物言いをするのは、「市民的参加や政治的理念、共通善それ自体には価値をおかない者、かつ、公共の事象を個人的利得の観点からしか考えない者にとってのみ不合理である」とはいいたくないためである。投票を通してみずからの政治的理想を促進させるべく最良の方法を合理的に計算する、といったことが不可能である、とみなす理由はまったく存在しない。しかし、くだんの経済学者たちの想定によるならば、このような道筋をとる者はだれしもイカれているということになるのだ。

いいかえれば、合理的な効率性について語ることは、その効率性が実際にはなんのためのものかを語ることを回避する手段と化している。つまり、人間行動の究極の目的（ends）と想定されている究極的には不合理な目標（aims）について語ることとの回避である。市場と官僚制が究極的にはおなじ言葉を語るもうひとつの場所がここである。市場も官僚制も、個人の自由、そして消費を介した個人の自己実現のためにある、と述べた。ヘーゲルやゲーテのような一九世紀プロシアの官僚制国家の支持者にとって、その権威主義的手段が正当化されうるのは、みずからの財産が絶対的に保護されていること、それゆえみずからの住居ではなんでも意のままに自由にできることが市民に許容されているがゆえであった。意のままに自由にできるということの意味するところが、芸術、宗教、情事、哲学的思弁などを追求することであろうが、あるいはたんに、どのビールを飲むか、どんな音楽を聴くか、どんな服を着るかをじぶんで決定することであろうと、官僚制的資本主義がアメリカ合衆国にあらわれたとき、おなじように消費主義的基礎にもとづいて正当化された。労働者もまた、もっと種類が豊富で安価な家庭むけ商品が買えるのなら、労働条件の［労働者自身による］統制を放棄して当然だろう、と、このように要求を正当化できるのである。[*36] 非人格的で規則に縛られた組織——公共領域であろうと生産領域であろうと——と、クラブやカフェ、台所、家族旅行における絶対的に自由な自己表現のあいだには、つねに相乗効果があると想定されていた（最初はもちろんこの自由は世帯の家父長に限定されていたが、しだいに、少なくとも原則的には万人に拡がった）。

この二〇〇年間にわたる官僚制的組織形態による支配のもっとも深遠なる遺産とは、合理的・

技術的手段とそれが奉仕する根本的には不合理な目的のあいだの直感的分裂を、あたかも常識であるかのようにみせかけてきたことにある。まず国家レベルでこのことはいえる。そこで公務員たちは、自国の支配者たちがたまたま夢想した国家目標の追求のため、もっとも効率的手段をみいだすことのできるみずからの能力に、誇りをおぼえている。その目標が、文化的繁栄であろうが、帝国主義的征服であろうが、真に平等な社会秩序の追求であろうが、あるいは聖書の定める掟の字義通りの適用であろうが、かまわないのである。それとおなじことが個人レベルでもあてはまる。そこでは、人間は、豊かになるため市場に足をむけ、そのためのもっとも効率的な方法を計算すると想定されている。だが、いったん貨幣を手にしたら、マンションを買おうが、レースカーを買おうが、消えたUFOの探索費用にあてようが、あるいは、子どもに気前よくばらまこうが、それを使ってなにをしようがかまわないとも想定されている。こうしたことはあまりに自明視されているので、これまで歴史的に存在してきたほとんどの人間社会では、そうした分裂が考えられもしなかったことなど、想起するのもむずかしい。ほとんどの時代や地域で、ひとのふるまう方法［ひとのとる手段］は、そのひとの本質［目的］の根本的表現であるとみなされているのである。[*37] しかし、このようにふたつの領域――技術に限定される能力の領域と究極の価値の領域――に世界が分裂したそのとき、どちらの領域も必然的に他方の領域に侵入を試みはじめるかのようにみえる。合理性ないし効率性はそれ自体価値である、それらは究極の価値ですらある、われわれは（それがなにを意味していようと）「合理的」社会を構築せねばならぬ、と宣言する人間があらわれるのだ。その一方で、生活は芸術に、さもなくば宗教にならねばならない、と主張する人間もあらわれる。しかし、こうした運動はすべて、みずからが克服と宣言する、当の分裂そのものを前提としているのである。

それゆえ、大局的には、世界を官僚制的効率性で再組織しようが、市場の合理性で再組織しようが、ほとんど問題ではない。根本にある諸々の想定は、すべて、なんら変わることがないのだから。国家による経済の完全な統制から完全な市場化へと、大喜びで宗旨替えした──そして鉄則に忠実に、その過程で官僚の総数を劇的に増大させた──旧ソ連の役人たちのように、なぜその両極を横断するのがかくもやさしいのか。あるいは、現代の全面的官僚制化の時代にみられるように、なぜこのふたつ［官僚制的効率性と市場的合理性］が融合して、ほとんど継ぎ目のないなだらかな一体性を形成しうるのか。[*38] その理由は、まさに、そこ［諸々の想定の同一性］にある。

難民になったことがあったり、ロンドンの音楽学校の入学許可のために四〇頁にわたる申請書を作成したことのある人間ならだれしも、官僚制が合理性とむすびついているとか、ましてや効率性とむすびついているなどという考えは、お笑い草に聞こえるであろう。しかし、上からの目線で世界を眺めると、まさにそう［官僚制が合理的で効率的に］みえるのである。事実、システムの内部に視点をおけば、世界を評価する手段と化したアルゴリズムや数学的定式は、究極的には価値尺度のみならず価値源泉そのものになってきた。[*39] 官僚の仕事の多くは、つまるところ物事を評価することである。かれらは、たえまなく、評価し、監査し、測定し、さまざまのプラン、提案、申請書、活動方針の相対的メリットや昇進の候補者を比較考量する。市場改革によってこの傾向はただ強化されるばかりである。このことはあらゆるレベルで生じているのであって、もっとも残酷にそれを感じているのは貧困者である。かれらは道徳的なチェック機械の大群によって始終、監視されている。子育てスキルを評定されたり、本当に両親と同居しているのかの調査のために食糧棚を探られたり、ちゃんと仕事を探す努力をしているか、肉体労働の免除にあたるほど健康状態は悪いのかを評価されたり、たえまのない監視にさらされているのである。すべての豊かな国はいま、貧乏人を恥じ入らせることを第一の任務とするような職員をたくさん雇用している。しかし評価文化がはるかに浸透しているのは、それよりも専門階級の超資格化世界（hyper-credentialized world）の方である。その世界には監査文化が君臨しており、数値化もグラフ化もされないもの、コンピュータ・ディスプレイにも四半期報告にもあらわれないものは、そもそも現実ではない。この世界は究極的には金融化の産物であるというだけではなく、金融化の延長にすぎないのである。証券化されたデリバティヴ、債務担保証券などなどのエキゾチックな金融商品の世界とは、価値とは根本的にはペーパーワークの産物であるという原理崇拝の世界以外のなんであろうか。子どもの医療費免除に相当するだけの貧困状態にあるかを定めるうっとうしいケースワーカーからはじまって、あなたの住宅ローンがどの時期に債務不履行におちいるかをめぐる賭金の高速取引にたずさわるスーツの男にいたる、さまざまな評価形態の大海の海面に浮上した一角でなければなんであろうか。

現代にふさわしい官僚制の批判は、これらのより糸──金融化、暴力、テクノロジー、公的なものと私的なものの融合──が、いかにたがいに織り合わされ、独立した単一の網の目を形成しているのかを示さなければならないだろう。金融化の過程とは、企業による利潤のうちのますます大きな割合が、あれやこれやのレント取得というかたちをとるということである。つきつめるなら、これはさしずめ合法化されたユスリといったところである。それゆえ、それにあいともなって、規則《ルール》や規制《レギュレーション》が増殖し、かつ、それらを強制する物理力による脅迫が、ますます洗練し複雑なものになっていくのである。実際、あまりに遍在しているために、もはやわたしたちはじぶんが脅威にさらされていると認めないほどである。そうではない世界がどのようなものか、想像すらできないからである。それと同時に、レント取得による利潤のいくぶんかはリサイクルされ、専門家階級の選抜や事務処理専門の企業官僚新幹部の養成のため、投入されている。わたしがべつのところで述べた現象を促進している要因は、これである。すなわち、ここ数十年、一見して無意味で不要不急の仕事──戦略ヴィジョン・コーディネーター、人的資源コンサルタント、リーガル・アナリストなどなどの「ブルシット・ジョブ」──が、これらの職に就いている人間ですら事業にはなんの貢献もしていないと日頃ひそかに考えているにもかかわらず、増殖しつづけているという現象である。結局、これは一九七〇年代、八〇年代に、企業官僚制が金融システムの拡大に呑み込まれるにつれはじまった階級的再結合の基本的論理の延長にすぎない。

すべてが合流する特殊な現象に出くわすこともまれにある。二〇一三年九月、当時、労働者によって占拠されていたマルセイユの外れにある製茶工場をわたしはたずねた。そこでは、一年以上、地元警察との膠着状態がつづいていた。なぜそんなひどい状況になったのか？　工場見学を案内してくれた中年の工場労働者が説明するには、争点は、表面上は安価な労働力を求めて工場をポーランドに移転するという決定にあるが、究極の争点は利潤の配分にかかわっている。最年長でもっとも経験のある百人あまりの労働者たちが、ティーバッグのパッケージング作業をおこなう巨大機械の効率性改善に数年間もいそしんだ。生産高は向上し、利潤も上昇した。しかし、その余剰金を工場所有者はどうしたか？　生産性向上への報酬として賃金を上げただろうか？一九五〇年代、六〇年代のケインズ主義時代であったら、確実にそうだっただろう。しかし、いまはそうではない。かれらはもっと多くの労働者を雇い入れ、生産を拡大しただろうか？　そんなこともうしない。所有者たちの打った手はただひとつ、中間管理者の雇用である。

案内人はこう説明した。長いこと、工場には二人の管理職がいただけだった。ボスと人事担当である。ところが、利益が上がれば上がるほどスーツ姿の人間がどんどん増えつづけ、やがておよそ数十名をかぞえるにいたった。スーツ姿の人間たちは資格こそ立派なものをもっていたが、労働者のためになにかしたためしはほとんどない。かれらは長い時間をかけて、労働者を監視しながら工場の歩路を歩きまわったり、労働者を測定し評価する基準を設定したり、計画書や報告書を作成した。ついに、かれらにあるアイデアが浮かんだ。工場の活動全体を海外に移転させることである。なぜそうなったか。たぶんプランをひねりださないとじぶんたちの存在理由がなくなるからだろう、というのが案内人の推測である。かれはこうつけ加えた。労働者はほとんどが職を失うが、プランを作成した管理職たちはもっと魅力的な場所に配置転換されるだけだろうから、おそらくダメージにはならない。時をおかず、労働者たちは工場を占拠し、周囲は機動隊で膨れあがった。

こうした状況をみるならば、官僚制の左翼的批判のはなはだしい欠落が痛感されるであろう。正確にいえば、この本は、そうした批判の［全体像を示す］概要ではない。官僚制の一般理論や、官僚制の歴史の試みでもないし、現在における全面的官僚制の歴史の試みですらない。この本は論考の寄せ集めであり、そのどれもが、官僚制の左翼的批判なるものがあるとすれば、それがむかうであろう、いくつかの方向性を示唆している。最初の論点は暴力である。二番目はテクノロジー。三番目の論点は合理性と価値である。

これらの論考が単一の議論を構成しているというわけでもない。たぶん、ひとつの論点をめぐっているとはいえるだろう。が、主要にはそれらは対話を開始するための試みである——遅きに失した試みであるが。

だれもがひとつの問題に直面している。官僚の実践、習慣、感性がわたしたちを包囲している。わたしたちの生活は、書類作成のまわりに組織されるようになった。しかし、こうしたことがらを語るために用いているわたしたちの言葉は悲惨なぐらい的を外している。あるいは、問題をさらに悪化させるよう故意にそう仕組まれているともいえるかもしれない。このような過程のなかでわたしたちがいったいなにを不満におもっているのか、それを語る方法、それにともなう暴力について、率直に語る方法を探る必要がある。しかし同時に、それ「官僚制的なもの」に魅力があるとすればどこか、なにがそれを維持しているのか、真に自由な社会でも救済に値する潜在力を有しているとすればそれはどの要素か、複雑な社会であれば不可避に支払わざるをえない対価と考えるべきはどれか、あるいは完全に根絶できるし根絶せねばならないものはどれか、こうしたことを、理解しなければならないのである。本書がそうした対話を触発するにあたってささやかなりとも役割をはたすことができたら、現代の政治生活への偽りなき貢献となりうるだろう。

1

想像力の死角？　構造的愚かさについての一考察

官僚制についてのひとつのお話からはじめよう。

二〇〇六年、わたしの母親がたてつづけに発作をおこした。いずれ母親が介護なしに自宅で生活できなくなるであろうことは、まもなくあきらかになった。彼女の加入している保険は在宅ケアをカバーしていなかったので、ソーシャル・ワーカーたちはわたしに、メディケア［アメリカの高齢者／障がい者用医療保険制度］に申請するようアドバイスをくれた。しかしながら、メディケアの資格をうるためには、資産の総計が六千ドルを越えてはならない。わたしは手配して、彼女の預金口座を別に移すことにした。おもうに、これは法的には詐欺である――とはいえ、このいわば詐欺を長続きさせる方法を教えることも主要な仕事のうちであるソーシャル・ワーカーを政府が雇っているわけだから、特殊な種類の詐欺であるわけだが――が、その直後、母親は、こんどはきわめて深刻な発作を起こし、療養施設で長期のリハビリをおこなうことになったのである。療養施設を出たあと、今度こそ在宅ケアが必要になった。が、ここで問題が起こったのである。彼女は社会保障小切手をそのままため込んでいたのだが、じぶんの名をサインすることがほとんどできなくなっていた。そこで彼女の口座の委任状をもらい、そこから彼女への月ごとの家賃請求書に対応しなければ、お金はただちに積み上がって、メディケアの申請資格を失ってしまうのである。膨大な量のメディケア申請書を作成したあとであったが、ステイタスの一時停止を証明するために、書類提出が必要であった。

わたしは彼女の銀行にでむき、いくつかの申請書をもらい、療養施設に持参していった。書類は、認可が必要であった。おなじ階にいた看護師が、療養所つきの公証人がいることを教えてくれたが、アポが必要とのことだった。彼女は電話をとりだし、だれだかわからない人間につなげてくれた。その電話先の人間はさらに公証人にとりついでくれた。電話口の公証人は、まずソーシャルワークの責任者に承認をもらわねばならないと教えてくれて、電話を切った。わたしは、責任者の名前と部屋番号を聞き、エレベーターで階下のオフィスにおもむいた。そこで発見したのは、ソーシャルワークの責任者とは、最初に公証人にとりついでくれたあのだれだかわからない人間だったことである。かれは電話を取ってこういった。「マージョリー、わたしです。この人にうそをいっちゃいけませんよ。わたしも困るし」と、少しだけすまなさそうなそぶりをみせ、翌週はじめにアポをとってくれることになった。

翌週、公証人は時間通りあらわれ、わたしをオフィスまでつれていき、書き込みの必要な書類の欄の記入があるかどうか（くり返し強調されていたように）確認し、それから母親のいるところで、じぶんで書き込んでいった。わたしは少々困惑した。というのも、公証人は、わたしのサインだけで母親にはいっさい求めなかったからである。だが、さすがに彼女は公証人なのだから、そういう決まりなのだろうと納得した。翌日、わたしは書類を提出しに銀行をたずねた。デスクの女性がちらっと目を通し、母親のサインがないのはなぜかと問いながら、それを支店長にみせた。書類は返すので書き直してください、という。実のところ、公証人は、じぶんがなにをしてるのか、わかっていなかったようだ。そこでわたしは、あたらしい書類を一式もらって、それぞれ、じぶんの欄は埋め、アポをとった。約束の日、公証人があらわれて、銀行というのはお堅いものだとぎこちなくぼやきながら（各銀行がほかとはまったく異なる自行だけの委任状の書類をどうして使えるだろうか?）、階上のオフィスにつれていった。わたしがサインし、母親もサインして——母親はこの時点で起き上がるのもやっかいな状態だったので少々難儀したのだが——、翌日、銀行に持参した。こんどは別のデスクの別の女性があらわれ、書類をあらため、じぶんの名を記入するよう指示のある欄にはサインし、サインせよと指示した欄には名をプリントしているが、それはどういうわけか、と質問してきた。

「えっ？　わたしは公証人のいうとおりにしたがっただけですよ」。

「でも書類にはここに「サイン」とはっきりと書いてありますよ」。

「ですよね？　たぶん彼女がまちがってたんだな。でも必要事項はぜんぶここに書き込んでありますよね？　たんにふたつの項目がひっくり返っているだけで。それはそんなに大きな問題かな？　状況は急を要するのです。またアポをとるのはつらいのですが」。

「ふつうだったら、ここにごじぶんで書かれたサインがない書類は受け取りができないのです」。

「母親は発作を起こして、寝たきりなのですよ。そもそも、だから委任状が必要なのです」。

彼女は支配人に聞いてみると席を立って、一〇分ほどで戻ってきた。支配人はそのあたりでうろうろしていたが、女性はこのままでは銀行では書類は受け取れないという。さらに追い打ちをかけ、たとえ書類が正しく書けていても、まだ書類が足りず、母親がサインできる精神状態かどうかを、彼女の医者に証明してもらう必要があるという。だれもこれまでそんな書類については教えてくれなかったことをいった。

「本当ですか？」突然、支店長が割って入った。「書類をお渡しするさいに、それをお伝えしなかった人間はだれでしょうか？」

下手人は親切にしてくれる銀行員のひとりだったので、質問はかわしたのだが[*1]、そのかわり、銀行通帳に「デヴィッド・グレーバーの信頼にお応えして「あなたのお金をおあずかりしています」」とはっきり印刷してあることに気づいた。支店長はもちろん、それ「彼女のサインかどうか」が問題になるとしたら、彼女が亡くなったときだけだと弁解したのだが。たまたま、こうしたごたごたがすべて机上の空論となった。母親が、本当に、二、三週間後に亡くなったのである。

当時、このことはきわめつけの当惑すべき体験だった。それまでわたしはまったく気ままな《ボヘミアン》学生として人生の大部分をすごしてきて、比較的この種のことがらに見舞われることがなかったから、友人にこうたずねたのである。みんな、ふつうに、こういうことやってんの？　じぶんがバカになった気分で一日中走り回ったり、どうあがいてもウスノロみたいにしかみえない立場に立たされたり。ほとんどが、人生って実はそういうものじゃないのか、とうすうす感じているようだった。公証人がとりたてて無能であったことは、あきらかである。それでも、わたしは、まもなく、ニューヨーク自動車局のだれだかわからない役人が、わたしの名を「ダイド（Daid）」などと記入したものだから、その始末に、一ヵ月以上かけなければならなかった。ベライゾン［携帯電話会社］の店員が、わたしの苗字を「グルーバー（Grueber）」と記入したときの始末など、ここでもう、いうまでもあるまい。公的なものであれ私的なものであれ、官僚制というものは、その組織形態からして、大部分の人間にとっては、その業務をきちんとこなすことが不可能であるといったふうになっているようにみえる。その歴史的理由はどうあれ、である。わたしはかつて、官僚制とはユートピア的な組織形態であると述べたことがあるが、それはこのような意味である。そもそも、ユートピア主義者というとき、そこにあるふくみはこういうことではないだろうか、すなわち、人間本性の完成可能性を素朴にも信じ、人間をありのままにみつめることを拒否する人間のことが想定されていないだろうか？　不可能な基準を設定して、それに即することのできない人間を責めるといった事態にユートピア主義者たちをみちびくのは、そういう態度であるともいわれていないだろうか？[*2]　しかし、実際には、すべての官僚制のおこなっていることは、まさにこれなのである。それが、妥当なものと自称する要求を提示して、それから、その要求が妥当ではなかったことがわかっても（というのも大部分の人間がつねにそれにきちんと応じることはできないから)、問題は要求にではなく、それに応じることのできない個別の人間の無能にある、と結論づけるのだから。

純粋に個人的なレベルでいえば、おそらくもっとも困惑をおぼえるのは、どうしてこういうあれこれを扱うにさいし、じぶんもまた愚か者になってしまうのかである。なぜ「サイン」と書かれている欄にじぶんの名前を印刷してしまっていることに、気づくことができなかったのだろうか？　そこにちゃんとそう記載してあるのに！　ふつうに、わたしは特別に愚か者ではないとおもいたい。実際、わたしは、ひとに賢いとおもわせることで、キャリアのいくぶんかを積んできているわけだし。しかし、たしかにじぶんは、まったく愚かしい失敗をしでかしている。わたしが、うっかりしているからではない。実際、わたしは、多大なる精神的・感情的エネルギーを、この手順にむかって投入していたのである。問題は、投資したエネルギーではない、ということがみえてきた。そうではなく、問題は、このエネルギーのほとんどが、じぶんにある種の官僚制の権力を及ぼしている人間を理解し、影響を与えたいという試みに投入されているという事実にある。実際に要求されていることは、たんにひとつかふたつのラテン語のワードの正確な解釈であったり純粋に機械的な作業を淡々とこなせばいいだけであるようなときに、公証人の無能ぶりをバカにしているようにみえないように気を遣ったり、あれこれの銀行員たちに同情しているようにみえるにはどうしたらいいかを考えたりするのに手一杯で、ついに、かれらの指示が愚かしいものであってもなかなか気づけなくなるのである。それはあきらかに誤った戦略であった。というのも、規則を曲げることのできる力をもった人物がいるとしても、それはたいてい、わたしの対面している人間ではないからである。さらにいえば、もしわたしがそうした力をもった人間に会えたとしても、かれらが直截にか遠回しにか教えてくれることは、不平をいったところで、たとえそれが純粋に機構上の不条理についてであったとしても、結局、小役人ともめごとになるだけだよ、というものである。

人類学者として、こうしたことはすべて、わたしには奇妙なまでに見慣れたものであることに気づいた。わたしたち人類学者は、誕生、婚姻、死をかこむ儀礼、そして、類似した移行儀礼を取り扱うことを専門としている。とりわけ、わたしたちは、社会的に効力のある儀礼的身ぶりに関心をよせている。すなわち、たんにあれこれいったりやったりすることが、社会的に真実となるような場である（「あやまります（I apologize）」「降伏します（I surrender）」あるいは「二人は夫と妻であることを宣言する」といったフレーズを想起せよ）。社会的存在である人間にとって、誕生や死とは、たんなる生物学的出来事では決してない。新生児を一個の人格、すなわち、名前と社会的諸関係（母親、父親……）そして家族をもった何者かに転化させるためには、たいてい、大量の仕事《ワーク》を必要とする。その何者かに、他の人間たちは、さまざまな責任を負うし、また、いつか、その何者かも、かれらに責任を負うであろうことが期待されるのである。たいてい、この仕事の多くは、儀礼を通しておこなわれる。人類学者たちが書き留めてきたように、そうした儀礼は、形式と内容において、いたずらなまでに多様でありうる。すなわち、そうした儀礼には、洗礼、信仰告白式、燻蒸消毒（fumigations）、はじめての散髪、隔離、宣言、儀礼道具一式の作成、揺さぶり、焼き払い、埋葬、魔術などがふくまれるのである。死はさらにいっそう複雑である。というのも、人生で獲得してきたそのおなじ社会的諸関係が、だんだん分離していって、ふたたび配置し直されねばならないのだから。歴史の現時点で存在するほとんどの社会で、こうした儀礼が実行されているかもしれないし、されていないかもしれない。しかし、このように社会的に効力をもち、実際に変化を及ぼしているのは、ほかのどの儀礼の形態よりも、ペーパーワークにほかならない。たとえば、わたしの母親は、葬式なしで火葬にふされることを望んでいた。ところが、葬儀場でのわたしの主な記憶というと、肉づきのよい温厚な社員のことである。かれは、死亡証明書をもらうために申請しなければならない一四頁の書類をじっくりと説明してくれた。その書類は、三通作成できるよう、カーボン用紙にボールペンで書かれている。「このような書類を作成するのにどれぐらいの時間がかかるのですか？」と、わたしはたずねた。かれはためいきをついた。「一日仕事です」。手首の使いすぎで包帯をした手をあげながら、かれはそういったのである。そうするしかなかった。これらの書類がなければ、わたしの母親も、あるいは、かれの施設で火葬するだれもが、合法的に――それゆえに社会的に――死を迎えたことにはならないのである。

不思議におもうのだが、書類やペーパーワークについての長い一章のある、アメリカないし英国の通過儀礼にかんするエスノグラフィーの学術書が山ほどあってもおかしくないのに、なぜそうではないのだろうか?

　はっきりとした答えがある。ペーパーワークは退屈なのである。ペーパーワークをとりまく儀礼を記述することはできる。それについて人びとはいかに語っているのか、いかに反応しているのかについての観察もできる。しかし、ペーパーワークそれ自体となると、おもしろいことをいえそうなことは、そう多くはないのである。書類の形式はどのようなものか? 色彩の配合はどのようなものか? なにゆえ、かれらは、ほかならぬこれらの情報を求めることを選んだのか? なぜ、誕生地であって、たとえば、そこから小学校に通学した場所ではないのか?

　サインがかくも重要であるのはいかなるわけか? とはいえ、いかに想像力豊かな解説者といえども、早々に、問いは尽き果ててしまうだろう。

　実際にはさらにすすめることもできる。ペーパーワークは退屈と**想定されて**いる。そして、時間がたつにつれて、ますますそうなっている。中世の特許状《チャーターズ》などは、ときにまったく美しいもので、カリグラフィー［装飾的文書法］や紋章の装飾にあふれていた。一九世紀においてすら、そのような要素は、いくぶんかは残っていた。わたしは一八五八年にイリノイ州スプリングフィールドで発行された、祖父の出生証明書を一部、所持しているのだが、それは、ゴシック文字と渦巻き模様《スクロールズ》、小さな天使で飾られた、まったく色彩豊かなものである（それはまた全編ドイツ語である）。ところが、対照的に、一九一四年にカンザス州ローレンスで発行された父親の出生証明書は、すばらしく華麗な手ぎわで記入されてはいるものの、モノクロで、線と囲みだけの味も素っ気もないものである。一九六一年にニューヨークで発行されたわたし自身のものは、それすらもない。タイピングされスタンプを押され、といった具合に、いっさいの特性を欠いているのである。しかしもちろん、今日の厖大な書類に利用されているコンピュータ・インタフェースは、さらに退屈である。こうした書類の作成者が、わずかでも奥行きを感じさせたり、ちらりとでもシンボリックななにかを感じさせるものはいっさいそれらから剥奪するよう、年をへるごとにがんばるようになってきたかのようである。

こうしたことが人類学者をして絶望せしめてきたであろうことは意外ではない。人類学者たちは、密度の高い領域に心惹かれるものである。わたしたちが使いこなす解釈の道具は、意味ないし意味作用の複雑な網の目を解きほぐしていく、そのようなやり方に最適なのである。すなわち、わたしたちは、入り組んだ儀礼的シンボリズム、社会的ドラマ、詩の形式、ないし親族ネットワークを理解しようと努めているのである。これらに共通しているのは、途方もなく豊穣であり、かつ、開放的になる傾向があるという点である。もし、単一のルーマニアの収穫儀礼、ないし、アザンデの妖術告発（witchcraft accusation）、あるいはメキシコの家族伝説につめ込まれた、あらゆる意味、動機、あるいは連合を、すみずみまで調べ上げようとするならば、あっというまに一生が終わってしまうだろう――そうした作業が不可避に拓いてしまう世界、つまり、より広範な社会的ないし象徴的領野において他の諸要素との扇状に拡がる諸関係をたどりはじめたならば、正味のはなし、いくつ人生があっても足りない。対照的に、ペーパーワークは、とことんまで単純であり自己完結的であるよう設計されている。書類が不可解なまでに複雑であるときでさえ、それは、きわめて単純だがあきらかに矛盾する要素の際限のない増殖の結果である。ちょうど、二、三のきわめて単純な幾何学的モチーフの、はてしのない並列によってすべて構成された迷路のようなものだ。そして、迷路と同様、ペーパーワークは、みずからの外部のなにものにも開かれていかない。その結果、そこには解釈の余地がほとんどないのである。クリフォード・ギアツは、バリ島の闘鶏についての「厚い記述」で著名になったのだが、そこでギアツは、次のことを示そうと試みた。すなわち、ある試合で起きているすべてのことを解明できるとしたら、バリ社会にまつわるすべてを理解できるであろう、と。人間の条件、社会、ヒエラルキー、自然、人間存在の根本的な諸々の感情やジレンマについての考えである。これが単純に、住宅ローンの申し込みでも可能とはいわない。いかにその書類自身が密度の高いものであっても、である。野心的な人間がそうした分析を書き留めようと着手したとしても――ひょっとしてそれが可能であると証明できたとしても――そもそも読み手がいるとは想像しがたい。

反対するむきもあるかもしれない。大作家たちは、しばしば、官僚制をめぐる注目すべき作品を残してはいまいか？　と。もちろんである。しかし、かれらがそれをひねりだしたのは、まさに官僚制の堂々巡りと空虚さ――愚かさはいうまでもなく――そのものは受け入れ、おなじ迷路のような意味を欠いた形式のごときを共有する文学作品をものすることによって、である。官僚制という主題にとりくんだほとんどすべての偉大な文学が、ホラー喜劇の形式をとるのは、このためである。フランツ・カフカの『審判』は、もちろん、典型例である（『城』もそうである）が、それ以外にもたくさん引き合いに出すことができる。ひねりの少ないカフカといった感のあるスタニスワフ・レム『浴槽で発見された手記』から、イスマエル・カダレ『夢宮殿』、ジョゼ・サラマーゴ『あらゆる名前』、官僚主義精神に充満しているともいえようイタロ・カルヴィーノの多くの作品から、ボルヘスのほとんどすべての作品にいたるまで、である。軍事的官僚制を扱ったジョセフ・ヘラーの『キャッチ＝22』や企業官僚制を扱った『なにかが起こった』は、デヴィッド・フォスター・ワレスの未完の『青ざめた王』――アメリカ合衆国内国歳入庁のある中西部事務所を舞台とした、退屈とはなにかについての想像力に富んだ考察――と並んで、このジャンルの近年の傑作とみなしうる。興味深いのは、これらのフィクションのほとんどすべてにおいて、官僚制の生活の喜劇的な無意味さが強調されるのみならず、暴力の空気がみなぎっている点である。このことは、幾人かの作家（たとえばカフカとヘラー）においては他の作家以上にはっきりしているが、ほとんどの場合、表層のすぐ下にひそんでいるようにおもわれる。さらにいうと、暴力をはっきりと**対象としている**現代の小説もまた、官僚制をめぐる小説となる傾向がある。というのも、つまるところ、極端な暴力行為は、おおかた官僚制的環境（軍隊、監獄……）で生じるか、さもなくば、官僚制的手続きに直接に包囲されている（犯罪）からである。こういうふうに、大作家たちは、真空を扱うすべを知っている。かれらは真空を抱擁する。かれらは深淵をみつめ、深淵はやがてかれらをみつめ返す。対照的に、社会理論は真空を忌み嫌う。あるいは、官僚制へのそのアプローチが現在進行形のものであれば、これは確実にいえる。愚かさ（stupidity）と暴力とは、まさしく、社会理論がもっとも語りたがらない要素なのである。[*3]

表向き、大学人というものは、個人的立場からしても、官僚主義的生活の不条理を語る立場にあるようにおもわれているであろうから、このような批判の欠落はとりわけ奇妙ではある。理由の一端は、もちろん、かれらが官僚**である**——ますますそうなっている——ことにある。いわゆる「事務負担［行政責任］」、すなわち、委員会への出席、書類の作成、サポート・レターの読み書き、○○長たちの気まぐれをなだめる——こうしたあれこれの占める時間が、平均的な大学人のなかで、ますます大きくなっている。しかし、大学人はまた好んでなった官僚ではない。いわゆる「雑務（admin）」が、ある教授の実際の仕事のほとんどに成り果てたとしても、それはつねに本業ではないとみなされている——じぶんたちにそうしたことがむいていないのは確実であって、じぶんたちの本質をなす仕事ではないのである、と。[*4] かれらは学者——調査し、分析、解釈する者——である。たとえ、かれらが現実には、官僚の肉体に囚われた学者のごとき亡霊（scholarly souls）であって、しかもますますそうなっているとしても。こう考えるむきもあるだろう。大学人はまさにこうした現象の研究、分析、解釈に、さぞ取り組んでいることであろう。なぜ、じぶんたちの時間がかくもペーパーワークに費やされることになったのか？　つまるところ、ペーパーワークとはなんなのか？　その背後にある社会的力学とはどのようなものか？

しかし、このような事態はまったくみられないのであって、それには理由がある。[*5]

わたしの経験によると、大学人がウォータークーラー（あるいはそのようなもの、たいていはコーヒーマシーンである）のまわりに集まったとしても、かれらはめったにじぶんの「本業」については話をしない。ほとんどは、事務負担についてのぼやきである。しかし、ますます時間が奪われていくなか、たとえ考察を深める余裕があったとしても、かれらがそうすることはほぼないようにおもわれる。

しかし、ここにはなにかより深いものがひそんでいるのではないか、とわたしはうたがっている——そもそも、大学とはなにか、その存在理由とはなにか、という本質にかかわるなにごとか、である。

たとえば、合衆国の社会科学においてきわだった存在感をもった、戦後期における二人の大陸の理論家を考えてみよう。一九五〇年代と六〇年代には、ドイツの社会学者マックス・ヴェーバーであり、それ以降は、フランスの歴史家で社会哲学者のミシェル・フーコーである。どちらも、じぶん自身の国では決して獲得することのできなかった、一種の知的ヘゲモニーを合衆国では達成した。アメリカの大学人にとって、かれらのなにがかくも魅力的であったのだろう？かれらの人気のかなりの部分が、一種の反マルクスに見立てやすいというところにあるのはまちがいない。その実例として、たとえば、権力はたんに、あるいは主要には、生産の統制の問題ではなく、いかなる社会生活のうちにも、遍在的で、多面的で、不可避であるような機能である、というふうにかれらの理論は（たいていは粗雑なまでに単純化された形式であるが）まとめられるのである。

しかし、わたしはまたこうも考える。この魅力の大部分は、官僚制に対するかれらの態度にあったのではないか、と。実のところ、官僚制の力はその有効性にあると心から信じていた、二〇世紀史におけるたった二人の知的人間ではなかったかとも、ときにおもえてくるのである。つまり、官僚制は本当にうまく機能している、と、この二人は信じていたのである。ヴェーバーは、官僚制的組織形態を、人間的事象における〈理性〉の体現者そのものとみなしていた。それはそれ以外の組織形態にあきらかに優越しているので、すべてを呑み込んでいき、人類を無情の「鉄の檻」に封じ込めてしまうほどである。フーコーは、もっと転覆的ではある。だが、かれが転覆的であるとしても、それは官僚制の力に大きな有効性を与える――その逆ではなく――といったやり方によってであった。アサイラム、病院、監獄などについてのかれの著作においては、人間生活のありとあらゆるアスペクト――健康、セクシュアリティ、労働、道徳、真理という観念そのもの――は、それ自体では無となってしまい、専門家的あるいは行政的言説のあれこれの形態の生産物にすぎないものと化してしまう。統治性や生権力といった概念を通して、かれは、ヴェーバーの想像できたよりもはるかに細部にわたって、国家官僚制が人間存在の諸条件《パラメーターズ》を形成するにいたると論じた。フーコーにとって、すべての知の形態は権力の形態となって、大部分は行政的手段を介して、わたしたちの精神や身体を形成するのである。

ヴェーバーとフーコーの人気が、この時期のアメリカの大学体制が、地球規模で作動する帝国的行政装置にむけて役人を生産するための装置と化しつつあったという事実に負っているのではないか、という疑惑を避けることはむずかしい。第二次世界大戦直後、合衆国が最初にその地球規模の行政装置を確立したとき、こうしたことは、たいていだれの眼にもあきらかであった。タルコット・パーソンズやエドワード・シルズ[*6]のような社会学者たちは、ハーバード大学において冷戦エスタブリッシュメントの一角を形成していたのであり、かれらの創造した簡易版ヴェーバーは、たちまち国務省の役人たちや世界銀行によって「開発理論」としてさらに簡易化されて採用された。グローバルサウスの戦闘地となった諸国では、マルクス主義的史的唯物論にかわるものとして積極的に喧伝されもした。この時期には、マーガレット・ミード、ルース・ベネディクト、そしてクリフォード・ギアツのような人類学者でさえも、軍事情報機関、あるいはＣＩＡとすら、ためらうことなく密接に協力している。[*7]すべてが変わったのがベトナム戦争である。大学における反戦運動のうねりのなかで、この種の共謀が争点としてひきずりだされ、パーソンズ――そしてかれとともにヴェーバー――は、急進派《ラディカル》が拒絶すべきものすべての体現者とみなされるようになった。

ヴェーバーは退位したが、最初は、だれがかれにとってかわるのか、はっきりとしなかった。しばらくのあいだ、ドイツのマルクス主義に多大なる関心がよせられる。アドルノ、ベンヤミン、マルクーゼ、ルカーチ、フロムなどである。しかし、焦点は最終的にフランスに落ち着いた。

フランスは、一九六八年五月の叛乱によって、極端なまでに創造的な社会理論――フランスにおいてはまさに「六八年の思想」と呼ばれていた――の開花をみていた。それは気分においてはラディカルであったが、同時に、労働組合から蜂起にいたるまで、ほとんど、いずれの伝統的な左翼政治の表現にも敵意をもっていた。*8 さまざまな理論家があらわれては消えていったが、一九八〇年代に、それ以前もそれ以降も、だれも――ヴェーバーでさえも――なしえなかったほどの地位を確立したのがフーコーであった。あるいは少なくとも、かたちはどうあれみずからを批判的立場にあるとみなすディシプリンでは、そうだったのである。もっといえば、このとき、アメリカの高等教育機関の内部で、一種の大学人の分業があらわれたといったほうがよいだろう。すなわち、ヴェーバーの楽天的な部分を［代表する］陣営がある。「合理的選択理論」の名のもとに、官僚の実地の訓練のために再発明された（相当、単純化された形態の）ヴェーバーである。ヴェーバーの悲観的な部分は、フーコー主義者にゆだねられた。フーコーの擡頭は、ひるがえって、まさにかつてのキャンパスの急進派《ラディカル》たち、ないし、かれらに共感した人びとをすくい上げようとする大学人の努力のみられる領域での出来事であった。これらのディシプリンは、政治的権力へのいかなるアクセスからもほぼ完全に切り離され、社会運動への影響からもますます切り離されていった。この距離が、「権力／知」のむすびつき（知の諸形態はつねにまた社会権力の諸形態である――実際には、もっとも重要な社会的権力の諸形態である――という主張）という、フーコーの主要な議論をとりわけ魅力的なものにしたのである。

このように歴史を簡便に要約してしまうと、どうしてもどこか戯画化をふくんで、不公平になってしまうのは、まちがいない。それでも、わたしはここには深遠なる真実があると考えている。大学人はとかく、じぶんの解釈技術がもっともよく発揮できる密度の高いエリアに惹かれるというだけではない。わたしたちはまた、興味深いことと重要なことを同一視する傾向をもっている。つまり密度の高い場所は同時に権力の場所でもあるとみなす傾向をもっている。そして、その傾向はますます強まっている。［ところが］官僚制の権力の示すのは、実態はたいていこの正反対であるということなのだ。

しかし、この論考が俎上にあげるのは官僚制にかぎるものではないし、主として官僚制を対象としているというわけですらない。この論考の主要な対象は、暴力である。ここで論じたいのは、暴力によって形成される状況は、官僚制的手続きにふつうむすびつけられているさまざまな種類の自発的盲目を形成する傾向にあるということである。ここでいう暴力とはとりわけ構造的暴力である。構造的暴力という言葉でわたしの意味しているのは、究極のところは物理的危害の脅威によって支えられた遍在的な社会的不平等の諸形態である。おおざっぱにいうと、こうだ。官僚制的手続きは本質的に愚かであるというだけではないし、あるいは、官僚制的手続き自身が愚かと規定するふるまい――それらは実際に愚かなのだが――を生み出す傾向にあるというだけでもない。官僚制的手続きは例外なく、構造的暴力に基礎づけられているがゆえにすでに愚かである社会的諸状況を操作する方法なのである。このアプローチには、いかに官僚制がわたしたちの生活のあらゆるアスペクトに浸透するようになるのか、そして、なぜわたしたちがそれに気づかないのか、の、双方について、多くのことを教えてくれる、と、わたしは考えている。ところで、こうした暴力の強調が奇異にみえるであろうことは、じぶんでも了解している。療養施設、銀行、諸HMOs［健康維持機構］までも暴力的制度などと——おそらく、まったく抽象的・隠喩的意味でなければ——ふつう、みなされていないからである。しかし、ここでいう暴力は、決して抽象的なものではない。わたしは概念的な暴力を語っているわけではないのだ。ここでの暴力は、文字通りの暴力である。すなわち、たとえば、だれかがだれかの頭を棍棒で殴りつける、といった意味での暴力である。これら［右にあげた制度］すべてが、究極的には実力《フォース》の脅威に依拠するシステムをもつ政府によって規制され保障された、財産権のシステム内部での諸資源の配分にかかわる制度である。しかるに、「実力《フォース》」とは、暴力に言及するための婉曲表現にすぎない。つまり、棍棒で他人の頭をぶん殴る意志をもちながら制服で身を固めた人間を召集する力能のことである。

このような事実について、産業民主主義諸国の市民たちが実際に頭をめぐらせることはめったにない、というか、わたしたちはその重要性を本能的に低く見積もろうとするのだが、このことは興味をさそう。たとえば、そのおかげで、期限切れでない適切な承認印つきのIDを提示せずに入場する権利を唱えようものなら、警備員を呼ばれ、必要な強制力をもって物理的に排除されるという事実があるにもかかわらず、それをちらりとも省《かえりみ》ることなしに、近代的生活の一要素としての強制の役割の低下についてのフーコーに触発された理論的論文に読みふけって、研究者は大学図書館の書架で数日費やすことができるのである。わたしたちの日常生活の細部がますます官僚制の規制にさらされるようになるにつれ、その当事者であるだれもが、究極的には物理的危害の脅威に依拠しているという事実（システムを実際に管理運営する者にはまったくあきらかである）を軽視するよう、結束を強めていくかのようなのだ。

実のところ、「構造的暴力」という言葉の用法そのものが、すぐれた事例である。この論考に最初に着手したとき、わたしは、この用語が間接的形態で作動している現実の暴力を指していることを、端的に自明のこととみなしていた。お望みならば、このように想像してみよう。ある好戦的な部族（これをアルファ族と呼ぼう）がいる。かれらは砂漠を出て、温厚な農民（これをオメガ族といおう）の居住する一帯の土地を奪取する。ところが、アルファ族は貢納を要求せず、すべての肥沃な土地を領有し、みずからの子孫に、さまざまなかたちの実際的教育への特権的アクセスを与え、それと同時に、次のような宗教的イデオロギーを創出する。われわれは本質的にすぐれた存在であり、より繊細で、より美しく、より知的である、そして、いまやひとさまの地所で働く労働者に貶められたオメガ族は、あるおそるべき罪悪によって神々から呪われ、愚かで、醜く、卑しくなったのである、と。そして、おそらくオメガ族は、このみずからの不名誉を内面化し、あたかもじぶんたちに本当に罪があると信じているかのようにふるまいはじめるのである。たぶんある意味で、かれらは本当にそう信じている。だがより深くみると、かれらが本当に信じているかどうなのかを問うことにはさして意味がない。この仕組み総体が、暴力の果実であり、継続的な暴力の脅威でもってのみ維持可能なのであるから。実際には、オメガ族はよくわかっている。もし、だれかが、この財産所有の仕組みや教育へのアクセスに直接に挑戦しようものなら、刀剣がふりかかってきてその人間の頭を切り払ってしまうだろうことは、ほぼ確実である、と。このような事例において、「信じる」ということで語られていることがらは、この現実にみずからを適応させるために、人びとが発達させた心理学的技術にすぎない。もしなんらかの理由でアルファ族が暴力という手段を自由に操ることができなくなったとして、オメガ族の人びとがどのようにふるまうのか、どのように考えるのかについて、わたしたちはなにもわからないのだ。

わたしが最初に「構造的暴力」というフレーズを使用しはじめたときに念頭にあったのはこれである。その日常の作動において、実際の物理的暴力の必要が生じないにしても、暴力の脅威によってのみ形成され維持されうる諸構造である。この問題について考察してみるならば、文献のなかで「構造的暴力」としてふつう言及されるほとんどの現象――レイシズム、セクシズム、階級的特権――について、たとえそれらの実際の作動様式がはてしなく複雑であったとしても、おなじことがいえるだろう。

この点で、わたしをもっとも触発してくれたのは、たぶん、フェミニストの文献である。それらは、しばしば、このように構造的暴力について語っているのである。*9 たとえば、性暴力（sexual assault）の発生率が、まさに女性が、労働、ふるまい、衣服の「ジェンダー規範」に挑戦をはじめるそのときに激増することは、広く知られている。征服者たちが、［被征服者の反抗にあって］みずからの刀剣を、突如としてふたたび抜いてみせるのとまったくおなじである。しかし、大学人のおおよそは、この用語をこのようには使用していない。現在の用法は一九六〇年代の「平和学」にさかのぼるのだが、それは、たとえ物理的暴力行為をいっさいふくんでいないにしても暴力と等しい効果をもつ「諸構造」のことを指している。[*10] 諸構造のリストはほぼおなじである（レイシズム、セクシズム、貧困などなど）が、その含意は異なっている。そこでは、たとえば、ドメスティック・バイオレンスや性暴力がまったく存在しなくても作動する家父長制のシステムが存在**しうる**、ないし、政府に強制された所有権によって支えられないレイシズムのシステムが存在**しうる**――わたしの知るかぎり、どちらの事例も観察されたことはない――という含意がみられる。[*11] だとすれば、やはり不思議なことなのである。物理的暴力はことの本質ではないし真に取り組みの必要な問題ではない、などという立場をとるよう決意する理由もないのに、なぜ、だれもがそうした議論をしたがるのか。暴力の問題を直接に提起することは、ほとんどの大学人が閉じたままにしておきたい、一連の扉を開いてしまうことを意味しているようにみえる。

これらの扉のほとんどが、わたしたちが「国家」と呼ぶもの――そして、それを通して国家が実際に権力を行使するところの官僚制的諸構造――に一直線にむかっている。暴力の独占に対する国家の要求が根本的に問題なのではないか、あるいは、国家はいかなるありうる［問題の］解決にも本質的に必要なものなのか？　規則《ルール》を策定して、それにしたがわない者を物理的危害で脅迫する、そのような実践そのものが問題視されるべきではないのか、それとも、諸権威［当局］がそうした脅威を正しく使っていないだけなのか？　あたりを漂う抽象的諸構造の束として、レイシズム、セクシズム、その他について語ることは、そうした問いをいっさい回避するための、最良の方法なのだ。

人類学者たちがもっとも親しんでいる農村コミュニティの多くでは、近代的な行政技術ははっきりと外からの押しつけとみなされており、ことはアルファ族とオメガ族のわたしの事例に、とてもよく似ている。わたしたちは、たいてい、あれこれの征服された人びとを対象にしている。つまり、現在の仕組みが暴力の結実であることをするどく認識している人びとである。それゆえ、政府が根本的には強制による制度であることを否定するなど、――たとえ、政府がときに恩恵を与えることもあることを手放しで認める場合があるにしても――だれも考えてもみないのである。たとえば、わたしがフィールドワークをおこなったマダガスカルの一地方では、国家がまず恐怖を惹き起こすことで作動していることを、だれもが自明とみなしていた。それは、古いマラガシ［マダガスカル］の諸王国にも、あとをついだフランスの植民地体制にも、あるいは、現代のマラガシの後継者にも、まったくあてはまるのであって、それらの違いは、基本的には、おなじものに若干の手を加えた程度にすぎないとみなされているのである。他方で、国家が触発する恐怖はまったくのところ散発的なものであった。というのも、たいていの時間、国家ないしその代表者たちは、実際には附近には存在していないからである。日常生活の細部を規制するにあたって、政府はほとんどなんの役割もはたしていなかった。建築法も、開栓禁止法も、車両免許や車両保険の義務も、だれがどこでなにを売買するか、たばこを吸うか、建築するか、飲食するのかについての規則も、どこで音楽を演奏するのか、動物を飼うかの規則もなかった。あるいはいずれにしても、そうした法があったにしても、それがなんなのかを知らなかった。というのも、それを執行するといったことが、そもそもだれにも、警察にすらも、おもいもよらないからである。市街でさえそうなのだから、そうした問題が、慣習や共同の合議による熟慮、魔術によるタブーでもっていっさい規制されている周辺地帯ではなおさらである。そうした文脈においては、政府の官僚制の主要な業務とは、課税可能な財産の登録と、徴税人が姿をあらわし住民のモノをかっさらっていくために必要なインフラを維持することであることは、よりいっそうあきらかなのだ。

この状況は実のところ、わたし自身の調査に対して、ある興味深いジレンマを形成していた。わたしは、地方にむかう前に、マラガシの公文書館で、たくさんの調べものをおこなっていた。一九世紀のメリナ王国は、外国人宣教師を招き入れ、公務員養成の援助をさせていたが、その記録は、［その後の］植民地体制の記録とともに、すべてそこに保管されていた。その結果、およそ一八七五年から一九五〇年にかけて、じぶんの研究対象であるコミュニティについて、わたしはデータの山――人口調査の結果、学業成績、なによりも各家族の規模や土地、家畜（初期には奴隷）といったその資産の正確な数字——を抱えることになったのである。しかし、わたしが到着するとまもなく、ほとんどの人びとが、首都からやってきたよそ者が聞きたがるのはまさにこうしたたぐいのことであると考えており、それゆえ、よそ者に一番しゃべりたがらないものであることを発見した。実に、人びとはそれ以外のことならほとんどなんでも、よろこんでしゃべってくれるのである。その結果、ふたつの歴史的時期について、ほとんど完全に異なる種類のデータをもつ、ということになった。

人びとをよく知るにつれて、徐々に、政府が日常生活を規制していないというだけではないことがわかってきた。もっとも重要ないくつかの点で、政府はまったくなにもしていなかったのである。マラガシの歴史においては、国家権力は干満をくり返す傾向があるが、これは、あきらかに干潮の時期であった。むろん、役所は存在したし、そこに通ってタイピングしたりもろもろの記録をしたりする人間もいた。だがそれは主に、見せかけのためであった。かれらが給与を受け取ることはめったになく、備品も受け取っていなかった（かれらはじぶんの用いる用紙を購入しなければならなかったのである）、だれもが課税調査には虚偽の申告をしたのだが、いずれにしても、税を支払う者はいなかった。警察はハイウェイをパトロールするだけで、地方までふみ込もうとはいっさいしなかった。しかし、だれもが政府について、よそ者に気づかれないよう、それがあたかも存在するかのように語るのである。もし気づかれたら、首都の役所のだれかが、この状況をどうにかしなければいかん、などと決断してしまうかもしれないからだ。こうして、あるレベルでは、官僚制の力は人びとにほとんどなんの影響も及ぼしていない。他方で、それはすべてに影を落としていたのである。

その理由の一部は、ほとんど一〇〇年前の征服による最初のインパクトにある。当時、メリナ王国のほとんどの住民が、王国の中心部に住まう奴隷所有者であった。奴隷制について想起すべき重要な点は、それがまったく――実際、すべての人間に――モラルの関係としてではなく、単純に恣意的な権力の関係とみなされていたことである。すなわち、主人は望むがままのものを奴隷に命じることができるが、奴隷はそれについてまったくなにもなしえない、といった関係である。[*12] メリナ王国をフランスが崩壊させ、一八九五年にマダガスカルを占領したとき、かれらは同時に、奴隷制を廃止させ、社会契約にも統治される者の意志にも基盤をおくふりすらせず、以前と変わることなく、端的に優越する武力をもって政府を押しつけた。ほとんどのマラガシ人が、じぶんたちはみな奴隷に転落したのだと結論づけたのは、意外ではない。このことが、人びとがたがいに関係し合うやり方と深く関係したのである。しばらくすると、いかなる命令の関係――つまり、だれかがだれかをじぶんの意志のたんなる延長［道具］とするような、成人どうしのあいだのいかなる現在進行形の関係――も、モラル的に好ましくない、本質的に奴隷制ないし国家の変異体とみなされることになった。一般的なマラガシの人びとは、そのようには、ふるまわなかったのである。ところが、マラガシの政府が遠くにあっても、その影はいたるところに落ちていた。わたしの研究したコミュニティで、そうした［命令の関係と奴隷制の］連想がもっともはっきり浮上するのは、人びとが一九世紀の奴隷所有大家族について語るときである。その子息たちは、大部分は（すでに述べたように）教育やペーパーワークのスキルへのその帰依のおかげで、植民地時代の行政の中核を構成するようになる。そしてその子息たちはいまだ、農村生活の悩みごとや責任からは解放されて、都市の高級なオフィスで働いていたのである。それ以外の文脈、とりわけ官僚制の文脈においては、命令の諸関係は言語的にコード化されていた。すなわち、それはフランス語とぴったり同一視されたのである。マラガシ語は、それと対照的に、熟議、説明、合意形成にふさわしい言語とみなされた。小役人が、恣意的な命令を押しつけたいとき、ほとんど例外なく、フランス語に切り替わるのだから。

わたしがとりわけ生々しく想い出す、ある出来事がある。マラガシで、たくさんおしゃべりをしたある気さくな小役人が、ある日、みんながフットボールの試合をみに早引けしようと決めたまさにそのとき、わたしがひょっこり顔を出したものだから、うろたえた（述べたように、かれらは実際には、この役所ではなにもしていなかったのだが）。

「きょうはおしまいです」と、かれはこうフランス語で告げると、柄にもなくかしこまったポーズで胸を反り、「用事があるならば、あすの八時に来るように」といった。

わたしは弱ってしまった。わたしの母語が英語であることを、かれは知っているはずである。かれはまた、わたしが流ちょうなマラガシ語をしゃべることも知っているはずだ。そして、わたしが、フランス語会話を理解できるといったことは、知らないはずである。混乱したふりをして、こうマラガシ語で答えた。

「えっ？　ごめんなさい、なにをいってるのか、よくわからないのですが」。

かれはさらに胸を反らし背伸びをして、まったくおなじことを、今度はゆっくりと声を上げてくり返した。ふたたびわたしも、理解できないふりをして、応じた。「よくわからないな、どうしてあなたは、わたしの知らない言葉で話しかけるのですか？」。


実際に、ここでかれは、日常語でこのセンテンスを言い直すことがまったくできなかったし、ついでにいえば、マラガシ語で別のことをいうこともまったくできなかったのである。もしかれが日常語に切り替えたら、このようにつっけんどんにはなれないとおもったのではないか、と、わたしはうたがった。あとで、複数の人びとが、この推測は当たっているといった。もしかれがマラガシ語をしゃべったら、少なくともかれは、なぜ役所が［その日は］そんな時間に終わるのかを説明しなければならなくなるだろう、と。マラガシ語では、フランス語は、実際に、*ny teny baiko*、すなわち、「命令の言語」とも表現できる。それは、説明も熟議も、そして究極的には、合意も必要とされない諸文脈につきものである。というのも、そうした諸文脈は、純然たる物理的暴力への不平等なアクセスを想定することによって形成されているからである。この場合、そうした実力《フォース》を行使する現実の手段はもはや存在していなかった。役人は現実に警察を呼ぶことはできなかったし、そう望んでもいなかったろう。とにかく、かれは、わたしに引き返してもらいたかったのである。［お望みどおり］言葉遊びでしばらく、かれとやりとりしたあとで、わたしは引き返した。しかし、かれは、［役人としての］権力によって可能であるはずの態度すら、植民地国家の影を呼び起こすことなくしては、みせることができなかったのである。

マダガスカルでは、大多数のあいだで、ほぼ全般的に尊重されている教育とのつながりによって、官僚制的権力はいくぶんか救われている。政府、官庁、警察署などの世界に参入することは、また、小説、世界史、テクノロジー、海外旅行のいつでもできる世界へと参入することでもあった。それゆえ、救いがたく悪であるわけでも本質的に不条理なわけでもないのである。

しかし、マラガシ国家はまた、きわだって暴力的というわけでもなかった。比較分析の示すところによれば、官僚制システムで用いられる暴力のレベルと、官僚制システムが生み出すとみられている不条理と無知のレベルのあいだには直接の関係が存在している。たとえば、キース・ブレッケンリッジは、植民地支配の南アフリカに特有の「知なき権力」の諸体制についての詳細な記録を残しているのだが、[*13] そこでは、強制とペーパーワークが、アフリカ人住民を理解するという必要性に、ほとんどとってかわっているのである。たとえば、一九五〇年代にはじまったアパルトヘイトの確立であるが、それの先駆となったのが、あたらしいパス体制［国内パスポートシステム］であった。それは、アフリカ人労働者たちに広範囲にわたる労働契約を記した文書を携帯する義務を定めたそれ以前の規則を単純化して、名前、地域、指紋、課税上の身分、そして都市で居住し労働する公式に定められた「諸権利」のみを記した単一の身分証明書にとってかえていた。[*14] 政府職員たちは、それを、行政管理や警察活動を合理化し、アフリカ人労働者たちと実際に話をする責任から現場の人員を解放することになると、認識していた。まさにこのために、アフリカ人労働者のあいだで、このあたらしい文書は、「無口パス（dompas）」［dumb pass］とか「ばかパス（stupid pass）」と、一般的に呼ばれていたのである。

アンドリュー・マシューズによるオアハカにおけるメキシコ森林局についてのすばらしい民族誌もおなじように、森林監督官たちが、ある種のイデオロギー的幻想のうちにとどまることになったのは、まさに政府職員と地方農民のあいだのほとんど完全なまでの不平等によってであることを示している。（たとえば）森林火災についての単純な白黒はっきりした考えをあらためないですむため、オアハカでほとんどかれらのみが、じぶんたちの諸規制が現実にはどのような帰結をもたらすのかを理解できずにいるのである。[*15]

英語でわたしたちが官僚制を語るその方法のうちにすらも、強制と不条理のあいだのむすびつきのいくつかの痕跡が存在する。たとえば、とくに官僚制的愚かさを指す口語のほとんど──SNAFU［situation normal fouled up の略。状況はいつもどおりメチャクチャだ］、キャッチ＝22など──が、どれほど軍隊のスラングに由来しているかに注意してみよう。より一般的には、政治学者たちは、長いあいだ、強制と情報のあいだに、デヴィッド・アプターのいうような[*16]「ネガティヴな相関」を観察してきた。つまり、相対的に民主的であるような体制は、だれもが説明と要求で政治にかかわる諸機関を責めたてるので、過剰なまでの情報にひたされてしまう傾向があるが、体制が権威的で抑圧的になればなるほど、人びとは沈黙のうちに沈むものである。このような体制が、スパイ、諜報機関、秘密警察に、大きく依存するように強いられるのは、このためである。

恣意的決定を可能にし、かくして、相対的に平等主義的な社会的諸関係に特有の討議、説明、再交渉を回避する暴力の力能こそが、あきらかに、その犠牲者の眼に、暴力を基盤にして形成される手続きを、愚かしい、ないし、筋の通らぬものとみせてしまう原因である。わたしたちの多数は、他者がなにを考えているか、あるいは感じているのか、声のトーンや身体言語《ボディ・ランゲージ》を観察しただけで、表面的な感覚はつかむことができる。ひとの直接の意図や動機をなんとなくつかむのはたいていそうむずかしくはないが、このような表面上のレベルを超えて深く把握したいときには、ときに多大なる努力を必要とする。実際、社会生活の日常的関心事《ビジネス》の多数が、他者の動機や感覚を解読する努力からなっている。それをここでは「解釈労働（interpretative labor）」と呼んでみよう。強制力の恐怖をたのみとする者は、多大なる解釈労働に関与する必要はないし、一般的にいって関与することはない。

人類学者として、じぶんが危険地帯に足をふみ込んでいることはわかっている。暴力に注意をむけるとき、人類学者たちは、真逆のアスペクト、すなわち、暴力行為が、意味をはらみ、コミュニカティヴである——詩的性格すらもちうるような——そのありようを強調する傾向にある。*17それに沿わない議論をする人間は、ただちに、ある種の無教養［実利主義］のかどで論難されるであろう。「きみはいったい、暴力が象徴的に強力では**ない**とか、弾丸や爆弾がなにかをコミュニケートしようとしてい**ない**とか、本当に考えてるのか？」。はっきりいっておくと、ノーである。わたしはそのようなことをいおうとしているのではない。わたしのいいたいのは、それが最重要の問題ではないのではないか、ということである。なによりまず、そこで「暴力」ということで想定されているのが、主要に暴力の行為であって、暴力の脅威、そして暴力の脅威の浸透を可能にする社会的諸関係ではないためである*18——実際にどつくとか、殴るとか、刺すとか、爆破するとか——。次に、この［そこで問題にされている］領域が、人類学者、そしてより一般的には大学人全般が、とくに、解釈の深度や社会的意義の混乱におちいる傾向がみられる場所であるがゆえに、である。つまり、暴力についてもっとも興味をそそることがらが、もっとも重要なことでもある、と、かれらは自動的に想定してしまうのである。

これらのポイントをひとつずつとりあげてみよう。暴力行為が一般的にいってコミュニケーション行為でもある、ということは、正しいのだろうか？　正しいのは、まちがいない。しかし、このことは、人間の行為ならば、いかなる形態にもおおよそあてはまる。暴力について本当に重要なことは、おそらく、コミュニカティヴであること**なしに**社会的諸効果をもたらす可能性を提供することのできる、ただひとつの人間の行為の形態である、という点にあるように、わたしにはおもわれる。より正確にいえば、暴力は、じぶんがなにも理解していない人間の行為に、相対的に予測可能な諸効果をもたらすであろうなにごとかを施すことを可能にする、ただひとつの方法である、ということだ。他者の行為に影響を及ぼそうとするそれ以外の方法の大部分では、その他者が何者であるのか、その他者はあなたを何者とみなしているのか、この状況からかれはなにを欲しているのか、かれの嫌悪、好みなどなどについて、少なくとも、なにがしかの考えをもつ必要がある。ところが、かれらの頭を殴り飛ばしてみよう、こうしたことすべてが不要になる。

なるほど、だれかに障害を加えたり、だれかを殺害したりすることによって与えることのできる効果は、きわめて限定されている。しかし、それらは十分に現実的《リアル》である。そして、決定的なことには、その効果がどのようなものであるのかが前もって正確に予測可能なのである。それ以外のいかなる行為の形態も、共有された意味や了解に訴えることなしには、いかなる予測可能な効果もいっさいうることはできない。さらにいえば、暴力の脅威で他者に影響を与えようとする試みが、あるレベルの共有された了解を必要とするにしても、それはまったく最小限のものである。ほとんどの人間の関係は――それが長期の友人のあいだであろうと敵同士のあいだであろうと、とりわけ継続中のそれは――、とんでもなく複雑なものであり、歴史と意味を濃密にはらんでいるものである。それを維持するには、想像力とか世界を他者の観点からみる終わりのない努力といった、恒常的でたいてい繊細な作業を必要とする。先に「解釈労働」として述べたものはこれである。物理的危害をもって他者に脅威を与えることは、こうしたことすべてを省略することを可能にする。それははるかに単純で図式的であるような関係を可能にするのである（「この線をふみ越えたら撃つぞ」とか「もう一言でもいってみろ、刑務所にぶちこむぞ」とか）。もちろん、このために、暴力はひんぱんに愚か者に好まれる武器となるのである。暴力は愚か者の切り札であるとすらいえるかもしれない。というのも（そしてこれは人間存在の悲劇のひとつであることはたしかだが）、それが知的な対応のもっとも困難である愚かさの一形態だからである。

　ここでぜひとも重要な条件をひとつ導入する必要がある。ここではすべてが諸力の均衡にかかっているということだ。二者が相対的に平等である暴力の競合に関与している場合――たとえば、対立する軍隊を率いる将軍のような――、かれらがたがいの頭の中身を調べようと努力するのは当然である。そうする必要がもはやなくなるとしたら、それは、一方の側が物理的危害を与える能力において圧倒的に有利であるときのみである。しかしこれは、きわめて深遠なる効果をもたらす。というのも、それが意味しているのは、暴力のもっとも固有の効果、すなわち、「解釈労働」の必要を除去する力能がもっとも顕著なものになるのは、暴力それ自体がもっともみえにくいようなとき、めざましい物理的暴力行為の起きる可能性としてはもっとも低いときであるということである。わたしが先に、実力《フォース》の脅威によって究極的に支えられた体系的不平等の状況、として規定した「構造的暴力」とは、まさにこうした事態である。このために、構造的暴力の状況は、例外なく、きわだって不均衡な、想像力による同一化の構造を生み出してしまうのである。

　これらの効果は、不平等の構造がきわだって深く内面化された形態をとる場合、しばしばもっとも可視となるのである。ここでも、また、ジェンダーの事例がふさわしい。たとえば、一九五〇年代のアメリカのシチュエーションコメディには、お決まりのジョークがあった。女性を理解することの不可能性をめぐるジョークである。このジョーク（もちろん男性による）によれば、いつも、女性の論理は、根本的に異質なもので不可解なものだ。「女たちを愛しなさい」、このメッセージはこうつづく、「だが、女という生きものがなにを考えてるのか、いったいだれがわかるんだい？」。「ところが」その女性たちはといえば、男性を理解するのに難儀するといった印象はだれも抱かないのである。理由はあきらかである。女性は、男性を理解することを選ぶしかないのだから。アメリカでは、一九五〇年代は、夫単独収入の家父長制家族という理念の全盛期であり、比較的、富裕な人びとのあいだでは、この理念はかなりの度合いで実現をみた。自力による収入や資源へのアクセス手段をもたない女性たちは、あきらかに、男たちがなにを考えているのかを理解することに、多大なる時間とエネルギーを費やす以外に選択の余地はなかったのである。[*19]

女なるものの謎についてのこの種類のレトリックは、そうした家父長制につきものであるようにおもわれる。そこにはたいてい、次のような感覚がともなっている。非論理的で不可解ではあるものの、女たちはそれでも、男たちには手の届かない、謎めいた、ほとんど神秘的であるような智慧（「女の直感」）を使いこなしている、という。そして、もちろん、極端に不平等な関係のなかでは、このようなことは起きるものなのである。たとえば、小農は愚かなほど単純であり、かつ、それでも神秘的なまでに賢いものとして表象される。ある世代の女性作家たち——ヴァージニア・ウルフが最初に想起される（『灯台へ』）——は、こうした制度の裏面を記録してきた。想像的同一化ないし解釈労働のたえざる作業をふくめて、忘れっぽくてうぬぼれの強い男性のエゴを、いなし、補修し、微調整するのに、たえず努力おこたらぬまでにいたる、そのありようである。この作業は、あらゆるレベルにわたって実行される。いかなる場所でも女性たちは、あれこれの状況が男性の視点からはどのようにみえているか、休みなく想像するよう期待されている。それとおなじような期待は、男性にはほとんど起きない。この行動パターンが深く内面化されているがゆえに、女性たちがそのようにふるまわない様子がちらりとみえただけでも、多くの男性は、あたかもそれ自体が暴力行為であるかのように反応してしまうのである。たとえば、アメリカでは高校の論文教師のあいだで人気のある課題がある。じぶんが一日、性別が変わったらと想像させ、この一日がどんなものになるのかを書かせるというものである。一見したところ、その結果は不気味なほど一致している。女子たちはだれもが詳細な長文のエッセイを書くのだが、それは、彼女たちがこの課題について時間をかけて考えをめぐらせていることをはっきりと示している。たいてい、男子のかなりの部分が、このようなエッセイを書くこと自体を拒否してしまう。それによってはっきりするのは、十代の女子であるとはどういうことか、かれらはわずかの考えももっていないこと、そして、それについて考えよといわれただけでも、かれらの怒りを誘うということである。[*20]

このようなことは、フェミニスト視点理論（Feminist Standpoint Theory）や批判的レイス研究になじみのある者であれば、とくにあたらしいものではない。実際、もともとわたしを触発して、こうした広範な考察にみちびいてくれたのは、ベル・フックスによる次のような一節である。

アメリカ合衆国では、白人性を研究する人類学者そして／あるいは民族誌家の集まった黒人の公的機関はこれまで存在しなかったが、奴隷制からこのかた、黒人大衆は、白人についての綿密な観察から集められた「特別な《スペシャル》」知識を、たがいの会話のなかで共有してきた。特別《スペシャル》とみなしうるのは、それが書き留められた資料として十二分に記録されてきたような、認識の方法ではないからである。その目的は、白人優位主義社会のなかで、黒人大衆がなんとかやりくりをして生き延びることを支援することにあった。長年にわたって、白人家庭で働く黒人の召使いは、隔離されたコミュニティに知識――白人という「〈他者〉」についての、詳細、事実、精神分析的読解――を送り返す、インフォーマントとしてふるまったのである。*21

フェミニストの文献に限界があるとしたら、みずからの抑圧者の無知や愚かさについての被抑圧者の洞察を強調しすぎて、ときにやや寛大すぎるきらいがあることといえよう。*22

解釈労働の一般理論を発展させることは可能だろうか？　わたしたちはたぶん、ここには、結合してはいるが形式的には区別する必要のある、ふたつの重要な要素があることを認識することからはじめねばならない。第一の要素は、知の形式としての想像的同一化の過程である。すなわち、支配の諸関係の内部では、当該の社会的諸関係がどのように実際には作動しているのかを理解する作業は、実質的に従属した人々に一般的にはゆだねられている、という事実である。たとえば、食堂のキッチンで働いたことのある者ならば周知のことがある。盛大なヘマがあって、怒った支配人が顔を出し、状況を把握しようとしたとして、かれがこまごまと調査をすることはないし、あわてて事態を説明しようとする従業員の話をまじめに聞こうとすら、たいていしないということである。全員を黙らせ、適当にストーリーをこしらえ、即座の判断をくだす、という可能性の方がはるかに高いのだ。「ジョー、おまえはこんなしくじりはしないな。マーク、おまえだな、おまえは新入りだしな。二度とやったら、今度はクビだぞ」。ミスの再発を防ぐべく、真の原因を探り出す作業は、ひとを雇用したり解雇したりする力をもたない人間がやることになる。同様のことは、たいてい、持続する関係のうちに起きるものである。たとえば、だれもが知っていることだが、召使いはじぶんを雇っている家庭の事情について事細かに知っているものだが、その逆はほとんどありえない。

第二の要素は、共感的同一化の結果として生まれるパターンである。興味深いことだが、「共感疲れ」といま呼ばれている現象を、はじめて観察したのは『道徳感情論』のアダム・スミスであった。かれによれば、人間というものは、ふつう、じぶんの仲間に想像上で同一化するのみならず、その結果として、たがいの歓びや哀しみをおのずから感じてしまう傾向がある。しかしながら、貧民は、あまりにいつも惨めな状況にあるため、ふつうであれば共感力の豊かな観察者も、端的に圧倒されてしまい、そうとは気づくことなく、かれらの存在を視界から抹消してしまうよう余儀なくされる。その結果、社会的階梯の底辺に位置する者が、多大なる時間をかけて、頂点にある者たちにみえているものを想像したり、心から気にかけたりするのに対し、その逆はほとんど起きないのである。

主人と召使いであろうと、男性と女性であろうと、雇用者と被雇用者であろうと、富者と貧民であろうと、構造的不平等——構造的暴力とここで呼んできたもの——は、例外なく、高度に偏りのある想像力の構造を形成してしまう。おもうに、想像力は共感をともなう傾向がある、とするスミスは正しい。だから、構造的暴力の犠牲者は、構造的暴力の受益者が犠牲者たちを気遣うよりもはるかに多く、受益者を気遣う傾向があるのである。暴力そのものに次いで、こうした［不平等な］諸関係を維持する単一の最大の力が、これ［この想像力の構造］であろう。

ここで、官僚制の問題に立ち戻ることができる。

現代の産業化された民主社会において、暴力の正当な管理運営は、婉曲的に「刑法執行機関(criminal law enforcement)」と呼ばれるもの——とりわけ警察官——にゆだねられている。「婉曲的に」というのは、警察社会学者たちが長年にわたって指摘しているように、刑法の執行に——種類はどうあれ犯罪にかかわる問題に——かかわりをもっているのは、実際の警察による活動のほんの小さな部分のみだからである。その大部分は、管理運営上の問題の解決のために規制をおこなう、あるいは少しだけ技術的にいえば、物理力ないし物理力による脅威の科学的適用をおこなうことにかかわっている。[*23] いいかえれば、かれらはその時間の大部分を、だれがなにをどこで購入できるとか喫煙可能とか売却できるとか建築できるとか飲食できるとか、マダガスカルの田舎町や農村のようなところには存在しない、はてしなく些末な規則《ルール》や規制《レギュレーション》を押しつけることに費やしているのである。

だから、警察とは武器をもった官僚なのである。

そのことを念頭におくならば、このトリックは実に巧みなものである。わたしたちのほとんどが警察について考えるとき、その仕事が規制を押しつけることにあるとはおもわないからである。わたしたちはかれらについて、犯罪と戦っているものだと考えているし、「犯罪」について考えるとき、わたしたちの念頭にあるのは暴力犯罪である。[*24] ところが、実際には、警察の仕事のほとんどが、その正反対である。かれらは、実力《フォース》の脅威を、そのような「暴力犯罪のような」ものとはなんのかかわりもないような状況に、むけているのである。公共の討議でいつもわたしはおもい知らされる。警察が関与してくるような状況の仮の事例をあげようとして、ひとが想起するのは、ほとんど例外なく、人間のあいだの暴力行為、つまり強盗か暴行である。しかし少し考えてみれば、物理的攻撃であるようなふるまいが現実に起きるとき、マルセイユ、モンテヴィデオ、ミネアポリスのような大都市においてすら、概して警察はなんら関与していていない――ドメスティクバイオレンス、ギャングの抗争、酒の上のけんかなど——。警察が呼ばれるのは、おおよそ、だれか死んだときとか、重体で病院にかつがれたときにかぎる。とはいえ、それも救急車が関係した瞬間からペーパーワークもまた存在するがゆえのことである。もし、だれかが病院で治療を受けるとする。傷害の原因があるにちがいない、そうなると、その状況はただではすまぬものとなり、警察の調書の提出が必要となる。さらに、もしそのだれかが死亡したとなったら、今度は、自治体の統計にいたるまで、あらゆる形態の書類が待っている。警察が確実に関与するといえるけんかがあるとしても、それは、ペーパーワークを発生させるたぐいのもののみである。強盗や盗難の大多数は、作成すべき保険証書があるとか、再発行すべき紛失書類がある——それも適切な警察調書が作成されてはじめて再発行可能となる——とか、そういう場合でないと報告もされない。それゆえほとんどの暴力犯罪は、警察を巻き込むまでにいたらないのである。

その一方で、免許証なしで、これらの都市の道路を車で走ったと想像してみよう。なにが起きるか、いうまでもない。制服をまとって、警棒、銃、そして／あるいはスタンガンで武装した警察官がほとんど即座にやってきて、かれらの指示にしたがうことを拒否すれば、ほぼ確実に、暴力的な強制力が適用されるだろう。

警察の実際の業務について、なぜかくも混乱が生じているのだろうか？　この五〇年かそこらの大衆文化のなかで、警察が、ほとんど強迫的なまでの想像的同一化の対象と化してきたことが一因であることは、はっきりしている。要するに、現代の産業化された民主社会にある市民が、本、映画、テレビ番組に接して一日のうちの数時間をすごすことで、世界を警察の観点から眺めるように、あるいは、かれらの英雄的行為にじぶんがあたかも参加しているように誘導される、こうした光景は、めずらしいものではない。そしてこれらの想像上の警察は、勤務時間のほとんどを暴力犯罪と格闘するかその結末の処理に費しているのである。

少なくとも、これらのことは、鉄の檻についてのヴェーバーの有名な憂慮、すなわち、近代社会は無機質なテクノクラートによってギチギチに組織されるため、カリスマ的英雄も、魔術も、ロマンスも完全に消え果てるであろうというヴェーバーの危惧に対して、異質なニュアンスを加えるものである。[*25] 結論からいうと、実際には、官僚制社会は、それに特有のかたちのカリスマ的英雄を生み出す傾向をもっているのである。一九世紀末以来、こうした英雄は、神話的探偵、警察官、スパイ——すべて情報を秩序づけるという官僚制的機構と現実の物理的暴力の適用とがむすびつく領域で活動する人物たちであることは重要である——が、とっかえひっかえで顔を出すというかたちをとってあらわれてきた。官僚制は、つまるところ、数千年ものあいだ存在してきたし、官僚制社会は、シュメールやエジプトから中華帝国にいたるまで、偉大な文学を生み出してきた。しかし、主人公自身が官僚であり、完全なる官僚制的環境の内部でのみ活動するといったジャンルを生み出したのは、近代の北大西洋文学がはじめてである。[*26]

わたしたちの社会における警察の役割についての考察を深めるならば、社会理論にとって興味深い洞察をうることが可能になるようにおもわれる。ここまで、大学人やかれらの理論的習慣、傾向性について、わたしがやや手厳しかったのは認めなければならない。ここまでを読んで、社会理論はおおかた的を外している——権力の単純な諸現実の直視を拒絶する閉鎖的エリートのうぬぼれた幻想——と論じているように考えるひとがいても、驚かない。しかし、わたしのいいたいのはそんなことではまったくない。この論考はそれ自体、社会理論におけるひとつの試行なのであり、みえないままの諸領域に重要な照明をあてる可能性をもっていると考えなければ、そもそもこのようなものを書くこともしないだろう。問題はどのような社会理論か、であり、どのような目的をもった社会理論か、である。

ここでは、官僚制的知と理論的知を比較することが役に立つ。官僚制的知は、総じて、図式化にかかわっている。実際、官僚制的手続きとは、例外なく、現実の社会的存在のはらむ細部のすべてを無視し、あらゆることを機械的ないし統計学的な既知の定式に還元するということと等しい。書類であれ、規則であれ、闘鶏であれ、質問票であれ、その問題は、つねに単純化の問題である。類型的にいえば、キッチンにやってきて、だれが悪いのか恣意的で即座の決断をくだすボスと、大きく異なるものではないのである。官僚制とつきあうよう余儀なくされるひとは、ときに次のような印象を受けるものである。じぶんが相手にしている人物は、なんらかの理由から、世界の二パーセントしか視野に入れないメガネをかけることに決めているのではないか、と。

ところが、まちがいなく、社会理論においてもきわめて類似した事態が生じている。人類学者たちは、じぶんたちの仕事を、好んで「厚い記述」と記述する。しかし、実際には、民族誌的記述は、きわめてすぐれたものであっても、たとえばヌアー族の抗争やバリの闘鶏などについて、そこで起きていることのせいぜい二パーセントを捉えているにすぎない。民族誌的記述が依拠する理論的作業は、一般的に、**その**わずかの部分にのみ焦点をあてるものなのである。人間の環境のはてしなく複雑な生地からひとつかふたつの要素を抜き出し、それを、たとえば、社会的紛争の力学や、パフォーマンスの性格、ヒエラルキーの原理などについて、一般化するための基礎として利用する、という具合に。

このたぐいの理論的還元がまちがっているといいたいわけではない。その反対に、わたしはこうしたプロセスは、世界についてきわだってあたらしいなにかをいおうとするときには必要であると確信している。

人類学者のクロード・レヴィ＝ストロースや古典学者のポール・ヴェルナンによって、六〇年代、七〇年代に有名になった種類の構造分析の役割を考えてみよう。かつてはアカデミズムの流行であったものの、いまでは構造分析は決定的に時代遅れとみなされている。ほとんどの人類学研究者が、クロード・レヴィ＝ストロースのテキスト総体を、どこかばかげたものでもあるかのようにみなしている。これは不幸なことであるようにおもう。構造主義が、思考、言語、社会の性質についての単一の壮大な理論であって、人間文化の謎のすべてを解読する鍵を与えるものであると自称するのなら、そのかぎりで、それは実際にばかばかしいし、放棄されるのも正当であることはたしかである。しかし、構造分析は理論ではない。それはひとつの技術なのであり、それをもまた捨ててしまうならば――おおかたそうなっているが――わたしたちのもっとも有用な道具を手放してしまうことになる。というのも、構造分析の多大なる利点は、ほとんどだれもが使いこなせる、すぐれた理論には必須の機能を提供してくれるところにあるからである。すなわち、複雑な素材を単純化し図式化することで、おもいがけない発見を提示できる能力である。ついでにいえば、ヴェーバーや官僚制の英雄たちについての上述の論点も、このような方法を利用してあらわれたものである。それはすべて、イェール大学における演習で学生たちに構造分析を提示する実験に由来するものなのである。

わたしはそこでこう説明した。構造分析の基本的原理によれば、象徴システムの諸項は孤立しては存在しない、つまり、それらがなにを「表象」しているのかという視点からは考えてはならない。それらは相互の関係によって規定されるのである。最初に領域を画定しなければならず、次にその領域において、たがいに体系的反転をなす諸要素を求めなければならない。吸血鬼の例をとってみよう。まず吸血鬼を位置づける。すなわち、吸血鬼とはアメリカのホラー映画におけるキャラクターのひとつである。しかるに、アメリカのホラー映画は、一種のコスモロジー、それ自体で一個の宇宙を形成している。そして、次のように問う。このコスモスの内側では、吸血鬼の対立項はなにか？　答えははっきりしている。吸血鬼の対立項は、狼男である。あるレベルでは、かれらは同一である。すなわち、かれらはともに、ひとに噛みつき、噛みつくことによってみずからの同類に変身させる怪物である。それ以外のほとんどの点において、それらはたがいの反転像をなしている。吸血鬼は金持ちである。かれらは一般的に貴族である。狼男はつねに貧民である。吸血鬼は、空間のうちに固定されている。すなわち、かれらは城や地下室を所持していて、昼間のうちはそこにこもらねばならない。狼男はたいてい、ホームレスの浮浪者か、流浪人であるか、さもなくば、逃亡者である。吸血鬼は、生きものをあやつっている（こうもり、狼、催眠をかけるか奴隷にした人間）。狼男はじぶん自身すらコントロールできない。しかし――そしてこれが、実際にこの事例では決定的なのだが――どちらも、それ自身の否定によってのみ撃退できる。たとえば、吸血鬼の場合、杭、すなわち農民が柵をつくるために使用する単純な先の尖った棒によって。狼男は、まさに字義通りに貨幣からなる銀の弾丸《ブリット》［弾丸（bullet）には、「暗黒街」の隠語としてカネという意味がある］によって。

これらの対立軸を観察することによって、わたしたちはそうした象徴が実際になんなのかの感触をうることができる。たとえば、吸血鬼は、必ずしも死や恐怖にではなく、権力にかかわっている。すなわち、支配の諸関係が生み出す傾向のある、魅惑と反発の共存する感覚にかかわっているのである。

これが単純きわまりない事例であることはあきらかである。わたしが記述してきたことは、まさに分析の初歩なのであって、たいてい、そのあとに、もっと洗練された分析がつづく。すなわち、対立のなかの対立、媒介する諸項、ヒエラルキー的包摂の諸レベル……など。ここではこれ以上詳細に述べる必要はない。わたしのいいたいのは、このような分析のちょっとした入口をなぞっただけでも、ほとんど確実に、これ以外のやり方ではみいだしえないであろうことを発見できる、ということである。それは現実を根本から単純化する方法なのであるが、ひとが世界をその完全な複雑性のままに把握しようとしても、決して達成することのできないだろう洞察にみちびいてくれるのである。

わたしはしばしば、この事例を、学生に構造分析を説明するさいの事例として用いていた。これはいつも学生のお気に入りである。あるとき、おなじようなポップカルチャー上の人物で、それとは違う分析をいっしょに試してみようと提案したところ、ジェームズ・ボンドの名があがった。

すぐにピンときた。ジェームズ・ボンドがある種の神秘的人物像であることは、はっきりしているのである。しかしその神話的対立項はだれなのか？　すぐに答えはあきらかとなった。ジェームズ・ボンドはシャーロック・ホームズの構造的対立項である。両者ともに、犯罪と格闘し、かつ、ロンドンを基盤としている。両者ともに、自己流のファッションで身を固めた永遠の青年であり、軽いサイコパスですらある。だがそれ以外の点では、かれらはほとんどあらゆる点において対立している。

ホームズは性的に無関心《アセクシュアル》である。だがコカインやアヘンを好んでいる。それに対し、ボンドは過剰なまでに性的な《セクシュアル》ものを好んでいる。ところが、酒は好むもののドラッグには興味をもっていない。ホームズはアマチュアである。ボンドは根っからのプロフェッショナルであって、仕事以

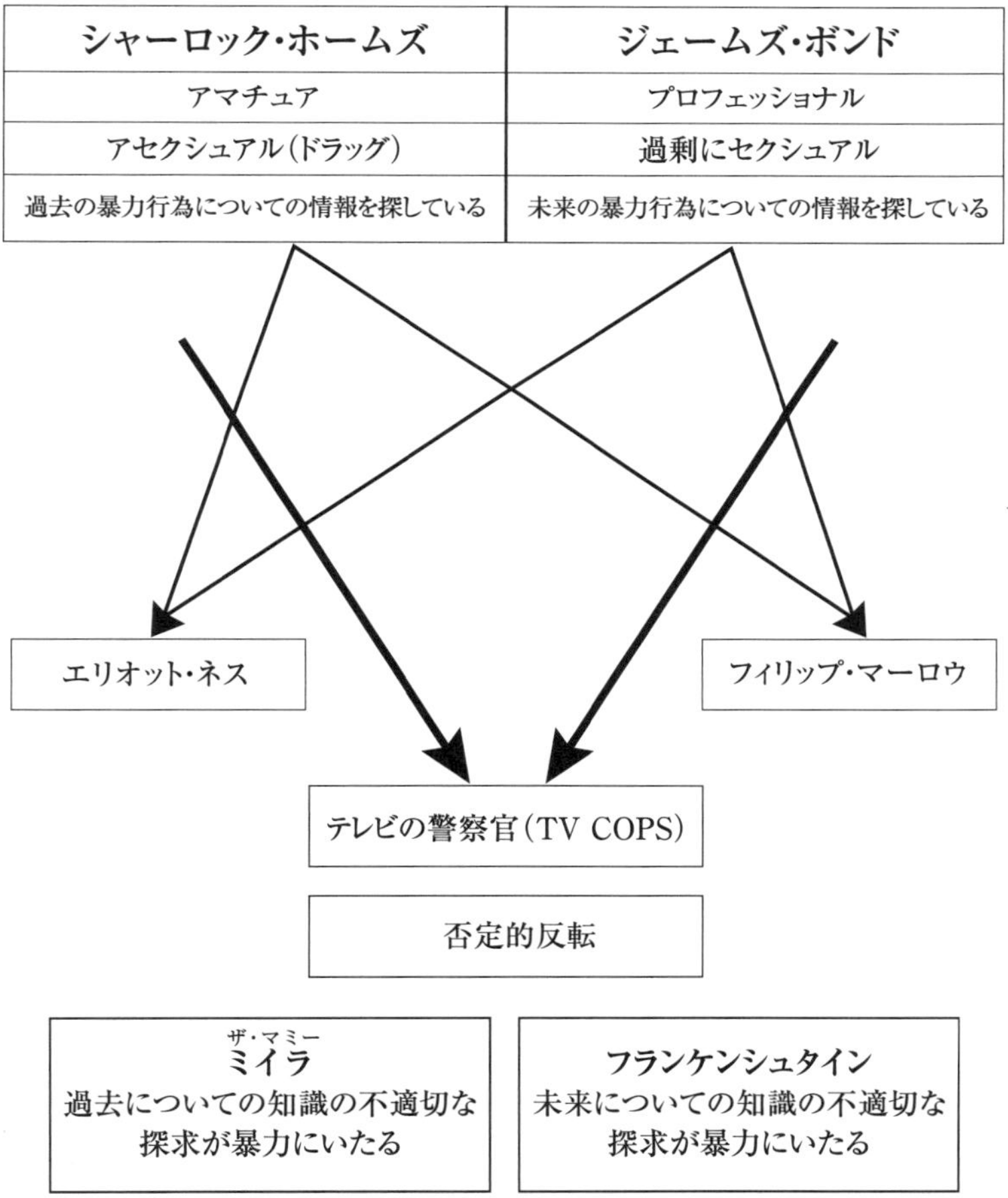
シャーロック・ホームズ
アマチュア
アセクシュアル（ドラッグ）
過去の暴力行為についての情報を探している
ジェームズ・ボンド
プロフェッショナル
過剰にセクシュアル
未来の暴力行為についての情報を探している
エリオット・ネス
フィリップ・マーロウ
テレビの警察官（TV COPS）
否定的反転
ミイラ《ザ・マミー》
過去についての知識の不適切な探求が暴力にいたる
フランケンシュタイン
未来についての知識の不適切な探求が暴力にいたる

外の私生活というものをもっていないようにもみえる。しかし、ホームズが、ほとんど常規を逸して訓練され、かつ有能であって、その点においてはスコットランドヤードのプロをもはるかに上回るアマチュアであるのに対して、ボンドは、いつもかんたんにわれを忘れるわ、不用意に身分をあかして捕らえられるわ、上司の直接の命令には逆らうわ、の、そんなプロである。[*27]

これらすべては、かれらが実際になにを**やって**いるのか、という観点から定義される、中核をなす対立を支えている。シャーロック・ホームズは自国内部の過去の暴力行為についての情報を求めているのに対し、ジェームズ・ボンドは自国外の未来の暴力行為についての情報を求めているのである。

［定義された］領域のこのような分析によって、情報と暴力の関係をめぐってすべてが正確に組織されていること、そしてシャーロック・ホームズとジェームズ・ボンドは、情報と暴力のはざまに位置する典型的な官僚制のカリスマ的英雄であることがみえてきた。古典的なテレビの警察官《コップ》、ないし一九六〇年代以来ハリウッドのくりだしてきた、字義通り何百という「掟破りの一匹狼デカ」とは、これらのふたつの人物の一種の綜合である。すなわち、官僚制的秩序の内部に存在するが、たえずそこからはみだしている犯罪取締人である。そして、にもかかわらず、官僚制的秩序こそが、かれらの意味と存在のすべてなのである。[*28]

それもこれも、もっと豊かで、複雑で、ニュアンスに富んだ大衆文化の伝統の単純化ではないか、と疑念をおぼえるむきもあるかもしれない。もちろん、単純化であることはまちがいない。それこそが、ここでの意図なのである。この種類の構造分析は、単純化の美徳を教えてくれている。わたし自身、レヴィ＝ストロースは、ある種の英雄的人物でもあって、一見したところいかに不条理にみえたり、その帰結がときに端的に誤り（オイディプスの物語は本当は眼と足をめぐるものである、とか、すべての社会的組織はたんに女性の交換のシステムであるとか）であったとしても――あるいは、お好みならば、かれが現実に加えた暴力がどれほどのものであったとしても――少数の単純な原理を限界までつきつめた真の知的勇気の持ち主とみなしている。

したがって、理論の領域内部にとどまるかぎりで、単純化はかならずしも愚かさの一形態ではない。それは知性の、しかも、とりわけすぐれた一形態でありうるのである。［ところが］暴力がもはや隠喩ではないようなときに、問題が生じてくる。ここで、想像の警察官から現実の警察官へと眼を移してみよう。ロス市警の警察官から社会学者に転じたジム・クーパーの観察によれば、[29]警察官から殴られたりあるいは暴行を受けたりするにいたった人物の圧倒的大多数が、おおよそいかなる犯罪とも無縁である。「警察官は泥棒を殴っているのではない」とかれは書いている。その説明によれば、理由は単純なものである。警察から暴力的反応をひきだすことのもっとも確実なひとつのことは、クーパーのいいかたでは「状況を定義する」かれらの権利に挑戦することである。つまり、「いや、犯罪なんてここでは起きないからだいじょうぶだ。ここにいるのは、君に給料を支払ってるふつうの市民たちばかりだ。だから、ほっといてくれ」、あるいは、「ちょっと待ってくれ、なんでこのひとに手錠をかけるんだ、かれは、なにもしてないぞ！」――これはまちがいなく災厄を招く事例である――といったりとか、である。なによりも「警察による」暴行を惹き起こすのはこのような「口答え」であって、それは、警察職員の裁量的判断で適用された行政上の細目（秩序ある集団か無秩序な集団か、とか、適切に登録された車かそうではないか、とか）に挑戦することとイコールなのである。警察の警棒は、まさに単純な行政的図式を押しつける国家の官僚による命令とその強制力（coersive force）の独占が合流する地点である。このように考えてはじめて、官僚制の暴力がなによりもまず、それに代替する図式や解釈を主張する者にむけられる攻撃からなる、ということも理解できる。それと同時に、もしわたしたちが、成熟した知性とは複数のパースペクティヴ（ないし可能なパースペクティヴ）のあいだを調整する能力であるとするジャン・ピアジェの有名な定義を受け入れるとするならば、まさに暴力に訴えるそのときに官僚制的権力が字義通り幼稚な愚かさの一形態と化すのはなぜか、も理解できるのである。

この分析もまた、単純化であることはまちがいない。しかし、それは生産的な単純化である。そのことを証明してみよう。これらの洞察のいくつかを適用することで、根本的に官僚主義的である社会の内部にはどのようなタイプの政治がありうるか、それを把握できるのである。

この論考のここまでの中心的な議論のひとつは、構造的暴力は、偏極した想像力の諸構造を形成するということにあった。ピラミッドの底辺にある人びとは、みずからをかこむ社会的力学を理解しようとして――そこには頂点のある人びとの考えていることを想像するといった課題もふくむ――多大なる想像力のエネルギーを費やさねばならないのに対し、頂点にある人びとは、みずからの周囲で起きていることの大部分を気にとめることなくのんきにふらふらすることができる。つまり、無力なもの［権力なきもの］たちは、社会の運営を維持するために必要とされる実際の物理的暴力の大部分をゆだねられるのみならず、解釈労働のほとんどをもまたおこなわなければならないのである。

システム的な不平等のあるところならどこでも、このことはほぼ該当するようにおもわれる。現代世界のすべてとおなじく、古代インドにも中世中国にもあてはまる。おそらくこれからも、構造的不平等の存続するかぎり、このことは妥当なものでありつづけるだろう。しかしながら、わたしたち固有の官僚制的文明は、もうひとつの要素をつけ加えている。論じてきたように、官僚制とは、それ自体が愚かさの諸形態であるというより、愚かさを組織化する方法であり、想像力の極端なまでに不平等な諸構造――構造的暴力ゆえの――によってすでに特徴づけられた諸関係を管理運営する方法である。これが、たとえ、とことん慈悲の心をもって創設されたとしても、それでも官僚制が、不条理を生み出しつづけるであろう理由である。そしてこのことが、ひるがえって、この論考を、わたしがあのようなかたちではじめた理由なのである。すなわち、わたしの母親の代理人の権限をめぐるドラマに巻き込まれたひとたちが、善意以外のなにごとかを抱いていたと考えることはむずかしいということだ。しかし、それでも、そこからあらわれたのは、不条理で、いつ終わるとも知れぬ堂々巡りだったのである。

どうしてこんなことが起きてしまうのだろう？　情け深い最良の官僚ですら、権力あるもの《ザ・パワフル》に特有の、高度に図式化された、極小の、狭隘な観点をとるに留まりながら、そのような観点を、権力に制約をかけたり、あるいは、その最悪の帰結を緩和する方法に方向転換させようとしている、という点にその理由がある。なるほど、こうした線に沿った官僚的介入が、この世界に大いなる善をもたらしてきたのはまちがいない。無償教育やユニバーサルヘルスケア［普遍主義的医療制度、国民皆保険］をともなったヨーロッパの社会的福祉国家を――ピエール・ブルデューがかつて述べたように――人類文明の最大の達成のひとつとみなすのは、正当であろう。しかし、それと同時に、権力あるもの特有の意志された無知の諸形態を引き受け、それに科学の特権を与えることで――たとえば、貧困な労働者階級の生活実態とはほぼ無関係である、労働、家族、近隣、知、健康、幸福、あるいは成功についての一連の前提を取り入れることで――みずから墓穴を掘ってしまうのである。まさに、この無知が最大の受益者にすら与えてしまう不安につけ込むことによって、最大に効果のあったプログラムさえも骨抜きにし、解体してしまう政策に、一九八〇年代以来、右翼は民衆の支持を集めることができたのである。

それではこの不安はどのように表現されるのだろうか？　官僚制的権威はその本性からして人間の想像力へのある種の戦争を体現している、という感覚によって、おおよそ表現された。このことは、中国からメキシコ、ニューヨーク、そして一九六八年の五月にパリで頂点を迎える若者の叛乱を検討してみるならば、とくにはっきりとする。それらの叛乱のすべてが、なによりもまず官僚制的権威への叛乱だったのであり、官僚制的権威を、人間の精神、創造性、共生《コンヴィヴィアリティ》、想像力を、根本的に封殺するものとみなしていた。ソルボンヌ大学の壁に書かれていた、「すべての権力を想像力へ」という有名なスローガンは、それ以来、わたしたちにとり憑いている――ポスターやバッジ、フライヤー、マニフェスト、映画、歌詞のなかで、倦むことなく、くり返されているのである。そのおおよその理由は、それが、たんに一九六〇年代の叛乱の精神のみならず、わたしたちが「左翼」と呼び習わしてきたものの本質そのものを体現しているかのようにみえるからである。

このことは重要である。実際、これ以上重要なものはありえないぐらいである。おもうに、一九六八年の出来事は、ことのはじめから、左翼的思想の核心そのものにおける矛盾――そのまさに歴史的成功の絶頂においてはじめて全貌をあらわす矛盾――を暴露していた。まさにそれゆえに、重要なのである。本書の序章で、わたしは、現代の左翼が官僚制の一貫した批判の欠如によって悩まされていると述べた。しかし、本当に諸起源（beginnings）に立ち返ってみるなら、すなわち、政治的立場《スペクトラム》は右翼と左翼と二分割されうるというフランス大革命期あたりにあらわれた発想に立ち返ってみるならば、左翼とは、その本質において、官僚制の批判**である**ことがあきらかになる。実際には、もともとそれに対抗するために起ち上がったはずの官僚制的諸機構や思考態度に、いくどもくり返し、適応するよう余儀なくされてきたとしても、である。*30

この意味で、かつてみずからの陣営に属した人びとの心に真に食い込むような官僚制の批判を形成することができないという左翼の現状は、左翼それ自体の衰退に等しいのである。そうした批判がなければ、ラディカルな思想はその生き生きとした核を喪失してしまい、抵抗と要求の散乱した断片へと解体してしまうのだ。

左翼は、安全で「現実主義的《リアリスティック》」な路線をとるよう決断するごとに、みずからの墓穴を深めているようにみえる。このことがいかに起きているのかを理解するためには、それに対してなにができるのかはいうまでもなく、いくつかの基本そのものをなす想定を検討し直すことが必須だろう。なによりもまず、そもそも「現実主義的」とはなんだろう、ということについて、である。

Be realistic: demand the impossible.《現実主義的になれ、不可能なものを要求せよ》（もうひとつの六八年のスローガン）

これまで、わたしは構造的暴力がいかに偏極した想像力の構造をつくりだしているのか、いかに官僚制がそうした状況を――そしてそれが必然的にともなう構造的無知と愚かさ――管理運営する方法となるのか、を論じてきた。

そうした諸構造に挑戦してきたはずの運動が、なぜ、かくもひんぱんに官僚制を形成するにいたってしまうのだろうか？　たいてい、そうなるのは、一種の妥協としてである。ひとは現実主義的《リアリスティック》にならねばならないし、あまりに多くを要求しすぎてはならないということだ。福祉国家改革は、広範な財の再配分を要求するよりも、より現実主義的にみえる。国家社会主義の「移行」段階は、民主的に組織された労働者評議会などに即時に権力をゆだねるよりも、より現実主義的にみえる。わたしたちは「現実主義的」であるというとき、この現実《リアリティ》とはいったいなんなのか？

かつてわたしが参加していた活動家グループについてのある逸話が、ここで示唆的であるようにおもわれる。

二〇〇〇年はじめから二〇〇二年終わりにかけて、わたしは「ニューヨーク直接行動ネットワーク（New York Direct Action Network）」とともに行動していた。当時、ニューヨーク市でグローバルジャスティス運動の一部として大衆行動を先頭に立って組織していたグループである。ここでわたしは「グループ」と呼んでいるが、公式にはＤＡＮはグループではまったくなく、脱中心的なネットワークであり、精密ではあるがまったくうまく動く、コンセンサス・プロセスの形式にのっとった直接民主主義の原理に拠っていた。それはあたらしい組織形態を追求する模索のなかで、中心的役割をはたしていたのである。ＤＡＮは純粋に政治的空間のうちに存在していた。そこには管理運営のための具体的リソースも――それなりの資金すらも――なかったのである。

たとえば、ＤＡＮに自動車が寄贈されたことがあった。

この自動車は、ささいではあるが現在も進行中の危機を引き起こした。法的にみれば、脱中心的ネットワークが自動車を所有するということは不可能であるということが、しだいにわかってきたのである。自動車を所有できるのは個人か、さもなくば法人（擬制的個人）ないし政府である。ネットワークには無理なのである。もしわたしたちが非営利企業たらんとすることを望まないならば（もしそうなってしまえば、それは完全な再組織化とわたしたちの平等原理のほとんどの放棄を必要とするだろう）、ただひとつの方策は、法律上の所有者であることを引き受けてくれるボランティアをみつけることであった。しかし、そうなると、この人は、未納の罰金や保険料のすべてに責任を負わねばならなくなるし、じぶん以外のだれかが州外の運転をおこなうさいには書面上の許可証を作成せねばならない。それに、もちろん、もしこの自動車が押収されたりしたとき、引き取りにいけるのも、この人だけなのである。ある勇気ある活動家がこの責任を引き受けてくれることになったのだが、その結果、毎週の会議は、かれの抱えた最新の法的問題のレポートで大半を占めることになってしまった。そうこうするうちに、DANの自動車は、尽きせぬ悩みの種となっていたため、わたしたちは、大規模なパーティを催して、募金活動を組織することを決めた。五ドル支払えば、だれもがハンマーをもって、自動車に一撃を加えられる、といったパーティである。

このストーリーには、どこか深い含蓄があるようにわたしにはおもわれる。なぜDANのようなプロジェクト——社会を民主化するという目標をもつプロジェクト——が、ハードな物質的現実と遭遇すると泡と消えてしまうような怠惰である夢としばしばみなされてしまうのだろうか？

少なくとも、わたしたちの場合にかんしていえば、それは効力の有無とは関係がない。この国中の警察署長たちが、これまで対応したなかで、もっとも組織化された勢力と呼んでいたぐらいであるから。おもうに、「泡と消える夢のようにみえてしまう」現実効果《リアリティ・エフェクト》（そう呼びたければ）は、ラディカルなプロジェクトが、大規模で重量級の物品、すなわち、建築物、自動車、トラクター、ボート、産業機械などの世界に、足をふみ入れるや座礁してしまう――ないし、きわめて困難なものに化してしまう――傾向をもつ、といった事実からきているようにおもわれる。とはいえ、これらのような物品を民主的に管理することが、本質からして困難であるというのではない。歴史は、共通の資源の民主的管理に関与してうまくいったコミュニティの事例であふれている。それが困難であるのは、DANの自動車のように、そうした物品が政府による際限のない規制に包囲されているためであり、武装した政府の代理人たちの目の届かぬところに置いておくのが実質的に不可能だからである。アメリカで、わたしは、このようなジレンマについて、無数の事例を目撃してきた。たとえば、あるスクワット［無断占拠］が、長期の闘争の末に合法化されたとする。突然、建築物検査官がやってきて、規制を充たすためには、一万ドルの補修費用をかけてくれと申し渡す。こうして、オーガナイザーたちは、手作りお菓子販売会を催したり寄付を集めたりで、しばらくは動き回らねばならなくなる。さらに、銀行口座の開設が必要になるし、そうなると、基金を受け取ったり行政当局と対応する集団の組織方法（ここでも平等主義的コレクティヴとしてでは**なく**）を定めた法的規制に服さねばならない。こうした規制をおしなべて強制しているのは暴力である。たしかに日常生活において、警察が警棒をふりまわしながら、建築基準法の諸規定を実行させようとやってくるなどということはめったにない。だが、アナキストはしばしばいやでも理解できる立場におかれてしまうのだが、国家とか国家による規制とかが端的に存在しないかのようにふるまうならば、これが実際に起きてしまうのである。実際に警棒の登場することはめったにないので、暴力はなおさらみえにくくなっている。それゆえ、これらすべての規制——ほとんどつねに、個人のあいだの正常な関係は市場に媒介されていること、通常の集団はヒエラルキーと指揮命令の関係によって内的に組織されていることを前提としている——の効果が、政府による実力《フォース》の独占的使用ではなく、物品それ自体の巨大さ、堅牢さ、重量から、湧き出てくるようにみえてしまうのである。

「現実主義的」になれといわれるようなとき、そこで認めるよう求められている現実とは、自然の事実、物質の事実という意味での現実でもないし、人間本性についての醜悪な真実という意味の現実でもない。「現実主義的」であるとは、たいてい、暴力の体系的脅威の効果を重要視する態度を意味している。この可能性は、わたしたちの言語を編み上げてさえもいる。たとえば、ある建築物が、「現実の財産［不動産］（real property）」とか「現実の地所［不動産］（real estate）」と呼ばれるのはなぜだろうか？　この用法における「現実の（real）」は、ラテン語の**レス** ***res***、すなわち「モノ（thing）」に由来するものではない。「ロイヤル」とか「王に属する」といった意味をもつスペイン語の**レアール** ***real*** から由来しているのである。ある主権の領土内にあるすべての土地は、究極的には主権者に帰属している——法的にはこれはいまでも変わらない。国家がそれに規制を課す権利を有する理由はこれである。しかし、主権とは、究極的には、婉曲に「実力《フォース》」と呼ばれるもの、つまり暴力の独占に帰着する。イタリアの哲学者ジョルジョ・アガンベンは、主権的権力の観点からは、なにものかが生きているということは殺される可能性によって裏打ちされている［主権的権力が生殺与奪の権利をもっている］、と論じている。それとおなじく、財産が「現実的《リアル》」であるということは、国家がそれを接収するか破壊するかが可能であるということなのである。

それと同様に、国際関係において「現実主義《リアリスト》」の立場をとることは、国益の追求にあたって、国家はみずからの利用できる——軍事力をふくむ——能力をすべて利用するものである、という想定を受け入れることである。ここで「現実《リアリティ》」とみなされているものはなにか？　物質の現実ではないことは確実である。ネーションが人間のごとく目的と利害をもった実体であるといった発想は、純粋に形而上学的なものである。フランス国王であれば、もろもろの目的と利害をもっている。が、「フランス」なるものはそうではない。［ところが］それをなにやら「現実主義的」にみせているのは、端的に、国民国家を統制する座にある人びとが、軍隊を組織し、侵略に乗り出し、諸都市を爆撃する権力を有しているか、さもなくば、これはかれらの特定する「国益」の名のもとで、組織された暴力の使用をもって脅威を与えることができるからである——そうなると、この可能性を無視するのは愚かしいということにもなろう。国益が現実的《リアル》であるのは、かれらがあなたを殺害することができるからなのだ。

ここでの決定的用語は、「国家による強制力（coercive force）の使用の独占」といった意味における「［実］力（force）」である。この言葉が発せられるたびに、そこには、ひとつの政治的存在論がたちあらわれている。すなわち、破壊したり、他者に痛みを与えたり、切り刻んだり危害を加えるぞ（あるいはたんに、残りの人生を狭い独房に閉じ込めるぞ）と、他者の肉体に脅しをかける権力が、宇宙総体を動かすエネルギーの社会版であるかのごとく扱われる、そのような政治的存在論である。お望みならば、次のふたつの一節の発せられるのを可能にするような隠喩や言い換えといったものを、じっくりと考えてみよう。

科学者は宇宙を支配する諸力を理解するために、物理法則の性質を探求するのである。

警察は社会を支配する法律を強制するために、物理力の科学的適用にかかわる専門家である。

わたしの考えでは、これこそが右翼思想の本質である。すなわち、こうした巧みな諸手段を介して、暴力をして社会的存在や常識の地平《パラメーターズ》そのものの規定因にまで昇格させる政治的存在論である。*31

左翼が、その本来的な発想源においてつねに反官僚制的であったその理由は、ここにある。左翼は、つねになにが究極的に現実的なもの《リアル》であるのか——つまり政治的存在の根拠そのもの——について、［右翼とは］異なる想定に基盤をおいてきた。左翼が暴力の現実を否定しないのは、はっきりしている。多くの左翼理論家たちは、それについて膨大な考察を捧げてきた。しかしかれらは、それに根源的位置づけを与えるといったかたむきは、［右翼と］共有してこなかった。そのかわり、わたしがおもうに、左翼の思想は、「想像力の政治的存在論」と呼びたいものに基盤をおいてきた（それはまた創造性、構築あるいは発明の存在論と呼ぶこともできるだろう）。今日、わたしたちのほとんどは、この傾向をマルクスの遺産、すなわち、社会的革命と物質的生産の力能を前面に掲げたマルクスと同一視する傾向にある。［しかし］マルクスとて、つまるところ時代の子である。マルクスのものの見方は、労働運動や、ロマン主義のさまざまな潮流、当時のパリやロンドンでのかれの周囲のボヘミアン生活など、同時代のラディカルなサークルで活発だった価値や労働、創造性についての広範にわたる議論からあらわれたものである。マルクス自身、同時代のユートピア的社会主義者への嫌悪を隠さなかったにもかかわらず、人間を動物から区別しているのは、人間という建築家が、なにかを建設するにあたって——蜂とは異なり——、最初にその構造を想像力によってえがきだす点にあるとみなしていた。マルクスにとって、まずものごとをおもいえがき、それからはじめて現実にあらしめる、といったことは、人間に固有の特性であったのである。かれが「生産」と呼んだのは、まさにこの過程にほかならない。

おおよそおなじ時代、サン＝シモンのようなユートピア的社会主義者たちは、アーティストたるもの新社会的秩序の**アヴァンギャルド** ***avant-garde***——かれいうところの——すなわち「前衛（**vanguard**）」たるべし、と論じていた。いまや産業は、かれらの与えてくれるヴィジョンを実現する力をもっているというのである。当時はぶっ飛《エキセントリック》んだパンフレット作家たちの空想にみえたであろうものは、いまにいたるまでもちこたえ、断続的で不確実ではあるものの持久力があるようにみえる連合のための憲章《チャーター》となった。おもうに、芸術的アヴァンギャルドと社会的革命家たちが、それ以来、語彙や発想を借用し合いながら、たがいに奇妙な親近性を感じてきたとしたら、それは、かれらがともに、ある発想に関与しつづけてきたかぎりである。その発想とは、世界とはわたしたちの形成するなにものかであり、それゆえまた変容させることもかんたんである、といったものである。この意味で、「すべての権力を想像力へ」というフレーズは、左翼の本質そのものを表現しているのである。

それゆえ、左翼の観点からすると、人間生活の隠された現実とは、世界とはたまたまそこにあるのではないという事実である。わたしたちはそのようにみなしがちであるにしても、世界とは自然の事実ではない。世界が存在するのは、わたしたち全員が集合的にそれを生産するがゆえである。わたしたちは、ものごとをおもうがままに想像し、そして、そのものごとを現実のものにするのである。とはいえ、このような発想には、なにかひどくおかしなところがあるのもあきらかである。もし世界を意のままに想像しそれを現実化できるとすれば、そもそも世界をいまこのようなものとして創造したのはいったいだれなのか？[*32] このような左翼的感性のもっとも純粋なかたちでの表現がみられるのは、おそらく、マルクス派哲学者ジョン・ホロウェイの言葉においてである。かれはかつて、自著のタイトルを「資本主義づくりをやめよう」[*33]にしたがっていたことがある。ホロウェイによれば、資本主義とは、外部の力によってわたしたちに押しつけられたものではない。それが存在する理由は、毎日、わたしたちが目を覚まし、それをせっせと生産しつづけていることにのみある。もし、ある朝、目を覚まし、万人がいっしょになってなにか別のものを生産するよう決意するとしたら、もはや資本主義は消え去ってしまうであろう。これは究極の革命的問いである。すなわち、このようなことを可能にするため、まさに、朝、目を覚まし、なにか別のものを想像し、生産することを可能にするために必要な条件とはどのようなものか？

このような創造性と生産の力能の重視に対する右翼からのよくある応答は、以下のようなものである。革命家たちは、「破壊の手段」、すなわち、国家、軍隊、暗殺者［死刑執行人］、野蛮な侵略、犯罪者、無秩序な暴徒などの社会的、歴史的重要性を体系的に無視している、と。かれらの議論によれば、そのようなもの［破壊の手段］をあたかもないかのようにふるまったり、望めば単純に廃棄できるかのようにみなすことによって、左翼による体制は、より「現実主義的」アプローチをとる賢明さをそなえた体制よりも、実際には、はるかに多く死者と破壊とを生み出してしまうであろう。
あきらかにこれ［左右の発想の差異］は単純化をまぬがれておらず、はてしなくそこにニュアンスをつけ加えることはできる。たとえば、マルクスの時代のブルジョアジーは、極端なまでの生産主義的哲学を有していたのであって、マルクスがそれを革命的力能とみなしえた理由のひとつがそれである、とか、右翼の一部が芸術的理念とたわむれることもあった、とか、二〇世紀のマルクス主義を標榜する体制がしばしば本質的に右翼のものである権力理論を信奉し、生産の決定的性格に対してはリップサービス以上のものを与えなかった、とかである。その一方で、［体制への］脅威となる作品を創造するとみなした詩人や劇作家を執拗に投獄することによって、それらの体制は芸術や創造性の世界を変革する力への深遠なる信仰を表明していたともいえる。［その一方で］資本主義体制を管理する側にいる人間たちはめったに心を乱されることはなかった。じぶんたちが生産諸手段（そしてもちろん軍隊と警察）さえしっかり手中に収めていれば、あとのことはついてくるというわけだ。

このようなことを理解するのはむずかしい。その理由のひとつは、「想像力」という言葉が、あまりに多義的だからである。もっとも現代的な定義によれば、想像力は現実と対置される。「想像的な」事象とは、なによりもまず、現実に存在していないものであるというわけだ。このことが、想像力を抽象的に語るさいに、ときに大いなる混乱を惹き起こしてしまう。というのも、想像力というと、七番テーブルのカップルを、ボスが姿をあらわすまえにどのようにして鎮めるのか、そのアイデアをひねりだそうとするウェイトレスたちよりも、［エドマンド・］スペンサーの『妖精の女王』の方をすぐに想起させてしまうからである。

とはいえ、想像力についてのこのような考え方は比較的最近のものであって、もっと古い考え方もあいかわらず共存している。たとえば、古代と中世に共通の考え方によれば、いま「想像力」と呼ばれているものは、本来、現実に対置されるものではなく、一種の中間地帯《ミドル・グラウンド》であって、物質的現実と合理的魂を結合する移行地帯《ゾーン》とみなされていた。これはとりわけ、〈理性〉を本質的に神の一様相であるとみなす人びとにはあてはまる。かれらにとって思考とは、それゆえ、物質的現実とはかかわりのない――むしろそれとは絶対に異質な――聖性に参与しているものなのである（これはキリスト教世界の中世において支配的立場となった）。とすれば、合理的精神が自然から感覚的印象を受容するといったことが、いかにして可能なのだろうか？

解決として提示されたのは、星々とおなじ質料からなる媒介的実体、すなわち「プネウマ」であった。これは物質的知覚がそこを通過していく一種の循環システムである。合理的精神がその意味を把握する以前に、物質的知覚はその過程のうちで感情の負荷を帯び、あらゆる種類の心象《ファンタスム》と混合するのである。志向（intensions）と欲望とは、世界のうちで実現される前に想像力［のなか］を循環しながら、反対方向に運動する［中世哲学においては、志向は神にむかい、欲望は地上にむかう］。「イマジナリー」という言葉が、現実的ではないもの――想像上《イマジナリー》の生きもの、想像上の場所（ナルニア国とかはるか彼方の銀河系の諸惑星、プレスター・ジョンの王国［プレスター・ジョンというキリスト教徒が、東方に王国を建てたという中世ヨーロッパに流布した伝説］など）、想像上の友人たち――という意味をとくにもつようになったのは、実際には、デカルト以降はじめてである。この定義からすれば、「想像力の政治的存在論」はただ語義矛盾でしかない。想像力は現実の基礎にはなりえない。それは定義からして、わたしたちが考えることはできるが、現実ではないものなのだから。

このような想像力についての考えを、ここでは「想像力の超越的観念」と呼びたい。というのも、それは、くりかえし読まれようと不変であるとされる想像上の世界を創造する小説や、それ以外の虚構の作品をモデルとしているからである。想像上の生きもの――エルフ［二六一頁の†5参照］とかユニコーン、テレビの警官――は、現実世界によって左右されることはない。というか、左右されようもない。なぜなら実在しないのだから。それとは対照的に、この論考でわたしが展開している想像力は、古い、内在的把握のほうにはるかに近い。決定的なポイントは、それが決して安定しているものでもないし、かといって自由気ままでもなく、物質的世界に現実的な効果を与えることを狙う行為のくわだてのうちにまったく繋留しているということ、そうして、変化し適応しつづけてやまないということ、である。このことは、ナイフをつくる場合であろうが、宝石を加工する場合であろうが、あるいは、友人の感情が害されない状況をつくろうとしたりする場合であろうが、等しくあてはまる。

想像力についてのあたらしい超越的概念が実際に優勢になったのは、一八世紀中盤から後半にかけて、まさに産業資本主義や近代的官僚制社会、左右の政治的分割の起源の位置する時代であった。とりわけロマン主義者にとって、〈想像力〉とは、かつて魂の占めていた座にとってかわるものであった。合理的魂と物質的世界とのあいだを媒介するというより、想像力とは魂そのもの**であり**、また魂はたんなる合理性を超越するものなのである。役所や工場の非人格的官僚制的秩序や合理的行政管理の出現が、いかにこの種の観念の登場と関係しているのか、理解するのはむずかしくない。しかし、想像力が残余カテゴリー、すなわち、あたらしい秩序からはみでるものすべてになるかぎりで、それはまた純粋に超越的とはいえなかったのである。実のところ、想像力は、必然的に、超越的原理と内在的原理と呼んできたものの、ある種の錯乱したごたまぜになった。かたや、想像力は芸術、そしてすべての創造性の源泉とみなされ、かたや、それは人間の共感、そしてモラリティの基盤なのであった。[*34]

それから二五〇年をへだてて、こうした問題への取り組みに着手してもいいかもしれない。それというのも、率直にいって、ここには多くの問いがひそんでいるからである。それがどれほどのものか、一九六八年のスローガン「すべての権力を想像力へ」についてしばらく立ち戻ってみよう。ここでいう想像力とは、どの想像力なのだろうか？　これが超越的想像力——ある種のあらかじめ組み立てられたユートピアのヴィジョンを押しつける試み——のことを指しているのなら、その帰結は災厄ともなりうる。歴史的に、そうしたユートピア的ヴィジョンが暴力による押しつけを旨とする巨大な官僚制機械の形成にいたることも、しばしばみられたのである。世界規模の残虐行為が、そこからもたらされるおそれもある。他方で、おなじように、革命的状況にあっては、もうひとつの内在的な想像力——ふつうの料理、看護士、機械工、庭師の実践的な常識的想像力——に十全な権力を与え**ない**ことも、まったくおなじ帰結にいたることになるおそれがある。

この混乱、想像力にまつわる異質な観念のまぜこぜは、左翼思想の歴史を貫通している。この緊張はすでにマルクスにもみることができる。マルクスによる革命へのアプローチには、奇妙な逆説がある。論じたように、マルクスによれば、人間を人間にしているものは、蜘蛛や蜂のように無意識の衝動にまかせるのではなく、まず想像力のなかで構造をえがいてみて、それからこのヴィジョンを現実化させようとするところにある。蜘蛛は、その巣を編み上げるとき、本能のままにそれをおこなっている。建築家はまずプランをえがき、それからはじめて、建築物の基盤の建設をはじめるのである。マルクスがいうには、それが橋の建築であろうが靴の製作であろうが、このことは、すべての形態の物質的生産にあてはまる。しかし、マルクスが社会的創造性について語るとき、かれが主要な事例としてあげるのはつねに革命——実際にマルクスが社会的創造性について語る唯一のものが革命である——であり、かれが革命を語るとき、そのトーンは突如として完全に変わってしまうのである。事実、ここでマルクスは反転する。革命家は、建築家のようにすすんではならない。すなわち、まず、理想的社会のプランをえがき、それからどのようにそれを実現させようかと考える、といった具合にすすんではならない。これはユートピア主義といえよう。ユートピア主義について、マルクスは容赦のない侮蔑をむけていた。革命は、それとは異なり、プロレタリアートの現実の内在的実践であり、それは、おそらくいま現在の視点からはおそらく想像することのできないやり方で、結実することになろう。

このような亀裂がなぜ生まれるのだろうか？　もっとも好意的といえる説明は、マルクスは、少なくとも直感のレベルでは想像力の働きが物質的生産の領域と社会的諸関係のなかでは異なっているということを理解していたものの、その原因を説明する理論をもっていなかったというものだ。おそらく、一九世紀というフェミニズムの登場のはるか以前であるがゆえに、かれは単純に知的道具立てを欠いていた。[*35] この論考ですでにおこなった考察をふまえれば、これが実状であったと確証できるとわたしはおもう。マルクス自身の言葉遣いでいえば、「物質的生産と社会的諸関係の」双方の領域で、わたしたちは疎外を語ることができる。しかし、それぞれの領域で、疎外はまったく異なった様式で働いているのである。

ここまでの議論をふり返ってみよう。構造的不平等はつねに、「想像力の偏極構造」、つまり、かたや想像的労働のほとんどを担うものと、かたやそうでないもののあいだの分割を形成してしまう。しかしながら、マルクス自身が関心をよせた工場生産の領域は、この点では、かなり例外的である。そこは、想像的労働に比較的多く支配的階級が関与する、数少ない環境のひとつなのであるから。

政治経済学の観点からは、しばしば「生産」と「消費」にふりわけられる創造性と欲望は、本質的に想像力の媒体《ヴィークル》である。不平等と支配の構造──お望みならば構造的暴力──は、想像力を歪めてしまう傾向がある。労働者には退屈きわまりない機械的作業があてがわれ、ほんの少数のエリートにのみ想像的労働にふけることが許される、というような構造的暴力は、そういう状況を形成することもあるだろう。それが労働者の側には、じぶん自身の労働から疎外されている、みずからの営みそのものがだれか別の人間に属している、といった感覚を生み出すのである。構造的暴力はまた、次のような状況を形成することもある。王、政治家、セレブ、CEOたちが、身の周りのほとんどすべてについて無邪気に無視する一方で、かれらの妻、使用人、スタッフ、相談役たちは、かれらが邪魔されることなく空想《ファンタジー》にふけるのを手助けするための想像力による作業《イマジネイティヴ・ワーク》に、すべての時間を捧げているというような。ほとんどの不平等の状況は、この双方の要素を結合しているのではないか、とわたしは考えている。

このような想像力の偏極構造──そこから帰結する想像力の歪曲と破壊──の内部で生きることとの主観的経験こそが、わたしたちのいう「疎外」が指しているものである。

マルクスがそのなかにあった政治経済学の伝統は、近代社会における労働を、ふたつの領域に分割されたものとみなす傾向にある。すなわち、かたや賃労働であり、その範型はつねに工場である。かたや、家事や育児などの家内労働であり、それは主要には女性にゆだねられる。前者は第一には物的対象の形成と維持の問題とみなされている。後者はおそらく、人間と社会的諸関係の形成と維持の問題とみなすのがもっとも適切であろう。この区別がいくぶんか誇張をふくんでいることはあきらかである。男性がもっぱら工場労働者で、女性がもっぱら家事労働者であった、というような社会は存在したためしがない。エンゲルスのマンチェスターであれ、ヴィクトル・ユゴーのパリですら、そうである。それでも、これ［この区別］は、今日においても、そうした問題についてのわたしたちの思考様式を規定しているのである。それはまた、マルクスの問題の根源を示唆してもいる。産業の領域においては、想像の課業《タスク》をより多く引き受けるのは、頂点にある人間たちである（つまり、かれらは生産物をデザインし、生産を組織化する）のに対し、社会的生産の領域に不平等があらわれるとき、主要な解釈の作業《ワーク》――とりわけ、わたしが生活の運営を保障する「解釈労働」と呼んできたものの大部分――に従事するとみなされるのは底辺にある人間たちである。*36

ここまでわたしは、もっとも賢明な人間たちをも愚か者のごとく転化させてしまう不気味な能力をもつ官僚制的手続きについて、それ自体が愚かさの諸形態であるというより、構造的暴力の諸効果ゆえにすでに愚かである諸状況を管理運営する方法であると論じてきた。その結果、そうした手続きも、みずからが管理運営しようとする無知や愚かさそのものを共有してしまうのである。よくても、そうした手続きは、愚かさをして愚かさ自身に対抗させる方法になるのがせきのやまである。そのありようは、革命的暴力と、とても似ている「暴力に暴力をして対抗させるということ」。しかし、公正や品格の名のもとの愚かさは、それでも愚かさであるのにはかわりないのであり、人間解放の名のもとに行使される暴力も、暴力であることにはかわりがない。これらの両者は、ときに一緒にあらわれるようにみえるのだが、それは偶然ではないのである。

二〇世紀の大部分を通して、大いなる革命的問いは次のようなものであった。あたらしい暴力的官僚制の創設に終わるようなプロセスをお膳立てすることなく、社会に根本的変化を及ぼすには、どのようにしたらよいのか？　そもそもユートピア主義——よりよい世界を想像し、それからそれを実現させようとすること——が問題なのではないのか？　さもなくば問題は社会理論の性格そのもののうちにあるのではないか？　としたら、わたしたちは社会理論を放棄すべきではないのか？　あるいは、革命という観念それ自体に根本的に欠陥があるのではないか？

一九六〇年代以来、視野を低く設定することで、ある共通の解決策があらわれはじめた。六八年五月に通ずる数年、シチュアシオニストは次のような有名な議論をおこなっていた。わたしたちを受動的消費者に仕立てている、かれらいうところの「スペクタクル」の論理をつきくずす創造的な転覆の行動によって、解決を与えることが可能である、と。こうした行動を通じて、わたしたちは、少なくとも一時的にでも、じぶんたちの想像力の力を取り戻すことができる。それと同時に、かれらはこうも考えていた。そのような小さな行為はすべて、大規模な蜂起——より正確にいえば、「ザ」革命——の瞬間にむけての小さなリハーサルであり、それらの行為は必然的に、その大規模な蜂起へといたることになろう、と。今日、大部分消えてしまったのは、このアスペクトである。六八年五月の出来事がなにかを示したとするならば、もし国家権力を獲得することを目標としないならば、根本的な一回切りの切断も存在しえないということだった。その結果、現代の革命家のあいだでは、このような千年王国的要素はほとんど完全に支持を失っている。この靄《もや》がいつの日か霧消すると考える者はいない。とはいえ、なぐさめもある。もし本当に真に革命的な自由を経験することが可能であるとすれば、わたしたちはすぐに経験をはじめることができるということである。いまシチュアシオニストの伝統のなかで活動している、おそらくもっとも刺激的である、若いアナキストのプロパガンディストたち、クライムシンク・コレクティヴ(Crimethinc Collective)による、次のような宣言を考えてみよう。

われわれはじぶん自身の自由を、この現実の生地のうちに穴を掘ることで、つくりださねばならないし、われわれをかたちづくることにもなろうあたらしい諸現実を案出することで、つくりださねばならない。きみ自身をたえずあたらしい諸状況におくことが、クセや習慣、法、あるいは予断の硬直などにわずらわされることなく決断をするための、ただひとつの方法である。

自由が存在するのは、革命の瞬間においてのみである。そして、こうした瞬間は、きみの考えるほどまれなものではない。変革、革命的変革は、たえずいたる場所で進行中である。そしてだれもが、意識するとしないとにかかわりなく、そこで一定の役割をはたしているのだ。

まさにこれは、直接行動の論理、すなわち、あたかもすでに自由であるかのようにふるまうという挑戦的意志の、エレガントな表明以外のなんであろうか？[*37] 次のような疑問が当然あらわれるだろう。このアプローチは戦略総体、すなわち、革命的救済という単一の契機ではおそらくないにしても、国家や資本主義のない世界への累積的運動につながりうる戦略総体に、どのようにして貢献できるのか。この点について、確実なことがいえる人間はどこにもいない。この過程は、ただはてしない即興の過程でのみありうる、というのが、大半の想定するところである。蜂起の諸契機は、確実に存在するだろう。おそらく、相当の数。しかし、もっともありそうなのは、それらが、きわめて複雑で重層性のある革命的過程のうちの、ひとつの要素となるであろうということである。その革命的過程の輪郭については、この時点で、十分に予測することはほとんど不可能なのであるが。

ふり返ってみれば、単一の叛乱や勝利に終わった内乱が、少なくとも任意の国家の領土内部では構造的暴力の装置総体をいわば無力化できる、といったかつての発想はナイーヴすぎるようにみえる。ある国家の領土内部では、右翼的諸現実が端的に一掃され、革命的創造性が自由にあふれだす、そういう地平が拓けるのだ、といった発想である。ところが、真に謎めいているのは、人類史のなかには、まさにこのような事態の起きる瞬間がみられることである。あたらしく登場してきた革命の観念を把握することができるとすれば、こうした蜂起という契機の性格について、ふたたび考察を開始する必要がある。

そのような蜂起的変動についてもっとも顕著なことがらのひとつが、無から突発的にあらわれた――それから、しばしば、急速に退潮する――ようにもみえることである。たとえば、パリ・コミューンやスペイン内戦において、その二カ月前には、まったく穏健な社会民主主義体制に投票をしたおなじ「公衆《パブリック》」が、なぜ、突如として、投票数ではほんのわずかを占めたにすぎないそのウルトラ急進派《ラディカル》のために、すすんでみずからの生命を投げ打ったのだろうか？　あるいは六八年五月に戻れば、学生／労働者の叛乱を支持あるいは少なくとも共感を抱いたおなじ公衆が、なぜ、そのほとんど直後に、選挙民に立ち戻り、右翼の政府を支持したのか？　いちばんよくある歴史的説明は、あきらかに的を外しているようにおもわれる。革命家たちは、公衆あるいはその利害を真に代表していなかったのであって、公衆はおそらく不合理な興奮にとらえられていたのだという説明である。なによりまず、そのような説明は、「公衆」を、時間を超えて相対的に一貫したものとみなしうる意見、利害、忠誠心を備えた実体としてとらえている。実際には、わたしたちが「公衆」と呼ぶものは、特定の諸制度を通して、形成され、生産されるものである。その諸制度は、特定の形態の活動――世論調査に応じ、投票をおこない、テレビをみて、請願書にサインをし、政治家に手紙を書き、公開ヒヤリングに参加するといった――は許容し、特定のそれは許容しない、といった機能をはたしている。こうした活動の枠組みには、特定の様態での、語り、思考し、議論し、熟議するといったものもふくまれている。楽しみのための化学薬品使用にどっぷりはまっているかもしれないそのおなじ「公衆」が、そうした楽しみを非合法にされることに［非合法を公約とする政治家に］いつも投票をおこなっているということもありうる。市民のある一群が、議会のシステムや、コンピュータ化された住民投票、あるいはかちっと制度化された公共集会に組織されるや、コミュニティに影響を及ぼす問題に、［ふだん抱いている意見とは］完全に異なった決定をくだすといったこともありうる。実際、直接民主制を再創造するといったアナキストのプロジェクト総体が、これが現実であるという想定に前提をおいている。

ここでいわんとしていることを具体化するために、英語圏の国々で、あるときには「公衆」とされている人びとのおなじ集合体が、別のときには、「労働力」とされうるといった事例を考えてみよう。かれらが「労働力」となるのは、もちろん、さまざまな種類の活動に関与するときである。「公衆」は、仕事をしない。たとえば、「ほとんどのアメリカの公衆がサービス産業で働いている」といった一文が雑誌や新聞にあらわれることは考えられないだろうし、もしジャーナリストがそのような文章を書こうとしても、編集者が直しを入れるであろうことは確実である。このことはとても奇異であるが、なぜかというと、公衆はあきらかに仕事を**おこなっている**からである。すなわち、左翼の批評家がしばしば不平をもらすように、メディアはつねに、たとえば、交通機関のストライキが公衆の通勤にさしさわるなどと言い立てるが、このストライキの参加者が、かれら自身も公衆であるということ――あるいは、もしかれらが賃金水準を上昇させるならば、これは公共の利益になるであろうこと――には、おもいもよらない、ということの理由である。そして、「公衆」はたしかに街頭デモにくり出したりはしないものなのである。公共のスペクタクルのオーディエンス、公共サービスの消費者、というのが、かれらの役割である。私的に供給された財やサービスを購入したり使用したりするとき、このおなじ個人の集合はなにかべつもの（「消費者」）になる。ちょうど、それ以外の活動の文脈では、「国民」「選挙民」あるいは「人口」と呼ばれるように。

こうした「カテゴリーの指す」実体はすべて、特定の可能性の地平を規定している官僚制や制度的実践の産物である。それゆえ、議会選挙で投票するさい、ひとは「現実的」選択をするしかないよう感じてしまうのである。ところが、蜂起の状況のなかでは、突然、すべてが可能であるようにあらわれるのだ。「公衆」「労働力」「選挙民」「消費者」そして「人口」のすべてに共通してみられるのは、本質的に官僚制的であり、それゆえ、根本的に疎外的に機能する制度化された活動の枠組みによって、それらが現実化される、ということである。投票箱、テレビのスクリーン、役人の小部屋、病院、それらをとりかこむ儀式――これらは疎外の機構そのものということができるだろう。それらの機構は人間の想像力を打ち砕き、解体するための道具である。蜂起の契機とは、この官僚制装置が無力化されるそのようなときである。つねにその契機は、可能性の地平を大きく開放する効果をもつものである。この装置による主要な日常的任務のひとつが、極度に限定された諸地平を強制することであることからも、そのことは予測できる（レベッカ・ソルニットがみごとに論じたように、[38] これが、おそらく、自然災害のさいに人びとがしばしばまったくおなじようなことを経験する理由である)。革命的諸契機に、つねに社会的、芸術的、知的創造性の沸騰がやってくるようにみえるのか、これらのことが説明してくれるだろう。通常状態における想像的同一化の不平等な構造が中断されるからであり、だれもが非日常的視点から世界をみるといった実験をおこなうことになるからである。だれもが、みずからをとりまくすべてを再形成し、再想像する、権利のあることを感じるだけでなく、たいてい切迫した実践的必要を感じるからである。

もちろん、問題は、こうした経験をへた人びとが、あたらしいお題目――ピープル「人民、民衆」、プロレタリアート、マルチチュード、ネーション、ウンマでもなんでもよいが――のもとで即座に再組織化されないようにするにはどうしたらよいかである。そのように再組織化されれば、次にやってくるのは、あたらしい一連の規則《ルール》や規制《レギュレーション》とそれをかこむ官僚制の構築であり、それらが新規に再編された警察によって強制されるであろうことは必至である。しかし、この点については、進化がみられるようにおもう。その進化の担い手は、多くがフェミニズムである。少なくとも一九七〇年代から、ラディカルな変化をめざす人びとのあいだでは、千年王国的夢想からはるかに直接的な問いに力点を移行させる、自覚的な努力がつづけられてきた。「現実の生地に掘られた穴」を、どうすれば非官僚主義的やり方で実際に組織化できるのか、そして少なくとも想像力の力能のいくばくかでも長期的に保持させることができるのか、といった直接的な問いである。すでに、これは、一九九八年から二〇〇三年にかけてのグローバル・ジャスティス運動によってサミットをめぐって組織された大いなる〈レジスタンスの祝祭〉にみられた。そこでは行動のためにデモクラティックな計画を立てる過程の入り組んだ細目が、むしろ行動自身よりも重要であったが、それが二〇一一年になると、アラブの春、ギリシアやスペインの大集会、そしてアメリカ合衆国における占拠《オキュパイ》運動において、もっとはっきりとあきらかになった。これらは同時に、直接行動であり、本当のデモクラシーを権力にむかってつきつける実践的デモンストレーションであり、実践的想像力の力能に基盤をおく真に官僚化されない社会的秩序とはどのようなものでありうるのかの実験であった。

これは政治にとっての教訓である、とわたしは考える。あらゆる場に浸透した構造的暴力は現実効果をもたらしている。すなわち、わたしたちをかこむ大規模で重量級の物品――建築物、乗り物、コンクリート構造など――の量塊と堅牢さそのもののうちに官僚制による諸規制が消失してしまったかのようにみせかけながら、官僚制の原理によって規制された世界を自明で不可避のものに、そうではない世界を夢想的幻想に仕立てあげる、という現実効果である。もし、ひとが、そのような現実効果に抵抗するとき、想像力に権力を与えることは可能**である**。しかし、それはまた、膨大な量の仕事を必要ともしている。

権力はひとを怠け者に仕立てる。ここまでの構造的暴力についての理論的議論があきらかにした点があるとすれば、このことである。すなわち、権力や特権をそなえた状況にある者は、しばしば重責を背負っていると感じているものであるが、しかし、大部分の場合において、権力とは、ひとがそれについて考える必要の**ない**もの、知る必要の**ない**もの、おこなう必要の**ない**ものにかかわっているのである。官僚制やこの種の権力を、少なくともある程度は民主化することもできる。だが取り除くことはできない。それは制度化された怠惰の諸形態と化しているのである。革命的変化は、想像力への束縛を解き放つ高揚、不可能なことがまったく不可能ではないという突然の自覚の高揚をふくむものであろう。だが、それはまた、ほとんどの人びとが、この根深く習慣化された怠惰の一部を克服し、こうした諸現実を確固たるものにすべく、長い時間をかけて解釈（想像力の）労働に関与しはじめねばならない、ということをも意味している。

わたしはこの二〇年間のほとんどを、社会理論がこの過程にいかに貢献できるかについて考察することに費やしてきた。強調してきたように、社会理論はそれ自体、一種の根本的《ラディカル》な単純化であり、計算された無知の形態、そして、それ以外のやり方ではみえないパターンをあきらかにするよう仕組まれた一連の方向指示器を設定する方法とみなすことができよう。

それゆえ、わたしの試みてきたことは、別の仕方でみることを可能にする一連の方向指示器の設定なのである。そのため、この論考は、わたしの母親の病と死をかこむペーパーワークから出発したのである。わたしの望みは、社会理論を、もっともそれになじまぬようみえる場所にむけることであった。わたしたちの生活は死角に充ちている。その領域は、いかなる解釈的深みの可能性も欠けているので、それに価値や意味を与えようとする、どのような試みもはねのけられてしまう。わたしがみいだしたのは、そこは解釈労働が、もはや機能しないような空間であるということだった。それについて語るのをわたしたちが好まないことには、さして意外なところはない。それらは想像力を追放してしまうのだから。しかし、わたしたちはそれに対決しなければならない責任がある、ともわたしは考えている。というのも、もしそれをしなければ、わたしたちはそれらを形成している暴力そのものと共謀するという危険を犯してしまうからである。

このことについて、説明しておこう。いまある社会理論の傾向は、暴力をロマン化するというものである。すなわち、なによりもまず、暴力を、劇的メッセージを伝達する方法、絶対的権力、浄化、テロのシンボルとたわむれる方法とみなす、といった傾向である。これがまったくの誤りであるというのではない。ほとんどの暴力行為が、また、この種のまったく字義的な意味でテロリズムの行為［脅威を伝達する］である。しかし、暴力のこうしたもっとも劇的な意味に焦点をあてることは、暴力と暴力の形成する状況の顕著な特性が、それがまったく退屈であるという事実を、たやすく見落とさせるのである。きわだって暴力的な場所であるアメリカの監獄では、ひとりの人間を独房に閉じ込めて、長期にわたってなにもさせない、というものである。コミュニケーションや意味の可能性をこのように無化することが、暴力が本当そうであるところのもの、暴力が本当におこなっていること、それらの真の本質なのである。たしかにだれかを孤立させることは、当人や他の囚人にメッセージを送ることでもある。しかし、この行為の大部分は、いかなるメッセージをも伝達する可能性を封じ込めることからなっている。

なるほど、主人が奴隷を鞭打つとき、かれは、意味のあるコミュニケーション行為に関与している。問答無用の服従の必要を伝達し、それと同時に、絶対的で恣意的な権力のおそるべき神話的イメージを形成しようとしているわけだ。このことはたしかである。だからといって、それが起きていることのすべてではないし、議論しなければならないすべてでもない。「問答無用」ということが実際に意味していること、それは、奴隷が状況をどのように理解しているかについて完璧に無知でありつづけるという主人の能力、主人の能弁のうちにまったくおかしなところを発見してもそれについては黙ったままでいる奴隷の能力、そこから帰結する無知や愚かさの諸形態、主人の混乱した知覚を理解し予測するのに奴隷たちが多大なるエネルギーを捧げるよう余儀なくされるという事実、などである。つまるところ、このようなことについて、わたしたちが考察を深めなければ、いかにささやかであるにしても、わたしたちは鞭を打つのとおなじことをしているのではないか？　問題はその犠牲者をして語らしむることではない。根本的には、かれらを黙らせる過程への関与についての問題なのである。

わたしが母親とその公証人の話からはじめたのには、別の理由もある。サインをめぐるだれがみても不可解な混乱があきらかにしたように、そうした死角は、少なくとも一時的に、**だれをも**愚かものに仕立て上げる。まさに、最初にこの議論を組み立てていたときのわたしがそうであったように。というのも、わたしは、実は、こうした発想がすでにフェミニスト視点理論のなかで展開されてきていることを知らなかったのである。この理論それ自体がとても周縁化されてきたため、わたしはそれについて漠然としか知らなかった。こうした［死角にあたる］諸領域がわたしたちに直面させるのは、盲目、無知、不条理からなる、一種の官僚主義的迷宮であり、品格ある人びとがそれを避けるのはまったくもってもっともである。事実、これまでにみいだされた、政治的解放のもっとも効果ある戦略は、まさにこれらを避けることにある。しかし、同時に、それがあたかもないかのようにふるまうということは、わたしたちが大いなる危険を犯しているということでもあるのだ。

2

空飛ぶ自動車と利潤率の傾向的低下

「現代の現実はＳＦ的無想のベータ版である」（リチャード・バーブルック）

だれもそれを認めたがらないようにみえるのだが、二一世紀のわたしたちの頭上を漂《ただよ》う、ひそやかな恥辱がある。

人生の盛りの年代といえよう、四〇代、五〇代の人間にとって、とりわけ深刻であるが、もっと広い意味では、それは万人に影響を及ぼしている。この感情は、わたしたちの生活するこの世界の生活についての深い失望の感覚に根をおろしている、はたされなかった約束の感覚である——わたしたちが子どものころ、大人になったら世界はこうなると感じていた、ものものしい約束である。ここでいっているのは、子どもに対してよくある、「大人による」偽りの約束（世界は公正である、支配者は善意である、正直者はむくわれる、など）ではない。きわめて具体的な特定の世代の約束である——なによりも一九五〇年代、六〇年代、七〇年代、あるいは八〇年代に子どもだった人間に与えられた——。その約束は、「実際は」約束としてではなく、わたしたちが大人になったときの世界はこういうものだという予想の数々として表現されていた。そして、それは約束として交わされたわけではなかったので、ビックリするほど実現をみなかったいま、わたしたちは途方にくれている。怒りをおぼえるが、同時に、じぶんの怒りにも困惑し、そもそも大人たちを信じた愚かさかげんを恥じたりもするのである。

なにをいってるのかというと、もちろん、二〇一五年にもなって、空飛ぶ自動車がどこにもないということである。

そう、むろん、空飛ぶ自動車だけの話ではない。空飛ぶ自動車など、わたしにはどうでもいいのである――なんといっても、わたしは車を運転しないし。ここで念頭においているのは、二〇世紀の中盤から後半に子ども時代をすごした者が、二〇一五年までに端的に存在しているだろうとおもい込んでいた、あらゆるテクノロジー的驚異である。わたしたちはみな、あれこれあげつらうことができる。フォースフィールド、テレポーテーション、反重力場、トライコーダー、トラクタービーム、不老不死の薬、人工冬眠、アンドロイド、火星の植民地。どれか実現しただろうか？　ときに実現間近と大いに盛りあがる――たとえばクローンとか低温学、あるいはアンチエイジング医療、透明マント――が、今回はいけそうだぞとなるや――だいたいそうなのだが――、致命的な欠陥があきらかになるのである。これを指摘したときに、たいてい返ってくる反応は、コンピュータがスゴイという儀礼的な呪文である。セカンドライフの時代に、きみはなんで反重力スレッドなんぞにこだわるんだ？　というわけだ――あたかも、外れた予想を「コンピュータが」埋め合わせてくれたかのように。ところが、そのコンピュータですら、一九五〇年代に人びとが想像した未来像からは、かけ離れている。いまだ、愉快な会話を交わすことのできるコンピュータも、犬の散歩をしたり洗濯物をたたんだりできるロボットすら、わたしたちは眼にしていないのである。

アポロの月着陸の時代に八才だった人間としていうならば、二〇〇〇年というマジカルな年にじぶんは三九才だと計算し、そのときいったい世界はどうなっているんだろうと考えをめぐらせた、はっきりとした記憶がある。だが、どうであろう、そのような驚異にあふれた世界に生きているだろうと、わたしはそのとき心の底から考えていたのであろうか？　もちろんである。だれもがそう考えていた。それでいま、だまされたと感じているのだろうか？　まったく、そうなのである。むろん、SFで読んだことすべてが、寿命のあるうちに実現するなどとは考えていなかった（わたしの寿命が、新発見された長命薬によって何世紀も延びるなどとはおもいつきもしなかったが）。しかし、当時のわたしにたずねてみるなら、たぶん実現するのは半分というところかな、ぐらいには答えるだろう。よもや、**いっさい**存在しないとは夢にもおもわなかったのだ。

公共の言説のうちで、この問題がほとんど沈黙に包まれていることについて、わたしは困惑もし、また魅せられてきた。たまにインターネットで空飛ぶ自動車についての不平をみることもあるが、大きな声ではないか、あるいは、きわめて周縁的なものである。おおよそ、この話題はほとんどタブーとみなされているのである。たとえば、二〇世紀も末になれば、大衆メディアでは、二〇〇〇年の世界はかつてどのようなものと予測されていたのか、どうしてその予測は外れたのかについての四〇代そこらの人びとによるおしゃべりであふれているだろうと考えていた。ところが、そのようなものはいっさいあらわれなかった。そのかわり、左派右派問わず、すべての権威筋が、テクノロジー的驚異の世界が事実上到来したという前提から話をはじめていたのである。「この問題への」沈黙の原因は、その大部分が、ナイーヴな愚か者であるとコケにされる怯えに由来するものである。たしかに、この問題を提起しようものなら、反応はかくのごとしであろう。「ああ、宇宙家族ジェットソンみたいな話のことね？」。あたかも、それがたんに子どもむけのお話しにすぎなかったかのようにである！　たしかに、『宇宙家族ジェットソン』［一九六〇年代と八〇年代に放映された米国のテレビアニメ、三〇世紀の宇宙が舞台のホームコメディ］の未来の現実味は、『原始家族フリントストーン』［一九六〇年代に放映された米国のテレビアニメで、『宇宙家族ジェットソン』の「原始時代」版］の過去のそれと変わるところはないというぐらいは認識しているはずだ、と大人のわたしたちはみなしている。しかし、もちろんそれは、たんに『宇宙家族ジェットソン』だけのお話しではなかったのだ。一九五〇年代、六〇年代、七〇年代、そして八〇年代においてすら、子どもむけのすべてのまじめな科学ショー――『サイエンティフィク・アメリカン』誌、教育的テレビ番組、国立博物館でのプラネタリウムショー――で、すべての権威筋が、宇宙とはなにか、とか、なぜ空は青いかを教え、原子の周期表を説明しながら、未来には地球以外の惑星上の植民地やロボット、質量変換装置が待っていることを請け合っていたのである。その世界は、いまのこの世界より、はるかに『スタートレック』の方に近いものであった。

これらのお話しがすべて誤っていたという事実は、なんとも表現しがたい深い裏切りの感覚をもたらした。だが、それだけではない。このことはまた、予想した通りにことが運ばなかったとき、それでも歴史についてどう語ることができるのかといった思考上の問題をも提起している。かんたんに予想と現実のあいだの分裂をなかったことにすることができない、そのような文脈が存在しているのである。その文脈のなかのひとつがＳＦであることはあきらかである。二〇世紀をかえりみれば、SF映画の作者たちは、未来の空想を具体的データからひねりだすのが常であった。そして、おおよそこれらの未来は、一世代先ぐらいに設定されていた。たとえば、一九六八年のスタンリー・キューブリックは、感じていたわけだ。商業上の宇宙旅行や、都市のような宇宙ステーション、木星への旅をしながら宇宙飛行士を仮死状態に維持しておくヒューマンライクなコンピュータ、わずか三三年後の二〇〇一年には、こうした世界のあることを映画館の観衆は違和感を感じることなく受け止めるであろう、と。[*1] 現実には、『二〇〇一年宇宙の旅』に登場した新テクノロジーのなかで、現実にあらわれたものは、ビデオ電話のみである。だがそれもすでに、一九六八年に技術的に可能であった。この時代には、それを心から欲しがっている人間などいなかったから、端的に商売にならなかっただけのことである。[*2] 特定の作家ないしプログラムが大きな神話を立ち上げようと試みるといつも、おなじような問題が浮上する。わたしが一〇代のころ知ったラリー・ニーヴン［アメリカのSF作家］の創作した宇宙だと、この年代（二〇一〇年代）の人間は、統一した世界の国連政府のもとにあって、月に最初の植民地を建設し、医療の進歩によって生まれた不死の富裕階級といった社会的問題に手を焼いている。対照的に、おなじころに展開した『スタートレック』の神話では、いまや人間は一九九〇年代の優生戦争において遺伝子操作された優生人類の支配との戦い――サスペンション・ポッド［人工冬眠ポッド］にかれらを閉じ込めて宇宙空間に追放することで終わった――から復興を遂げていることになっていた。それゆえ、一九九〇年代に、『スタートレック』の作家たちは、すべての前提を崩壊させない方策として、別の時間軸と現実を設定して舞台を再開するよう余儀なくされたのである。

一九八九年の『バック・トゥ・ザ・フューチャー2』では、二〇一五年には、平凡なティーンエージャーが、お定まりのように、空飛ぶ自動車と反重力ホバーボードを使いこなしていたわけだが、それが、まじめな予測によるものか、未来の空想にまつわるかつての伝統に敬意を表したのか、あるいは、いささかの苦い冗談なのか、あいまいであった。いずれにしても、それは、この種の系列に属する最後の作品のひとつであった。あとになると、SFの未来像はおおよそディストピアとなり、寒々としたテクノファシズムから『クラウド・アトラス』のような石器時代的野蛮へと移行をみせている。さもなくば、故意にあいまいにするか、である。すなわち、作家たちは、日付を特定することには慎重になり、「未来」を、中つ国［トールキンの『指輪物語』などの舞台となった空想世界］やキンメリア［『英雄コナン』における主人公コナンの生地］とさしてかわるところのない純粋な空想地帯へと仕立てあげているのである。『スターウォーズ』のように、未来が過去に設定されることもある。「むかしむかし、はるか彼方の銀河での出来事です」というわけである。この〈未来〉は、おおよその場合、まったくもって未来とはいえないのであって、どちらかというと、別次元、夢の時間、ある種のテクノロジカルな〈別世界〉である。それは未来にあるのだが、それもかつてエルフやドラゴンスレーヤーが存在していた、というのとおなじ意味である。それは、たんに、精神的ドラマや神話的ファンタジーの投影できる［いろいろあるなかの］スクリーンにすぎないのである。SFは、いまや、そこでは、西部劇も、戦争映画も、ホラー映画も、スパイものも、妖精譚でも、どの扮装でもとっかえひっかえできる、コスチュームの一式と化したのである。

とはいえ、わたしたちの文化がテクノロジーへの失望という問題をいっさい回避しているとするのもまちがいだろう。この問題のひきおこす困惑の示唆するのは、わたしたちがこの問題にすすんで正面から取り組むことを好んでこなかった、という事態である。そのかわり、それ以外の多くの文化的トラウマとおなじように、苦痛は置き換えられているのである。わたしたちは、なにか別のことを語っていると考えているそのときにのみ、それについて語ることができるのである。

ふり返ってみれば、「ポストモダニズム」と呼ばれるようになった世紀末の文化的感性総体が、決して起きなかったテクノロジー的変化をめぐる長期にわたる考察とみなすのが最良であるようにもおもわれる。この考えが最初にわたしを襲ったのは、『スターウォーズ』の新作をみていたときだった。この作品はひどいものであったが、特殊効果のクオリティには感銘を受けないわけにはいかなかった。うっすらとみえてしまう糸に引っぱられたブリキ製の宇宙船のような、一九五〇年代のSF映画によくあるぎこちない効果をおもいだして、わたしは、ここで実現していることを一九五〇年代の視聴者が知ることができたら、いかに感銘を受けるだろうか、あれこれと考えたのである。ところが、ただちにこういうふうにもおもえてきた。「いや、実際はそんなことはなくて、感銘なんか受けないんじゃないか？　かれらだったら、この現在の時点で、われわれの世界は、実際に**こんなふう**であると考えるはずだ。たんにそんな世界を洗練されたやり方で模写《シミュレート》するだけじゃなくて」。

　この最後の言葉、「シミュレート」が鍵である。一九七〇年代以来、わたしたちがみてきたテクノロジー的進歩の大部分が情報テクノロジー、つまり、シミュレーションのテクノロジーであった。それらはかつてジャン・ボードリヤールやウンベルト・エーコが「ハイパーリアル」と呼んだテクノロジーであって、イミテーションをオリジナルよりももっと本物らしくみせる技術である。なにもあたらしいものはないことが意識された前代未聞の新時代に突入しているとか、進歩と解放の歴史的物語《ナラティヴ》は意味がないとか、すべてがいまやシミュレーションである、アイロニカルな反復である、断片化である、パスティシュであるとか、こうしたポストモダンの感覚総体が意味をもつのは、既存の事象か存在しえない――といまや自覚するにいたった――事象のヴァーチュアルな投影像《プロジェクション》を作成し、伝達し、再加工することを簡便にするためのテクノロジーにおけるブレイクスルーが唯一のブレイクスルーであるような、そのようなテクノロジー的環境においてのみである。実際に、火星のジオデシック・ドーム[†1]でバカンスを楽しんだり、ポケットサイズの核融合プラントや、遠隔操作の精神解読装置を携帯したりするような世界では、わたし

†1　ジオデシック・ドーム：ジオデシックとは「球面上の大円の弧」を意味する。正二〇面体を同心の球面上に投影し、三角形や六角形に曲面分割を反復してできる、強度と剛性の高いドーム。

たちは決してこのように考えたりはしないだろう。「ポストモダン」の時代とは、そうでもなければ苦い失望に直面しなければならない事態をとりあげて、それになにか画期的でエキサイティングかつ新奇な意匠を施そうとする、絶望的な方法にすぎないのである。

ポストモダニズムの最初期の諸定式――そのおおよそがマルクス主義の伝統に由来する――においては、このようなテクノロジーにまつわる潜伏する意味《サブテキスト》が決して隠されていなかったことに注意すべきである。それはまったくあきらかなことだったのだ。以下は、フレドリック・ジェイムソンの一九八四年公刊『ポストモダニズム、あるいは後期資本主義の文化的論理』からの一節である。

かつての資本の時代における機械装置による興奮をおもいだすのがよい。未来主義、とりわけ、マシンガンやモーターカーに対するマリネッティによる称賛のかもしだす高揚感である。これらは、近代化初期の時代の動力のもたらした感触を生々しく伝え、描写してみせる、いまだ可視的なエネルギーのエンブレムであり、可塑的結節点（sculptural nodes）であった……一九三〇年代の革命的アーティストないしコミュニストのアーティストはまた、この機械エネルギーの興奮を、人間社会総体のプロメテウス的再構築のための機械エネルギーとして最領有しようともくろんでいたのである……。

即座にあきらかになるのは、わたしたちの時代のテクノロジーは、もはやおなじ表象の能力をもってはいないことである。タービンでもなく、チャールズ・シーラーの［描写する］穀物エレベーターや煙突でもなく、パイプとベルトコンベヤーのまがりくねった配備でもなく、鉄道列車の簡素な輪郭――すべての速度のある乗り物はいまだ集められて休車していたのである――ですらなく、コンピュータだったり、さまざまなメディアのケースだったりするのだから。コンピュータの外形はというと、なんのエンブレムないし視覚的威力をもっていないし、メディアのケースは、たとえば、テレビという家庭用機器のように、みずからの内部にフラットなイメージの表層を伝達することで、なにも表現せず内破するのである。*3

かつてはテクノロジー自体の物理力そのものが前進する歴史の感覚をひとに与えていたのに対して、いまやひとはスクリーンとイメージのたわむれに還元されてしまっているのだ。

ジェイムソンが「ポストモダニズム」という用語を提起したのは、もとはといえば、早くも一九七二年にエルネスト・マンデルが「第三のテクノロジー革命」と呼んだ、資本主義の新段階に対応する文化的論理を示すためであった。マンデルの議論によれば、人類は、農業革命や産業革命に匹敵するほどの深遠なる変化の端緒に立っている。コンピュータやロボット、新エネルギー源、新情報テクノロジーなどが、実際に、旧式の産業労働にとってかわるであろう――やがて「労働の終焉」と呼ばれるようになる――し、こうして、わたしたちはだれもがデザイナーやコンピュータ技術者となって、イカした《クレィジー》ヴィジョンをひねりだし、そのヴィジョンはサイバネティックに制御された工場によって生産されることで実現をみるであろう。[*4] 労働の終焉論議は、一九七〇年代の終わりから八〇年代のはじめにかけて、ますます人気を博していった。もはや伝統的な労働者階級の闘争が存在しないときどうなるのか、ラディカルな思想家たちによる考察が、それに拍車をかけた（その答えは、闘争はアイデンティティの政治にとってかわるだろう、というものであった）。

ジェイムソンは、じぶんでは、この擡頭する新時代からあらわれるだろう意識や歴史的感性のとるさまざまなかたちを探っていると考えていた。もちろん、だれもが知るように、こうしたテクノロジー上のブレイクスルーは起きなかった。そのかわりなにが起きたかというと、情報テクノロジーや輸送を組織化するあたらしい方法——たとえば配送のコンテナ化——の普及によって、東アジアやラテンアメリカ、それ以外の国々へと、旧態依然たる産業分野の職種のアウトソーシングが可能になったのである。それらの国々では安価な労働力が使えるために、国内よりもはるかにテクノロジー的には遅れた生産技術でもやっていける、というわけだ。なるほど、ヨーロッパ、北米、日本ですら、そこで生活している人びとの観点からすれば、表層をなぞっただけでも、その結果は容易に予測できたようにみえる。すなわち、重工業のますますの消失である。仕事は、サービス労働者からなる底辺層と、殺菌された生気の乏しい部屋でコンピュータを操作する上位層とに分割されるようになった。ところが、そうした事象の底には、このようなあらたなポスト労働文明なるもの総体が基本的にどこか問題をはらんでいるのではないかという不穏な意識がはりついている。精密に設計されたハイテクスニーカーであれ、現実には、知性をそなえたサイボーグとか自己複製する分子ナノテクノロジーによって生産されているわけではない。それらは、WTOやNAFTAの支援による貿易取引の結果、先祖伝来の土地から追放されたメキシコやインドネシアの農民の娘たちの手で、古典的なシンガーミシンのようなもので製造されているのだ。ポストモダンの感性、すなわち、イメージと表層のはてしないたわむれの称賛や、こうしたイメージに深みや現実味を与えるとみなされているすべての近代主義的説話《ナラティヴ》は虚偽であるという主張の背後には、根本的にはこうした罪の意識があるように、わたしにはおもわれる。

それでは、だれもが予期していたテクノロジー的成長の爆発――月面基地、ロボット工場――は、なぜ実現しそこねたのだろうか？　論理的にいえば、可能性はふたつのみである。まず、テクノロジー的変化のペースについてのわたしたちの予測が現実的ではなかったという可能性。この場合、なぜかくも多くの知性ある人びとが、この問題にかんしてのみ、そのような「外した」予測をしてしまったのかを問わねばならないだろう。もうひとつは、わたしたちの予測そのものは、基本的に非現実的であったわけではないという可能性。この場合、なにがテクノロジー的発展の進路を狂わせてしまったのか、それが問われねばならない。

文化の分析者たちがこの問いを考察するとき――めったにないわけだが――、かれらは例外なく前者の可能性を選択する。よくあるアプローチは、冷戦の宇宙開発競争がつくりだした幻想に問題の根をたどるというものである。なぜアメリカ合衆国とソヴィエト連邦の双方ともに、一九五〇年代、六〇年代、七〇年代、有人宇宙旅行という発想に対してかくも執着するようになったのか？　と、多数のひとが問いを立てている。科学調査としては、それは決して効率のいい方法ではなかったのである。［その問いへの答えは以下のようなものである］要するに、アメリカとロシアはともに、その全盛期にはパイオニア精神を誇った社会であって、かたや西部のフロンティアを横断して拡張をはかり、かたやシベリアを横断して拡張をはかっていたではないか？　際限なく拡張する未来、広大なる空白の地の人間による植民地化という神話に、両大国とも共通して献身していなかっただろうか？　両超大国の指導者たちは、その神話にみちびかれて、究極的には未来それ自体の統制《コントロール》をめぐる抗争である、あたらしい「宇宙時代」へとふみこむ決断をしたのではないか？　そしてついにはこの抗争のおかげで、どちらも未来世界についての完全に非現実的構想を生み出すにいたったのではなかったか？[*5]

あきらかに、ここには真実の一片がある。［たしかに］そこでは強力な神話が機能していた。しかし、人間による大プロジェクトのほとんどが、ある種の神話的ヴィジョンに根ざしているものである。したがって、神話云々それ自体は、プロジェクトそれ自身の実現可能性にはかかわっていないことがわかる。この論考でわたしが考えてみたいのは、二番めの可能性である。こうしたヴィジョンの少なくともいくつかについては本質的に非現実的ではなかった――そして、これらのSFによる空想の少なくともいくつか（この点については、わたしたちはどれがそれということを知ることはできないが）については実際に実現しえた――という考えのうちには根拠がある、と、わたしにはおもわれる。だれもがおもいつく理由は、過去をみればたびたびそれが実現してきたから、というものである。要するに、一九世紀から二〇世紀の転換期に、ジュール・ヴェルヌやH・G・ウェルズを読んで育った人間が、たとえば一九六〇年には世界はどうなっているだろうと考えて、空飛ぶ機械、ロケット船、潜水艦、新奇な形態のエネルギー、無線によるコミュニケーションを想像したとしよう。まさに、これらほとんどが実現しているのだ。もし、一九〇〇年に月旅行する人間を夢想することが非現実的でなかったとしたら、なぜ一九六〇年代にジェット・パック［ランドセルのように背負ったジェットの噴射によって空を飛ぶ装置］やロボットのランドリーメイドを夢想することが非現実的なのだろうか？　一七五〇年から一九五〇年にかけて、あたらしい動力源が定期的に登場してきたとしたら（蒸気、電気、石油、原子力……）、それ以来、少なくともひとつぐらいあたらしいものがあらわれると想像することに無理はないのではないか？

一九五〇年代や六〇年代までに、はやくも、テクノロジー的イノベーションのペースは、二〇世紀の前半の猛烈なペースからすると減速をはじめていた、と、信ずべき理由がある。いわば発明の最後のほとばしりが、一九五〇年代にみられるが、それは、電子レンジ（一九五四年）、ピル（一九五七年）、レーザー（一九五八年）がたてつづけに登場したときである。しかし、それ以来、もっとも目立ったテクノロジー的進歩は、大部分が、既存のテクノロジーを結合するあたらしい方法（宇宙競争においてすら）か、あるいは既存のテクノロジーを民生用に転換するあたらしい方法（もっとも有名な事例はテレビジョンで、発明こそ一九二六年ではあるが、大量生産されたのは一九四〇年代の終わりから五〇年代のはじめにかけてやっとであった。それはアメリカ経済の不況への落ち込みを防ぐため、あたらしい消費需要をひねりださねば、といった意識的な努力によるものである）の、いずれかの形態をとっている。しかし宇宙競争も手伝って、いまの時代は異例の進歩の時代なのだという考えが拡がった。その結果、テクノロジーの変化のペースはコントロール不能なまでにおそろしく加速しているというのが、一九六〇年代に支配的な大衆の印象となった。アルヴィン・トフラーの一九七〇年の爆発的ベストセラー『未来の衝撃』は、このような考え方のいわば頂点とみなすことができよう。ふり返ってみれば、それは魅力的で啓発的な書物ではあるのだが。*6

トフラーの議論によれば、一九六〇年代の社会問題のほとんどすべてが、テクノロジー的変化のペースの加速を原因とすることができる。あたらしい科学的ブレイクスルーがとめどなくあふれでて、わたしたちの日常の存在の基盤そのものを変容させるにつれて、アメリカ人たちは梯子《はしご》を外され、ふつうの生活がどのようなものであるのか、それすらもわからないまま取り残されている、と、トフラーはいう。おそらく家族の事例がもっともはっきりしている。そこでは、ピルのみならず、体外受精、試験管ベビー、精子や卵子の提供といった見通しは、母性という考えそのものを時代遅れのものにしつつある。トフラーは、社会生活のあらゆる領域において、おなじことが起きているとみていた――自明とみなしうるものはなにもない、というわけだ。そして、人間はこの変化のペースに心理学的に準備していない。かれはこの現象に対して、「加速的推進力（accelerative thrust）」という造語をあてている。この技術的進歩のペースの短縮現象は、おそらく、産業革命とともにはじまっているが、しかし、おおまかにいって一八五〇年までには、その効果はうたがいのないものになっていた。わたしたちをとりまくすべてが変化しているというだけではなく、そのほとんど——大量の人間的知識、人口の規模、産業の成長、消費されるエネルギーの量——の変化が急激な割合で生じていたのである。トフラーの主張によれば、ただひとつの解決はこの過程に対するある種の民主的なコントロールを形成することである。すなわち、あらわれつつあるテクノロジーやそれがもちうる諸帰結を評価し、社会的なダメージの多大なることの予測できるテクノロジーは禁止し、社会的調和を醸成するであろう方向へとその発展をみちびく、そのようなことのできる諸制度を形成することである。

トフラーが記述した歴史的トレンドの多くが正確なものであった一方で、その著作の公刊自体は、まさにそのトレンドのほとんどが消えつつある時期のことだった。このことは興味深い。たとえば、世界で公刊された科学論文の数の上昇は——その数字はおおよそ一六八五年から一五年ごとに二倍であった——、横ばいになった。おなじことが著作と特許の数にもあてはまる。それ以外のエリアでいえば、成長はたんに減速しただけではなかった。完全にストップしたのである。トフラーが「加速」という言葉を選んだのは、とりわけ不運であった。人類史のほとんどのあいだ、人間が移動するトップスピードは一時間あたり二五マイルあたりをぐずぐずしていた。

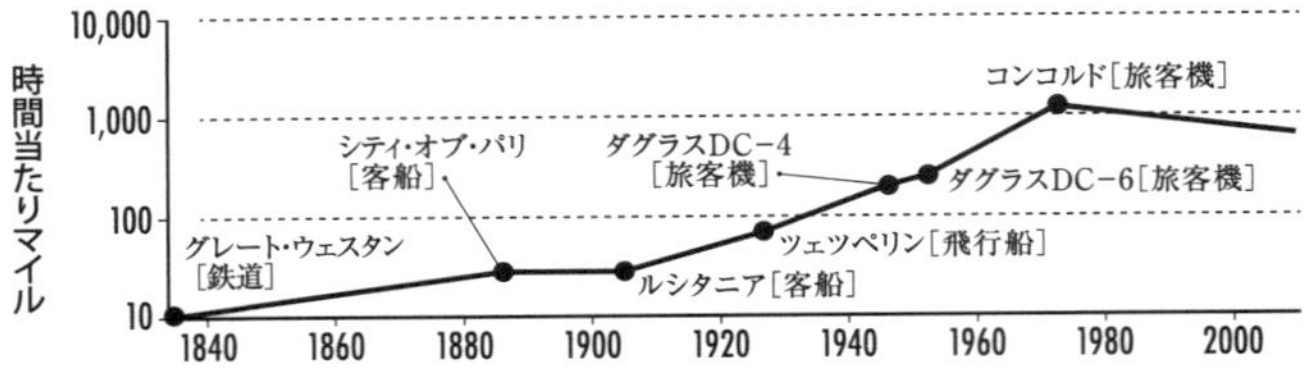

資料出所：www.foundersfund.com/uploads/ff_manifesto.pdf

一九〇〇年までにおそらく一〇〇マイル毎時にまで上昇したし、次の七〇年のあいだにも急激に上昇をつづけていったようである。トフラーが著述に邁進していた一九七〇年には、そのわずか一年前に、人類のそれまでの移動速度において最速を記録している。アポロ一〇号の乗組員たちが大気圏に突入したときである。そのような急速な展開をみていれば、数十年もすれば、人類がじぶんたちのもの以外の太陽系を探査しているであろうと想定しても無理がないようにみえるのはまちがいない。ところが、一九七〇年以降、それ以上の上昇はなかった。人類の移動における最速の記録は、いまだアポロ一〇号の乗組員である。なるほど、民間航空便の最高速度は、その一年後の、一四〇〇〇マイル毎時であって、一九七一年のコンコルドの登場によるものである。しかし、航空便の速度はそれ以来上昇できなかっただけではない。二〇〇三年のコンコルドの放棄以来、実際には減少をつづけているのである。[*7]

トフラーがほぼすべての点について誤っていることが判明したからといって、そのキャリアが傷ついた様子はまったくない。カリスマ的予言者が、その予言が実現しなかったために、多大なるダメージを受けることはめったにないものだ。トフラーは、じぶんの分析を手直ししただけで一〇年かそこらごとに目新しい宣言をひねりだし、大いなる評判と喝采をもって迎えられてきた。一九八〇年には、かれは『第三の波』[*8]という本を公刊したが、その議論はエルネスト・マンデルの「第三のテクノロジー革命」から直接にひきだされたものであった。マンデルが、こうした変化が資本主義の最終的終焉を招くとしていたのに対し、トフラーが、資本主義は永遠につづくであろうことを単純に仮定していた点をのぞいて。一九九〇年あたりには、かれは共和党議員のニュート・ギングリッチの個人的な知的教祖となっていた。ギングリッチは、かれ自身の一九九四年の「アメリカとの契約」は、その一部を、アメリカ合衆国は、時代遅れで、唯物論的で、産業的な精神性を脱却して、あたらしい、自由市場的で情報時代である第三の波文明へと移行せねばならないという認識に触発された、と述べている。

ここには、あらゆる種類のアイロニーがある。おそらく、『未来の衝撃』の現代世界に及ぼした最大の達成のひとつは、その影響によって、政府が一九七二年に米国議会技術評価局（OTA）を創設したことである。多かれ少なかれ破壊的な潜在力をはらむテクノロジーを、ある種の民主的な監督のもとにおかねばならない、というトフラーによる呼びかけに応じたものであった。［ところが］一九九五年に議会での優勢を獲得しての最初のギングリッチの行動のひとつが、OTAを無用の政府機関の一例として資金援助を停止することだったのである。これによってもまた、トフラーが泡を食ったようにはみえない。このときには、すでにかれは、一般世論に訴えて政策に影響を与えようとしたり政治的論議に影響を与えようとする試みを、放棄していたからである。そのかわり、かれはCEOたちとのセミナーや企業シンクタンクの人間たちとセミナーをもつことで、その生計の大部分を立てていた。かれの洞察は、実質的に私有化［民営化］されたのである。

ギングリッチは好んで「保守的未来学者」を自称する。この言い回しは矛盾しているようにみえるかもしれない。しかし、もしトフラーの著作をふり返ってみれば、この教祖の政治はまさにその弟子［ギングリッチ］のものと一致しているのである。トフラーにそのようなイメージをもっていなかった人間には、これはかなりの驚きである。『未来の衝撃』の主張は、保守主義の定義そのものである。進歩はつねに、解決の必要な問題として提示されるのである。なるほど、表向き民主主義的な統制を制度化することが、かれの提示する解決策ではある。だが、ここでの「民主主義的」が、実質的には「官僚的」を意味しているのはあきらかだ。つまり、どの発明が支持されるべきであり退けられるべきかを決定する、専門家のパネルの創設である。この点からすれば、トフラーは、一九世紀はじめの社会理論家であるオーギュスト・コントの、知的軽量級の現代版とするのが一番かもしれない。コントもまた、じぶんがテクノロジーの冷酷な進歩によって動かされる新時代——かれの場合、産業時代——の端緒にあると考えていた。かつての封建的秩序は、カトリック神学、すなわち、当時の社会システムに完全に対応した宇宙観《コスモス》のなかでの人間の位置にかんする思考様式を発展させたのみならず、だれにも意味と帰属の感覚を与えることができるというやり方で、そうした観念を普及させ強制する教会という制度的機構も発展させた。それに対し、昨今の産業時代は、固有の観念体系――科学――を発展させはしたものの、科学者たちはカトリック教会に類似するものを創設することには成功しなかった。コントは、こう結論づける。われわれはあたらしい科学、かれの名づけるところでは「社会学」を発展させる必要があり、社会学者はあたらしい〈社会教〉において司祭の役割をはたさねばならない。そして、あたらしい〈社会教〉は、秩序と、コミュニティ、労働規律、家父長制的家族価値《ファミリー・ヴァリューズ》をもって、大衆を啓発するであろう、と。トフラーはそれほど野心的ではない。かれの未来学は、現実において司祭の役割をはたすことを想定されてはいない。しかしかれは、テクノロジーは人間を大いなる歴史的切断の端緒にみちびいているという、［コントと］おなじ感覚をいだいていた。そして、社会の解体への恐怖、さらに母性の聖なる役割を保持する必要への執着という点も共有していた――コントは、その宗教運動の旗に、妊娠した女性の像を使用することを望んでいたのである。

ギングリッチは、公然と宗教色のある、もうひとりの教祖をもっていた。リバタリアン神学者であり、なによりも「ギルダー・テクノロジー・レポート」というニュースレターの著者である、ジョージ・ギルダーである。ギルダーもまた、テクノロジーと社会的変化のあいだの関係にとり憑かれていたが、奇妙なことに、かれははるかに楽天的であった。［トフラーよりも］さらにラディカルなマンデルによる第三の波の議論を奉じながら、一九七〇年代のコンピュータの台頭とともに視界にあらわれてきたのは、まぎれもない「物質の廃棄」であると、かれは主張した。物理的労働に価値の源泉をおく旧式の唯物論的産業社会は、企業家《アントレプレナー》の精神に直接に価値の源泉をおく情報時代へと道をゆずった。ちょうど神の精神によって無から世界があらわれるごとく、適切なサプライサイド経済のもとでは、連邦準備銀行によって無から貨幣が創造され、クリエイティヴで価値創造的な資本家の手に渡るというわけだ。サプライサイド経済政策のもとでは、投資は宇宙計画のごとき旧式の政府の無用仕事には決してむかわないであろうし、それよりも生産的な情報・医療テクノロジーのほうにむかうであろう。

「全米一の反フェミニスト」でありたいと宣言してそのキャリアを開始したギルダーは、そうした健全な発展は、伝統的な家族価値《ファミリー・ヴァリューズ》の厳格な実現によってのみ維持できると主張した。かれはあたらしい社会の宗教を唱えているわけではない。そうする必要を、かれは認めていなかった。というのも、すでにリバタリアン右派と強力な同盟を形成しつつあったキリスト教の福音主義運動を通じて、それとおなじことは実行できるからである。[*9]

たぶん、いかに影響力があるとはいえ、このような変人たちにあまりに深くつきあうのは賢明ではないだろう。なにしろ、かれらは時流からは遅れていた。ロケットやロボットの性能の向上に結実するかもしれない研究への投資を引き上げ、レーザープリンターやCATスキャンのようなものへとふりむけるという、自覚的あるいは半ば自覚的な事態があるとしたら、すでにトフラーの『未来の衝撃』（一九七一年）の登場以前にはじまっていた。ギルダーの『富と貧困』（一九八一年）以前であることは、いわずもがなである。[*10] それらの著作の成功は、この男たちによって提起された争点が権力の階梯の最上位を占める人びとに受容されたことを示唆している。提起された争点とは、いまのテクノロジー的発展のパターンは社会的混乱を招くであろうという懸念、それが既存の権威の諸構造を脅かすことのないような方向にそのテクノロジー的発展をみちびきたいという欲求である。政治家や産業リーダーたちが、実際に、このような問題について取り組んでいた、少なくとも特定の時期には取り組もうとしていた、とみなしても無理はないだろう。[*11]

それで、なにが起きただろうか？　この章の残りの三つの部分で、わたしたちが予期していたテクノロジーの未来が決して実現しなかったことを裏打ちするよう作用した多数の要因について、考察を加えるつもりである。これらの要因はふたつの広範なグループにわかれる。ひとつは広い意味で政治的である。研究への資金援助の配分における意識的転換にかかわっているはずである。他方は、官僚主義にかかわっている。すなわち、科学・テクノロジー研究を管理運営するシステムの性格における変化である。

テーゼ

一九七〇年代に、いまとはちがう未来の可能性とむすびついたテクノロジーへの投資から、労働規律や社会的統制を促進させるテクノロジーへの投資の根本的転換がはじまったとみなし

うる。

ブルジョアジーは、生産用具を、したがって生産諸関係を、したがって社会的諸関係全体を、たえず変革せずには存立することができない。……あらゆる固定した、錆びついた関係は、それにともなう古びて貴い観念や見解とともに解体し、あたらしくできあがった関係はみな、かたまるひまのないうちに古くさくなる。身分的なもの、恒常的なものはすべて煙となって消え、神聖なものはすべてけがされる。こうして、ついには人びとは、自分の生活上の地位や、おたがいの関係を、ひややかな目でみるほかはなくなる。――マルクス＝エンゲルス『共産党宣言』（一八四七年、全集第五巻、大月書店、四七八－四七九頁）。

楽しみはそれもまたきわめて重大だとわたしはいいました。それは、はてしのない競争《ラット・レース》にひとを閉じ込めておくために考案されたたぐいの倫理や道徳の直接の反駁なのです。そのはてしのない競争といえば、いかなる意味ももたなくなるものです。いずれにしても、ここ数年のうちに、機械がすべての仕事をおこなうことになるでしょうから。また、快楽を延期するよう、じぶんのお金をすべて銀行に貯金し、生命保険に加入するよう、ひとに教え込む諸価値のシステムがあります。それもすべて、わたしたちの時代のあいだに、いっさいの意味をもたなくなっているのです。――アビー・ホフマン、シカゴセヴンの裁判より（一九七〇年）

「産業資本主義」として知られるようになったシステムは、一八世紀のその端緒以来、きわめて急激な速度での科学的前進とテクノロジー的イノベーションを促進してきた――それまでの人類史では比類のないものである。産業資本主義の主唱者たちは、このシステムがともに生みだす搾取、貧困、コミュニティの破壊の究極の正当化として、つねに、これ「科学とテクノロジーの進歩」をもちだしてきた。そのもっとも著名な批判者である、カール・マルクスとフリードリッヒ・エンゲルスですら、「生産力」を強力に解放するものとして、資本主義を――なにはともあれ――すすんで称えているのである。マルクスとエンゲルスはまた、この傾向そのもの、より正確にいえば、たえず産業生産の手段を変革する資本主義の必要そのものが、最終的には、資本主義自身の解体をみちびくであろう、と考えていた。

かれらが正しかったということがありうるのだろうか？　そしてまた、一九六〇年代に、一階級としての資本家たちが、このことを理解しはじめた、などということがありうるのだろうか？より絞り込んでいえば、ある技術的な理由により、価値、それゆえ利潤は人間の労働からのみ取得されうる、というのがマルクスの主張である。競争は、工場主たちをして、生産を機械化させ、それによって労働コストを削減するよう強いる。これは、短期的には個別の工場を有利たらしめるが、機械化の効果総体としては、現実には、すべての工場の利潤率総体を低下させてしまう。ほとんど二世紀ものあいだ、経済学者たちは、この主張の妥当性を議論してきた。しかし、もしそれが妥当であるすれば、一見謎めいてみえる産業家たちの決定、すなわち、ロボット工場の発明に資金投入がすすむであろうとの一九六〇年代の大方の予想を裏切り、より労働集約的でローテクの中国やグローバルサウスに工場を移転しはじめたことも、まったくもって筋が通るのである。[*12]

すでに述べたように、生産諸過程――工場そのもの――におけるテクノロジー的イノベーションのペースは、すでに一九五〇年代と六〇年代には減速をはじめていた、とみなしてもよい。［とはいえ］当時は、あきらかに、そのように考えられてはいなかった。そうみえなくさせた原因は、その大部分が、アメリカ合衆国とソヴィエト連邦との競合のもたらした余波にある。それはふたつの点で、いえるようにおもう。まず、意図的な政策。冷戦のなかで、既存のテクノロジーを消費目的に転用する方法を発見しようと、合衆国の産業プランナーたちは熱狂的なまでの努力を捧げていた。[*13] 生まれつつあった繁栄への楽天主義的感覚を促進させ、進歩を保証することにその目標があった。その進歩は、ラディカルな労働者階級の政治の魅力を削いでくれると期待されていたのである。リチャード・ニクソンとニキータ・フルシチョフのあいだの有名な一九五九年の「キッチン・ディベート」は、この政治をあからさまに表現していた。「あなたがたの共産主義的「労働者国家」は、宇宙空間へと人類をいざなったかもしれない」、ニクソンはこう述べた、「しかし、汗して働く大衆の生活を本当に改善した洗濯機のようなテクノロジーをつくったのはまさに資本主義なのです」、と。もう一点は、宇宙競争である。いずれの場合も、イニシアチヴは実際にはソ連邦が握っていた。アメリカ人にとって、このことを想起するのはむずかしい。というのも、冷戦の終結とともに、ソヴィエト連邦の大衆的イメージは、おそるべきライバルから惨憺たるポンコツ《バスケット・ケース》──「たんにうまく機能しなかった」社会の典型例──へと、またたくまに切り替わったからである。一九五〇年代には、合衆国のプランナーの多数は、ソヴィエトの体制はじぶんたちよりはるかにうまくいっているのではないかという不安を感じながら働いていた。アメリカ合衆国が不況の泥沼であえいでいる最中に、ソヴィエト連邦は、年率一〇パーセントか一二パーセントというほとんど前代未聞の経済成長をつづけていたことを、かれらが鮮明に記憶していたのはまちがいない。その達成の直後につづいたのが、ヒトラーを打倒した巨大な戦車軍の生産であり、いうまでもなく、一九五七年のスプートニクの打ち上げであった。一九六一年には、世界初の有人宇宙船であるボストークが打ち上げられる。フルシチョフがニクソンに、ソヴィエトの生活水準は、七年のうちにアメリカのそれを追い越すだろうと請け合ったとき、多くのアメリカ人はたぶんかれは正しいであろうとおそれたのである。

しばしばいわれるように、アポロの月着陸は、ソヴィエト共産主義の最大の歴史的達成であった。ソヴィエト連邦政治局の宇宙への野心がなければ、アメリカ合衆国が、そうした偉業を達成することはありえなかったことは確実である。「ところが」このような表現でさえ、いささかギョッとさせる。「宇宙への野心?」。ソ連政治局を、想像力に欠けた灰色の官僚たちの一団と、わたしたちは、ふつうみなしている。だが、たしかにソヴィエト連邦が灰色の官僚たちによって運営されていた一方で、かれらは、最初から、仰天の夢想を大胆に夢見た官僚たちでもあった(世界革命の夢想は、そのうちの最初のひとつにすぎない)。かれらの壮大なプロジェクトのほとんど——大河の流れを変えるとかそのたぐいの——は、エコロジー的あるいは社会的な災厄を惹き起こした。あるいは、一〇〇階からなるスターリンによるソヴィエト宮殿——二〇階建てからなるレーニン像を頂点に飾られるはずだった——の計画は、工事の着手すらままならなかった。[†2]そして、ソヴィエトの宇宙開発計画は、その最初のいくつかの成功のあと、ほとんどの計画が、白紙に返されたままであった。しかし、ソヴィエトの指導者たちは、新規の計画を考案しつづけるのをやめることはなかったのである。アメリカ合衆国が、その最後の——それ自体は失敗したが——大計画であるスターウォーズを試行していた一九八〇年代においてすら、ソヴィエトはいまだテクノロジーの創造的利用を通した世界の変革の構想や計画をやめていないのである。ロシアの外ではいまや、こうした計画の大部分が忘れられている。だが、莫大な資源が注がれた計画のほとんどが平和的な性格のものであり、ソヴィエト連邦を撃沈するために設計された純粋に軍事的プロジェクトであったスターウォーズ計画とは、そこが異なっている。たとえば、スピルリナといわれる食用真正細菌を湖や海から収穫することで世界の飢餓の問題を解決しようとか、数百に及ぶ巨大な太陽光発電機を打ち上げ、軌道に乗せ、そこからえられる電気を地球に送るという、息を呑むような計画によってエネルギー問題を解決しようとか。[*14]

サイエンス・フィクションの黄金時代ですら、アメリカ合衆国とソヴィエト連邦で、同時に迎えている。その頂点は、一九五〇年代と六〇年代であり、現代の八才児であればだれもが覚えるようになる（ちょうど吸血鬼退治に一番役立つのが、にんにく、十字架、杭、日光であることを、覚えるのとおなじぐらい確実に）標準的な未来の発明物の一群――フォース・フィールド、トラクター・ビーム、ワープ・ドライヴ――が、そこではじめて登場した。あるいは、アメリカ神話の精髄、『スタートレック』を考えてみよう。[*15] 高邁な理想、厳格な軍隊的規律、そして階級的差異と多党制的民主主義の存在を示唆するもののあきらかな欠如――このような性格をもつ惑星連邦とは、実のところは、もっと寛容で、もっとおもいやりのあるソヴィエト連邦、そしてなにもりも、本当に「うまく機能する」ソヴィエト連邦といった、アメリカ化されたヴィジョンにほかならないのではないか？[*16]

とりわけ『スタートレック』にかんして眼を惹くのは、民主主義を示唆するものが存在しないというのみならず、その不在にだれもが気づいていないようにみえることである。『スタートレック』の宇宙は、際限なく精巧なものになっていった、つまり、多くのシリーズ、映画、書

†2　スターリン時代のモスクワで、クレムリンの近くのモスクワ川に面した土地に計画された建築計画。救世主ハリストス大聖堂を爆破解体した跡地に、会議場などが入る世界最大のビルが建設される予定だった。バベルの塔や天へのはしごをおもわせる装飾的かつ権威的な外観で、頂上に高さ一〇〇メートルのレーニン像を掲げた四一五メートルの世界一の超高層ビルといったものであった。

籍、コミック、はては事典まで、そして数十年にわたるあらゆる種類のファンによる創作によって、精巧なものになっていったわけだが、それを考えるならば、連邦の政治機構への問いが、なんにせよわき起こるべきであった。もし、それが問われたとしても、連邦が民主主義体制では**ない**といえるような具体的要素もなかっただろう。それゆえ、連邦には選挙された大統領がいるか議会があるといった、あとづけの二、三の要素が、公式に導入されたのである。しかし、これは意味がない。真の民主主義的生活を示すものは、ドラマのなかではまったく存在しないのだから。どの登場人物も、選挙、政党、大きな争点、世論調査、スローガン、人民投票、抗議行動、あるいは選挙運動などについて、ちらりとふれもしない。そもそも連邦の「民主主義」は、政党システム上で運営されているのだろうか？　そうだとして、政党はどのようなものだろうか？　政党はどのような哲学、あるいは、どのような有権者を主要に代表しているのだろうか？　七二六話のエピソードで、わずかの手がかりも与えられないのだ。[*17]

こういう反論もあるかもしれない。登場人物自身は宇宙艦隊の構成員なのだし、かれらの属しているのは軍隊なのだ、と。なるほど、たしかに。だが、真の民主主義社会においては、あるいは、アメリカ合衆国のような立憲主義的共和体制においてすら、陸海軍人たちは、あらゆる種類のことがらについて折りにつけ政治的意見を表明している。［ところが］宇宙艦隊の人間が、「こんなバカげた拡張主義者どもに投票したことは、オレはないよ。みろよ、連中のおかげで、セクター5［クリンゴン中立地帯に近い惑星連邦の領域］は大混乱じゃないか」とか「学生だったとき、Cクラス惑星のテラフォーミング［惑星地球化計画］を禁止する運動をやっていたんだけどさ、いまじゃぼくたちが正しかったのかよくわからないな」などと、発言しているところは決してみられない。政治的問題が生じるとき、そして実際、しばしば生じるのだが、事態への対応のために送られてくる人物たちは、例外なく、官僚であり、外交官であり、公務員である。『スタートレック』の登場人物たちは、いつも官僚たちには不平をもらしてやまない。［ところが］政治家について、不平をもらしたことはない。政治的問題への取り組みはつねに、行政的手段によってのみおこなわれるのである。[*18]

しかしながら、これが、ある形態の国家社会主義のもとで想定される事態そのものであることはいうまでもない。わたしたちは忘れがちだが、そうした体制もまた、例外なく民主主義を自称していたのである。公式的には、スターリン体制下のソヴィエト連邦は、当時のヨーロッパの議会体制よりはるかに民主的である統制をそなえた模範的政体であることを誇っていた。惑星連邦とおなじように、これのどれも、現実の生活実態とはなんの関係もなかったのである。

それゆえ、惑星連邦とは、完全で絶対的である、壮大な成功を達成したレーニン主義なのである。秘密警察も、再教育キャンプも、見せもの裁判も、物質的豊かさとイデオロギー的順応性《コンフォーミティ》とが幸福にむすびついているから必要ではない。そのため、その社会はいまや、まったく自動的に運営できているのである。

惑星連邦の政治機構については、だれもさして気にかけていないようにおもわれるが、他方、その経済システムは、一九八〇年代からこのかた、はてしのない詮索と討議の的である。『スタートレック』の登場人物たちは、あきらかにコミュニズムの体制のもとに暮らしている。社会的階級は根絶されているし、人種、ジェンダー、エスニック的出自による分割もまた根絶されている。[*19] かつての貨幣の存在そのものが、異様であり、いささか滑稽でもある過去の骨董品とみなされている。道具、武器も単純労働は自動化されているために、存在しない。床は放っておいてもきれいになるし、食料品、衣服、道具、武器も、エネルギーを使うだけで、意のままに、たちまちあらわれる。エネルギー使用にすら、大きな制約があるようにはみえない。この種のこと［設定にまつわる］はいらいらの種となったが、一九八〇年代終わりから一九九〇年代はじめにかけて、それがかきたてた未来の経済についての論議の政治史を書いてみるのもおもしろいだろう。わたしはよくおぼえているが、映画監督のマイケル・ムーアが、『ザ・ネーション』誌の編集者との論争のなかで、ふつうの労働者階級のアメリカ人は、主流の「プログレッシヴ」左派の面々よりも反資本主義的政治にもはるかに親和的であると主張したことがある。またちょうどそのころ、インターネット上で保守派やリバタリアンたちもまたこれに気づき、ニュースグループやそれ以外の電子フォーラムで、『スタートレック』は左翼のプロパガンダとさかんに騒ぎはじめた。[*20] ところが、突如として、貨幣が完全には消えていないということを、わたしたちは知らされた。ラティナムがあったのである。しかしながら、それを取引する人びとは、ユダヤ人についての中世キリスト教のステレオタイプ――この場合、強調されるのは鼻ではなく耳なのだが――をほとんど正確になぞったような、不愉快な人物たちであった（おもしろいことに、かれらはフェレンギ人という名を与えられている。実際にそれは「白い人間を困惑させること」に対するアラブとヒンドゥーの言葉である）[*21]。その一方、惑星連邦がコミュニズムを推進しているといった見解は、敵対的文明であるボーグの導入でやわらげられた。ボーグは、高度にコミュニズム的で、そこでは個性といったものが完全に消滅しており、それが吸収するいかなる感情的生命体も、おそるべき蜂の巣のごとき精神体に同化してしまうのである。

一九六八年の月面着陸の時点までに、アメリカ合衆国の計画者たちは、もはや競争を重大なものとは考えていなかった。ソヴィエトは宇宙競争に負けたのであり、その結果、アメリカは調査や開発の現実の方向を転換させて、火星基地やロボット工場につながるであろうあれこれ――そこにコミュニズムのユートピアの技術的基盤となりうることがら、ものがふくまれているのはいうまでもない――からは撤退することができた。

標準的な見解にしたがえば、もちろん、この重点の移動は、端的に、市場の勝利の帰結である。アポロ計画は、まさに大きな政府のプロジェクトそのものであった。巨大な国家の努力を必要とし、それがおなじく巨大な政府の官僚制によって調整されるといった意味で、ソヴィエトに触発されたものであった。このお話しはこうつづく。ソヴィエトの脅威がうまい具合に視界から消えるや、資本主義は、ようやく自由に、その正常で脱中心化された自由市場の要請にもっと沿った、テクノロジー的発展の路線に回帰したのである、と。タッチパッド式携帯電話のような市場向き製品の研究開発への民間資金の投入とか、ベンチャー小プロジェクトなどのように、トフラーやギルダーといった人物たちが、一九七〇年代の終わりから八〇年代のはじめにむかいはじめた路線がまさにこれだ。しかしそれはあきらかにまちがっている。

なによりまず、民間セクターでおこなわれた真にイノベーティヴである研究の総量は、ベル研究所をはじめとする一九五〇年代、六〇年代の企業研究部門の全盛期以来、実際には減少しつづけている。その理由のひとつは、課税の仕組みの変化である。電話会社はその利潤の多大なる部分を自発的に研究に投資していたが、それは、利潤への課税がきわめて高額であったためである――自社の労働者（忠誠を買うことができる）と研究（つまるところカネ儲けよりはモノづくりこそ企業の努め、という古い考えにいまだとらわれた会社にとっては筋の通ったものだった）とにカネをつぎこむのと、そのおなじカネをたんに政府にもっていかれるのとでは、どちらがマシか、を考えればよい。序章で述べたような一九七〇年代と八〇年代におけるもろもろの変化のあと、これらのすべてが変貌を遂げた。法人税は切り下げられた。いまや、経営者たちはますますストックオプションというかたちで報酬を受け取っているが、かれらは、利潤を投資家たちへの配当として支払いにあてるだけではなく、昇給、雇用、研究予算にもふりむけうるカネを、株式を買戻して、経営者たちのポートフォリオの価値を上げるため――生産性の上昇には寄与しない

――に使用しはじめたのである。いいかえれば、減税や金融改革は、その提唱者たちがいうところとは、まったく真逆の効果しかもたらさなかったのだ。

それと同時に、アメリカ合衆国政府は大規模な国家統制によるテクノロジー開発のスキームを決して手放さなかった。それはたんに、宇宙開発のような文民プロジェクトから軍事研究に大幅に重点を移したにすぎなかった――壮大なソヴィエト規模のプロジェクトのレーガン版であるスターウォーズのみならず、とことん多種多様な武器開発のプロジェクトであり、コミュニケーションや監視テクノロジー、それと類似の「セキュリティ関連」の事業。ある程度までは、これは目新しい事態ではなかった。ミサイル研究だけでも、そこにつぎこまれた予算は、宇宙開発プログラムに割り当てられた相対的に小規模の予算をつねに凌駕していたのだから。しかし、一九七〇年代ごろには、基礎研究の大部分ですら、実質的に軍事的なものの優先性にしたがっておこなわれるようになっていた。ロボット工場がいまだ存在しない最大の直接的理由は、ここ数十年にわたって、ロボット工学の研究予算の約九五パーセントが、ペンタゴンを通して配分されていることにある。ペンタゴンの関心は、当然のことながら、完全オートメーション化されたボーキサイト鉱山やロボット庭師よりも、無人ドローンの開発につながりうるような発見の方にむいている。

こうした軍事プロジェクトは、民生転用をもたらしはする。インターネットは、その一例である。しかし、それらにしても、［さまざまな方向にありえた］発展がきわめて特殊な方向に誘導された、その結果なのである。

もっと暗澹たる可能性を示唆することもできるだろう。研究開発R&Dの情報テクノロジーや医療への重点移動ですらも、市場にしたがって消費者の要請に方向を変えたというよりも、ソヴィエト連邦をテクノロジー的に退けたのにつづいて、世界レベルでの階級闘争において完全勝利を達成しようとの、徹底した取り組みの一環であるということもいえるだろう。すなわち、海外に合衆国の絶対的な軍事支配を押しつけるのみならず、自国で社会運動を完全敗北に追い込むという取り組みである。新規にあらわれたテクノロジーの性格は、ほとんどすべて、監視、労働規律、そして社会的統制にもっとも適したものだった。コンピュータは、自由《フリーダム》のある種の空間を拓いたし、わたしたちはそれをたえずおもい知らされてもいるが、それが活用されるやり方は、アビー・ホフマンやギィ・ドゥボールが想像した労働なきユートピアにみちびいてくれるどころか、正反対の結果をもたらしてきた。情報テクノロジーが可能にした資本の金融化は、労働者をさらに負債の泥沼にひきずりこんできた。それと同時に、雇用者たちには、あたらしい「フレキシブル」な労働体制の形成を可能にしてきた。それによって、伝統的な雇用の安定性は突き崩され、人口のほとんどすべての階層の総労働時間は大幅に上昇してきたのである。伝統的な工場労働が輸出されるにつれ、組合運動は敗北し、かくして見込みのある労働者階級の政治のいかなる可能性も解体された。[*22] 医療や生命科学の研究への前代未聞の投資にもかかわらず、わたしたたちはいまだ癌の治療法とかあるいはふつうの風邪の治療法ですらも待ちわびている。一方、この間、もっとも目立った医療上のブレイクスルーといえば、プロザック、セルトロリン［抗うつ剤の一種］、ないしリタリン［精神刺激薬］のような薬物である――いわば、こうした［「フレキシブル」な労働体制のもとの］あたらしい職業上の要求が、社会生活不能なまでにわたしたちを狂わせてしまわないよう、特別にあつらえられた《テーラーメード》品々である。

ネオリベラリズムの墓碑銘を歴史学者たちが書き記すとして、経済的要求に対して政治的要求を体系的に優先させた形態の資本主義であった、という結論は避けられまい。すなわち、資本主義が唯一可能な経済システムであるような**みせかけ**を形成するであろう行動様式と、資本主義をより活力のある長期的経済システムとしての**存在**にしようとする行動様式のあいだの選択肢を前にして、ネオリベラリズムはつねに前者を選んできたのである。雇用の安定性を突き崩しながら労働時間を上昇させるといったやり方が、より生産力ある（いわんや、イノベーティヴであったり、献身的であったりする）労働力を形成するであろうか？　実状はこの正反対といってよいだろう。純粋に経済的観点からすれば、労働市場のネオリベラル改革の帰結は、ほとんど確実にネガティヴなものである。一九八〇年代と九〇年代の、世界のほとんどあらゆる地域での、経済成長率の全般的な低率が、この印象を高める傾向にある。ところが、労働を脱政治化することにかけては、それはめざましい成功を収めてきたのである。軍隊、警察、民間セキュリティ・サーヴィスの急成長についても、おなじことがいえる。それらはまったく不生産的である。つまり、資源の浪費以外のなにものでもない。資本主義のイデオロギー的勝利を保障するべく形成された装置の重量それ自体が、みずからの重みで当の資本主義を沈没させてしまうかもしれない。それも十分にありうるのだ。しかし、労せずしてわかるように、これらの装置は、まちがいなくネオリベラルのプロジェクトの重要な一部なのである。世界を支配する者たちの究極の要請が、いまあるものとは根本的に異なるであろう避けがたい救済的な未来への感覚の可能性を窒息させることにある、とするならば。

アンチテーゼ

とはいえ、莫大な資金をえている科学やテクノロジーの領域すらも、もともと期待されていたブレイクスルーをみていない。

ここで、パズルのピースはぴったりとはまったようにみえるかもしれない。一九六〇年代までに保守的な政治諸勢力は、テクノロジー的進化のもたらす社会的な攪乱——かれらはそれをこの時代の社会的騒乱のせいにした——に、おじけづくようになり、雇用主たちも、機械化の経済的インパクトについて気をもみはじめた。ソヴィエトの脅威の消滅によって、既存の社会的・経済的体制にはあまり影響を及ぼさないようなやり方での資源の大規模な再配分が可能になった。そして、その資源は最終的には、一九四〇年代以来の進歩的社会運動の獲得物を完全にひっくり返しながら、合衆国エリートが実際にいうところのグローバルな階級戦争における決定的勝利を達成するための戦略の支えとなりうる領域につぎ込まれたのである。この優先度の変化は、大きな政府のプロジェクトからの撤退と市場への回帰として提示されたが、実際には、政府によって指揮された研究の方向性における変化の一環である。つまり、NASA——あるいはたとえばオルタナティヴなエネルギー資源——のようなプロジェクトから、軍事、情報、医療テクノロジーにより重点をかけるといった変化である。

おもうに、以上の見解が妥当なのはあるところまで、である。すべてがこれで説明できるわけではないのである。なによりも、資金の集中した研究プロジェクトとなった領域においてすら、五〇年前に期待されていたような前進が達成されていないことの説明ができないのだ。もっとも明白な事例のみをとりあげてみよう。ロボット工学の九五パーセントが軍によって資金提供されてきたとするならば、なぜ眼から殺人光線を発射するクラトゥ［映画『地球の静止する日』（一九五一年、リメイクは二〇〇八年）に登場する異星人］の殺人ロボットのようなものの［登場する］気配すら存在しないのだろうか？　わたしたちは、その取り組みのおこなわれていることは、**知っている**のである。

あきらかに、軍事テクノロジーにおける進歩は存在する。わたしたち全員が冷戦を生き延びた主要な理由のひとつは、程度はどうあれ核爆弾［の開発］には喧伝されていた通り成功したのに、運搬システムは成功しなかったことにある。大陸間弾道ミサイルは、実際に、都市を爆撃することはできなかったのである。都市のなかの特定の目標ならなおさらである。この条件のもとでは、自覚的に世界を破壊しようとでもしないかぎり、核による先制攻撃などありえないことを意味していた。現代の巡航ミサイルは、それとは対照的に、まったく正確である。ところが、こうした誇大宣伝されている精密武器であっても、何百個もの爆撃をもってしても特定の個人(サダム、オサマ、カダフィ)を捕捉できているようにはみえない。ドローンは遠隔操作で動かされる模型飛行機にすぎない。光線銃はどのようなものであれ実現していない。取り組みがないからではない。ペンタゴンはそのために何十億ドルとつぎ込んでいるはずである。これまでのところ、もっともそれに接近したのはレーザー(一九五〇年代のテクノロジー)である。狙いが正確ならば、ビームをダイレクトに浴びた敵の射撃手の眼を眩《くら》ませることはできるかもしれない、という代物である。これ[このような攻撃]はフェアプレイに反しているというだけではない。かなり悲しむべきことなのだ。ひとを気絶させることのできるフェーザー銃は、登場の気配すらみえない。実際のはなし、歩兵隊による戦闘となると、二〇一一年においても、好まれる武器といえば、ほとんどどこであっても、AK-47——ソ連製で、最初に導入された一九四七年にちなんでその名が与えられた——のままなのである。*23

すでに述べたように、医療において一般的に期待されていたブレイクスルーについても、あるいは、(あえていえば?)コンピュータについてさえ、おなじことがいえる。インターネットはたしかに注目すべきものである。それでも、もし一九五〇年代のSFファンが現代にやってきて、ここ六〇年の一番すごいテクノロジーの発明がなにかを聞いて、失望以外の反応が返ってくるとは想像しがたい。世界のどこでも超高速でアクセスできる図書館と郵便局とメールオーダーのカタログの合体にすぎないものをきみたちはもてはやしているのか、と、こういった反応はほとんど避けがたい。「五〇年だぞ、これが最高の学者たちが頭を絞ってひねりだしたシロモノなのか？　われわれは本当に思考できるコンピュータを期待してたのに！」。

研究資金の諸水準総体が、一九七〇年代以来、劇的に上昇してきたという事実にもかかわらず、これが現実である。もちろん、企業部門からの資金投入の割合は、はるかにめざましい上昇をみせている。私企業はいまや、政府の二倍、研究に資金を提供している。しかし、全体としての上昇がきわめて大きいので、政府による研究資金の総量も、実質的なドル建てで、それまでよりもはるかに高額なのである。それでもまたもや、「基礎的」とか「好奇心にかられた」とか「青天井」とか形容される研究――直接の実際的応用によってみちびかれていない、それゆえ予期せざるブレイクスルーにいたりやすい種類の研究――は、資金全体のなかで、その割合をどんどん小さくしている。ところが、その一方で、いまでも大量のカネはつぎ込まれているため、基礎研究への資金総体のレベルとしては実は上昇しているのである。しかし誠実な評価者であれば、その結果が驚くほど貧しいことには、だれしも同意している。一〇〇年前、人類がなじんできた、そして予測もしてきた次々と継起する思考革命（conceptual revolutions）――遺伝子、相対性理論、精神分析、量子力学――のようなものが、もはやみられないのはたしかなのである。

なぜだろうか?

よくある説明のひとつは、資金提供者が基礎研究をおこなうとき、かれらはすべての卵をひとつの巨大なバスケット、近年の言葉を用いれば、いわゆる「ビッグ・サイエンス」に押し込める傾向があるというものである。しばしば例としてあげられるのが、ヒューマン・ゲノム・プロジェクトである。合衆国政府に主導されたこのプロジェクトは、約三〇億ドルを費やし、五大陸から数千人もの科学者とスタッフを雇用し、大いなる期待を惹き起こしたが、発見は以下のものにとどまった。人間の遺伝子配列がチンパンジーとほぼおなじであること、たとえば米の遺伝子配列よりはきわだって複雑度が**低い**こと、それらから直接の実際的応用のために学ぶことのできることはきわめて小さいようであること。さらにいえば——そしてわたしはこれが本当の鍵であるとおもうが——そうしたプロジェクトをかこむ誇大広告と政治的投資は、いまや基礎研究ですら、政治的、行政的、マーケティング的要請にしたがって動かされている、その度合い「の高さ」を示しており、そのことがますます、革命的な出来事をなにひとつ起きなくさせているようにおもわれるのである。

ところで、シリコンバレーやインターネットの神話的起源に抱かれている幻惑は、実際に生じている事態をみえなくしてきた、と、わたしは考えている。その幻惑によって、研究や開発は、いまや活力ある起業家たちの小チームや、オープンソースのソフトウェアを創造しているある種の脱中心化した協働によって主要には推進されているのだ、と、ひとは想像してしまうのである。

だが、そうではない。そうした協働は、たんに、もっとも成果を生み出しそうな研究チームであるというにすぎない。いずれにしても、研究の動いている方向はそれとは反対である。それはいまだ、巨大な官僚制的プロジェクトによって推進されている。変化したものは官僚制の文化である。政府、大学、私企業の相互浸透がすすむにつれて、企業世界に起源をもつ言語、感性、組織形態が、すべての部門にわたって採用されるにいたったのである。このことは、直接市場向け製品の開発の速度をいくぶんかは上昇させるのに役立った――企業官僚制の任務として目されていたのがこれだ――とはいえ、もともとの研究を促進させるという観点からは、その結果は破局的なものであった。

ここでわたしは、経験から話をすることができる。わたし自身の知識の大部分は、アメリカ合衆国とイギリスの双方の大学から引き出されたものである。両国ともに、ここ三〇年、管理運営上のペーパーワークに費される労働時間の割合は、それ以外のほとんどすべての時間を犠牲にしながら、文字通りの爆発的上昇をみた。わたし自身の大学でも、たとえば、教員よりも事務職員の数が多いというだけではない。教員もまた、教育と研究とを合わせた時間と、少なくとも同程度の時間を、管理運営業務につぎ込むよう求められている。このことは、多かれ少なかれ、大学において世界的規模で進行している事態である。[*24] ペーパーワークの爆発的上昇は企業マネジメント技術の導入の直接の帰結である。あらゆるレベルへの競争の導入によって効率を高めるという口実で、それは正当化されている。［ところが］こうしたマネジメント技術が実際になにをもたらしているのか。補助金申請、書籍の企画書、学生の奨学金や助成金申請の推薦書、同僚の評価、新規の学際的専攻や制度の設立趣意書、カンファレンスのワークショップ、そして大学自体などなどを、たがいに売り込むために、だれもがじぶんの時間のほとんどを四苦八苦しながらつぎ込んでいるといった事態である。大学それ自体もいまや、将来の学生や出資者に売り込むためのブランドと化している。こうして、マーケティングとPRが、大学生活のあらゆる側面を吸収しつつあるのである。

その結果、想像力や創造性の実現を芽のうちにつむことをめざしているとしかおもえない環境のもとで、「想像力」とか「創造性」を高めることを唱う大量の書類が積み上がる、といった光景があらわれた。わたしは科学者ではない。社会理論を専門としている。しかし、わたしは、じぶん自身の研究のフィールドで、その帰結を観察してきている。アメリカ合衆国では、この三〇年間、社会理論においてあたらしい大きな業績はあらわれていない。そのかわり、わたしたちの大多数は、いまや中世のスコラ学者のようなものである。もしジル・ドゥルーズやミシェル・フーコー、あるいはピエール・ブルデューの生まれ変わりが現代の合衆国の大学世界にあらわれたら、かれらは大学院すらうまく修了できないだろうし、もしそれができたとしてもテニュアにかんしてはほとんど確実に拒否されるであろう。うすうすそれをわかっていて罪の意識を感じながらも、わたしたちの大部分がスコラ学者よろしく、一九七〇年代以来のフレンチ・セオリーに、いつはてるともない注釈を施しているわけである。*25

アカデミアが、変わり者《エキセントリック》、図抜けた頭脳《ブリリアント》、浮世離れ《インプラクティカル》のための、社会のなかの避難所であった時代が存在した。もはやそうではない。そこはいまや、プロのじぶん売り込み人《セルフマーケッター》の領域である。変わり者、図抜けた頭脳、浮世離れにとって、いまや社会のなかには、いっさいの居場所がない。いまだたいてい最小の経費で個人によって研究のおこなわれる社会科学の領域においてすらそうなのだから、物理学者にとって状況がどのように劣悪なものであるか、想像するしかない。実際、ある物理学者は、諸科学の分野に進路を考えている学生に次のような警告を発している。だれか別の人間の小間使いとしてたいてい十年ほど疲弊したあと、ようやく脱出したとおもったら、今度はじぶんの一番のアイデアにあらゆる方向からケチをつけられると覚悟したまえ、と。

きみは、研究よりも［助成金の］申請書を書くことに、多くの時間を割くことになるだろう。もっと悪いことに、その申請書を審査するのはきみの競争相手だから、きみはじぶんの関心のままにすすむことはできず、きみの努力と才能を、重要な科学的諸問題を解決するよりは、批判を予測しかわすことについやさなければならない……オリジナルなアイデアあるところ申請書は却下される、これが鉄則なのだ。なんとなれば、そんなアイデアはまだうまく使える《ワークする》かどうか判明していないから、だ。[*26]

なぜいまだ転送装置とか反重力シューズとかが実現していないかという問いに、これがおおよそ答えてくれている。もし、あなたが科学的創造性を最大化させたいならば、図抜けた頭脳を探し出し、その頭のなかにあるアイデアを追求するのに必要な資源を与え、それからしばらく放っておく、というのが常識の命ずるところだ。大方、たぶん、なにも成果があがらないだろう。だが、ひとつかふたつ、なにかまったく予期されなかった発見があがるということもありうる。もし、あなたが予期せざるブレイクスルーの可能性をほとんど壊滅させたい「最小化させたい」と望むなら、このおなじ人間たちに、次のようにいえばよい。たがいに競争しながら、きみたちが達成するであろう発見が確実であることを、わたしに説得したまえ、そのための時間はおしむな、さもなくば資金の獲得は望めまい、と。[*27]

およそ、これがいまのシステムである。[*28]

自然科学においては、経営管理主義（managerialism）の専制に、忍びよる研究結果の私有化がつけ加わるだろう。イギリスの経済学者であるデイヴィッド・ハーヴィーが最近、述べているように、「オープンソース」での研究は、決して目新しいものではない。学者による研究は、研究者たちが資料や研究結果を共有するという意味では、つねにオープンソースであった。なるほど、たしかに競争はある。しかしそれは、かれが巧みに表現しているように、「共生的《コンヴィヴィアル》」なものである。

共生的な競争では、わたし（ないしわたしのチーム）は、特定の推論の証明や、特定の現象の説明、特定の種、星、粒子の発見においての第一人者になりたいと望む。それはちょうど、競争相手である友人と自転車競争で競い合うのと変わるところはない。しかし、共生的な競争では、ライバルの研究者（ないし研究チーム）が、予備調査結果や技術の経験などを共有するであろうことは、当然とされる。もちろん、書物、論文、コンピュータソフトウェアを通してアクセス可能であったり、他の科学者との対話で直接にアクセスできる共有された知は、知的コモンズを形成する。[*29]

このことがもはや、企業部門で働く科学者たちにはあてはまらないことはあきらかである。かれらの調査結果はがっちりとガードされている。アカデミーや研究施設それ自身の内部への企業エートスの浸透によって、公的な資金を獲得している研究者にすら、みずからの調査結果を個人資産のように扱うがごとき態度がますます拡大している。公刊物は減少している。公刊**されている**調査結果がどんどんアクセス困難なものになって知的コモンズの囲い込みがさらに促進される、そのような動きに大学出版局も追随している。その結果、共生的でオープンソースの競争は、古典的な市場競争にはるかに類似したものに、ますます横滑りをしているのである。

私有化《プライバタイゼーション》［民営化］の形態にはあらゆる種類のものがある。大企業が、その経済効果へのおそれから、不都合な発見を単純に買い上げ、封殺してしまうといった事例にいたるまで。[*30]こうしたことは、どれもよく知られている。それとは別に、より淫靡なやり口もある。すなわち、とりわけ即時的な成果の見込みがないとき、わずかでも冒険的だったり突飛だったりするようなないごとにもその実行の阻止をくわだてる、経営管理的エートスのありようである。奇妙なことに、インターネットもここでは厄介の種となりうる。

企業や大学で働くほとんどの人間が、次のようなことを経験してきた。多数のエンジニアがひとつの部屋に集まって、たがいにアイデアをぶつけあう。ディスカッションから、見込みのあるようにみえるあたらしいコンセプトがあらわれる。次に、隅っこのラップトップパソコンをもった人物が、グーグル検索をかけ、その「あたらしい」アイデアは、実際にはすでにある、と告げる。それは──あるいは少なくとも類似の──すでに試されたあとなのである。失敗したか、成功したかはともかくも。それが失敗したとなれば、じぶんの職を失いたくなければ、もう一度トライしようとする経営者などいないだろう。もし成功したとなれば、それはパテントずみであり、市場への参入はありえないとなるだろう。というのも、それを最初におもいついた人間たちが「先行者利益（first-mover advantage）」を獲得するだろうし、「参入障壁」を設けているだろうからである。このようにしてつぶされた、見込みのあるようにみえたアイデアは星の数ほどもあるだろう。*31

もっとつづけることもできるが、読者はもうおわかりだろう。臆病な官僚主義的精神が、知的生活のあらゆる領域に浸透してきたのである。たいてい、それは、創造性、イニシアチヴ、起業精神《アントレプレナーイズム》といった言葉で飾られている。しかし、これらの言葉は無意味である。あたらしいコンセプト上のブレイクスルーを達成しそうな可能性のもっとも高い研究者は、資金を獲得する見込みのもっとも低い人たちである。もしこうした状況にもかかわらずブレイクスルーが起きたとしても、そのうちにひそむもっとも大胆な含意をひきだしながらそれにつづこうとする者があらわれないことは、ほとんど確実である。

序章で素描を試みた歴史的文脈について立ち返って、もっと詳細にみてみよう。

イタリアの政治経済学者であるジョヴァンニ・アリギは、南海泡沫事件のあと、ブリテンの資本主義は、おおよそ企業形態を放棄したとみている。産業革命以降にあらわれた、高度の金融と小規模の同族会社の結合は、次の世紀［一九世紀］を通して、もちこたえつづけた――科学的・技術的イノベーションの最高潮の時代であるマルクスのロンドン、あるいはマンチェスター、あるいはバーミンガムは、大規模コングロマリットではなく、主要には単一の工場を所有する資本家たちによって支配されていた（マルクスが資本主義の特徴を、生きるか死ぬかの不断の競争とみなしたのはこのためである）。当時のイギリスはまた、現代アメリカであればとてもゆるしてもらえない奇人変人のたぐいにも寛大であることで悪名高かった。よくあるひとつの手は、「こういう人間が」田舎の教区牧師に就くのを大目に見ることであって、予想通り、かれらはアマチュアの科学的発明家の主要な源泉のひとつになったのである。[*32]

すでに述べたように、現代の官僚的企業資本主義が最初に登場したのは、アメリカ合衆国とドイツであった。この競合国が争ったふたつの大戦は、原子爆弾開発の先行をめぐって政府に支援された巨大科学プログラムにおいて頂点に達した。実際には、合衆国の大学の機構ですら、つねにプロシア・モデルに基盤をおいていた。なるほど、この時代、合衆国とドイツは、なんとかして創造的な奇人変人《エキセントリック》を養成する方法を模索していた。実際、アメリカにたどりついたもっとも名高い奇人変人《エキセントリック》たちのうちの驚くほどの数が、ドイツ人なのである（アルバート・アインシュタインはその典型例である）。戦時中、事態がきびしいものであったとき、マンハッタン・プロジェクトのような巨大政府プロジェクトは、いまだ、たくさんの数の風変わりな人物たちを招き入れることができた（オッペンハイマー、ファインマン、［クラウス、］フックス……）。しかし、アメリカの勢力がますます安泰になるにつれて、この国の官僚制は、ますます規格外のものへの寛容を失っていった。かくして、技術的創造性も衰弱したのである。

現在の停滞の時代は、一九四五年以降にはじまったようにおもわれる。まさに、アメリカ合衆国が、世界経済の組織者として、最終的かつ決定的に、イギリスにとってかわったときである。[*33]なるほど、合衆国による宇宙開発プログラムの初期――この時期もまたパニックの時代［赤狩りなど］であるが――いまだ、NASAのジェット推進研究所の創設者ジャック・パーソンズのようなホンモノの奇人変人にも、まだ居場所があった。パーソンズはたんにすぐれたエンジニアであっただけではない。かれはまた、アレイスター・クロウリー[†3]の伝統に属するセレマの魔術師でもあり、カリフォルニアの自宅で定期的に儀式的乱行《オージー》をもよおすことでも知られてもいた。パーソンズは、ロケット工学は、究極的には、より深遠なる魔術的原理の表現のひとつにすぎないと信じていた。しかし、かれは最終的には解雇される。*34 冷戦における合衆国の勝利によって、既存の大学や科学官僚たちの徹底した企業化が保証されたため、かれのような人間はそもそも権威ある立場に近寄ることさえもできなくなったのである。

アメリカ人は自国が官僚制の国であるとみなすことを好まない――自己認識ではまったくその正反対なのである――のだが、官僚制を政府機関に限定された現象と考えるのをやめたとたん、まさにこの国の帰趨がそこ［官僚制国家の強化］にむかってきたことがはっきりとする。現実には、ソ連に対する最終的勝利が「市場」の支配へとみちびいた、などということはない。その勝利はたんに、根本的に保守的である経営者エリート（managerial elite）、すなわち、短期的で競争力ある実利的発想を口実に、革命的な可能性をはらむものすべてを剥奪する企業官僚の支配を強化しただけなのである。

---

†3　Aleister Crowley（一八七五―一九四七）。イギリスの神秘思想家でありオカルト実践者。セレマとは自著〝法の書〟を聖典とする宗教であり哲学。みずから教団を設立し、性的放縦や麻薬吸引を実践した。

ジンテーゼ

詩的テクノロジー（Poetic Technologies）から官僚制的テクノロジー（Bureaucratic Technologies）への移行について

これまで発明されてきたすべての労働節約型の機械装置は、たったひとりの人間の労苦でさえ減らすことはなかった（ジョン・スチュアート・ミル）。

わたしたちのこの社会は深刻なまでの官僚制社会である、というのが本書の前提である。わたしたちがそれに気づくことがないとしたら、その大部分の理由は、官僚制的実践や要請があまりに全面的に浸透してきたために、わたしたちがそれをほとんど認知できない――あるいはさらに悪いことに、別のやり方でことをなす方法を想像すらできない――点にある。

このような状況のあらゆる側面において、コンピュータが重要な役割をはたしている。一八世紀、一九世紀における新しい形態の工場オートメーションの発明が、世界の人口をますますフルタイムの産業労働者に転換させる、という逆説的効果をもったように、ここ数十年の、行政責任［経営管理責任］からわたしたちを解放するよう設計されたすべてのソフトウェアが、究極的に、わたしたちのすべてをパートタイムないしフルタイムの行政官に転換してきた。大学教員たちは、助成金のやりくりにますます多くの時間を割くのは仕方がないと感じているようにみえるが、それとおなじように、子をもつ親たちも、子どもたちを受け入れ校に入学させるため、毎年数週間をかけて四〇頁ものオンライン書類を作成せねばならないことを、端的に受け入れている。お店の店員たちも、睡眠以外の時間をますます削りながら、複数の銀行やクレジットの口座にアクセスし操作するため携帯電話にパスワードを記入しなければならないことを了解している。それにほとんどだれもが、かつては旅行会社や仲介業者、会計士にまかせていた仕事をじぶんでやらねばならないこともわかっている。

かつて、だれかが計算してみせたことがある。それによれば、平均的アメリカ人は、信号の待ち時間に、じぶんの人生の時間を、累計して六カ月は費すことになるというのである。書類作成につぎ込むであろう時間が、それとおなじぐらいのものになるかどうかはわからないが、少なくとも、それぐらいはあるにちがいない。なにはともあれ、世界史のなかで、かくもペーパーワークに膨大な時間を注ぎ込んだ人間はいなかったとはいえるだろう。

しかし、以上のような事態が、ぞっとしない旧式の官僚主義的社会主義の崩壊と、自由と市場の勝利以後に起きていることも、理解されてはいるのだ。これが現代生活の大いなる逆説のひとつであることはまちがいない。テクノロジーのはたされざる約束についてと同様、この問題に取り組むことをわたしたちは根深く忌避しているようにみえるわけだが。

これらの問題がむすびついているのは確実である。根本的には、多くの点で同一の問題であるといえるだろう。あるいは、それはたんに、あらゆる形態の技術的ヴィジョンや創造性を封殺してきた、官僚制的あるいはより具体的にはマネジメント的感性の問題でもない。要するに、たえずおもい知らされているように、インターネットは、あらゆる種類の創造的ヴィジョンやコラボ的創意を解放してきたのである。［ところが］それが現実にもたらしてきたものは、目的と手段の一種の奇怪な反転である。つまり、そこでは、創造性が管理運営《アドミニストレーション》に奉仕すべく動員されるのであって、逆ではないのである。

わたしはこのことを次のように表現してみたい。この末期的で愚かしくなっていく資本主義の段階において、詩的テクノロジー（poetic technologies）から官僚制的テクノロジーへの移行が起きているのである、と。

わたしの考えでは、詩的テクノロジーとは、不可能であるような放縦な空想を実現させるための合理的・技術的・官僚制的手段の使用を意味している。この意味における詩的テクノロジーは、文明とおなじぐらい古い。複雑な機械装置に先立つとすらいえる。ルイス・マンフォードは、かつて、最初の複合機械は現実には人間によって構成されていたと論じた。エジプトのファラオたちがピラミッドを建設できたのは、ただかれらが管理運営手続きに精通していたがゆえである。そのためファラオたちは、複雑な作業を複数の単純作業に分割し、作業者のチームにその各々の作業を割り当てることで、レバーと斜面以上の複雑な機械的テクノロジーを欠いていたとしても、生産ラインの技術を発展させることができたのである。官僚制的監視は、小自作農の一群を巨大機械の歯車に転換させた。そのはるかのち物理的な歯車の発明されたあとでも、複合機械装置はつねに、ある程度はもともと人間を組織するために発展した原理を精緻にしたものであった。*35

しかしそれでも、ふたたびのくり返しになるが、こうした諸機械――それらの可動部品が、腕であろうと胴体であろうと、あるいはピストン、車輪、そしてバネであろうと——が、さもなくばありえない空想を実現するために動員されることもある。大聖堂の建設、月ロケットの打ち上げ、大陸間鉄道の敷設などなど、である。詩的テクノロジーが、ほとんど例外なく、なにがしかのおそろしい要素をはらんでいるのは、たしかである。つまり、詩《ポエトリー》は、恩恵を与えたり解放をもたらしたりするのと同程度、闇の悪魔の工場［産業革命によってイギリスに生まれた工場群］をも誘発するものなのだ。ところが合理的・官僚制的テクノロジーは、つねに特定の空想的目的に奉仕しているのである。

この観点からすれば、狂気のソ連の計画はすべて——実現しなかったとしても——そうした詩的テクノロジーが官僚制的テクノロジーの絶頂をしるしている。［ところが］いまわたしたちの現実は、［詩的テクノロジーに奉仕するという］その反転像である。だからといって、ヴィジョン、創造性、狂った空想が、もはや奨励されなくなったというわけではない。わたしたちの空想は漂うままにとどまっていて、空想が具体的ないし物理的なかたちをとりうる［実現しうる］といったふりすらだれもしないということなのである。そんななか、オープンソースのインターネットソフトウェア開発のような、自由で想像力ある創造性が実際に培養されている数少ない領域もある。ところが、それとても、究極的には、より多くのより効率的な書類作成のためのプラットフォームを作成するために動員されている。わたしのいう「官僚制的テクノロジー」とは、まさにこれである。すなわち、管理運営の要請が、手段ではなく、テクノロジーの発展の目的となる、ということである。その一方で、地球上にこれまで存在したなかで最大最強の国家が、この数十年をつぎ込んで、巨大事業をまじめに考えることはもはやできないのだと、市民にむかって説得してきた。たとえ、現在の環境危機のような地球の命運がそれにかかっていようとも、である。

それでは、この政治的ふくみはいかなるものであろうか?

なによりまず、資本主義の性格についてのわたしたちのもっとも基本的な想定のいくつかを、根本から再考する必要があるようにおもわれる。そのひとつは、資本主義とはいずれにせよ市場に等しく、それゆえ両者ともに国家の産物である官僚制とは敵対的である、という想定である。次に、資本主義はその本性からして技術的に進歩的である、という想定である。同時代の産業革命に手放しの礼讃をみせていたマルクスとエンゲルスも、この点については端的に誤っていた。より正確にいえば、工業生産の機械化が最終的に資本主義を解体させるだろうという点では、かれらは正しかったが、市場競争が工場所有者をして機械化を永続させるよう強いるであろうという予測においては誤っていた。その予測が誤っていたとしたら、理由はただひとつである。かれらの想定とは異なり、市場競争は、実は、資本主義の特性にとって本質的なものではなかったからである。なにはともあれ、競争の大多数が、疑似独占大企業の官僚制的機構内部での内部取引というかたちをとるようにみえる現代資本主義の形態は、かれらの眼には、まったくの驚きであろう。*36

資本主義の擁護者たちは、一般的に、次のような三つの大きな歴史的見方をもっている。第一に、資本主義は、急激な科学的・技術的発展を促進した、ということ。第二に、資本主義が莫大な富を一握りの少数者の手にどれほど集中させたとしても、それは万人にとってもその繁栄をもたらした、というもの。第三に、そうすることで資本主義は、より安定した民主主義的世界を形成した、というもの。二一世紀のいまの眼からすれば、資本主義がこれらのどの要素とも関係がないのはまったくあきらかである。事実、資本主義の主唱者たちですら、それをとくによいシステムであるとはますますいわなくなっている。そのかわり、資本主義は唯一の可能なシステムである――あるいは少なくとも、わたしたちのこの複雑でテクノロジー的に洗練された社会にとっては唯一の可能なシステムである――、といった主張に後退しているのである。

人類学者として、わたしはこのような議論に、始終、対応している。

疑う人：きみはじぶんのユートピアの夢を好きなように夢想すればいい。でもぼくは、現実にうまく作動する政治的ないし経済的システムの話をしてるんだ。それに、いまのこの世界が現実にただひとつの選択肢であることは、経験が語ってるだろう。

わたし：ぼくたちのこの、制限代表制政府――あるいは企業資本主義――という特殊な形態が唯一の可能な政治的あるいは経済的システムだって？　そんなことはないって、経験が語ってるよ。もし人類史をみるならば、何百いや何千という異なった政治的・経済的システムがあることがわかる。それらの多くは、ぼくらの社会とは、いっさい似てないよ。

疑う人：そりゃそうだろう。でもきみのいってるのは、単純で小規模な社会とか、単純なテクノロジー的基盤の社会じゃないか。ぼくのいってるのは、近代的で複雑でテクノロジー的に進歩した社会のことさ。だからきみの反例は、意味がないんだ。

わたし：ちょっと待って。テクノロジー的進歩が、ぼくらの社会的可能性を制約しているっていってるの？　ふつうはそれとは逆に考えられてるとおもうんだけど。

しかし、もしあなたがここで折れて、とても多様な経済システムがかつてはあっていまと変わらないほど活気あるものだったとしても、近代的産業テクノロジーはもはやそのような多様性のありえない単一の世界を形成してしまったのだ、と認めたとしよう。だとしても、ありうるどんな**未来**のテクノロジーの体制においても、それでもいまの経済体制が可能な唯一の体制であるなどと、いったいだれが本気で議論できるのだろうか？　そうした主張が不条理であることは自明である。そもそも、いったいどうやってわたしたちはそれを確証できるというのか？

なるほど、このような立場をとる人たちは、政治的スペクトラムのどちらの極にも存在する。人類学者でありアナキストとして、わたしは、現在の産業テクノロジーが帰着するところはただ資本主義的抑圧だけであるというのみならず、いかなる将来のテクノロジーもおなじように必然的に抑圧にいたるのだ、といった、「反文明論」タイプの主張に、きわめてひんぱんに遭遇する。この主張からすれば、ただ石器時代への回帰によってのみ人間の解放は達成できるとなる。わたしたちの大多数は、そうしたテクノロジー的決定論者ではない。だが、いまある資本主義の不可避性という主張も、根本的にはそれと同質のテクノロジー的決定論に基盤をおいている。しかるに、もしネオリベラル資本主義の究極の目標が、じぶん以外の経済システムが実際にうまくいくなどということはありえないということをだれもが信じるような世界を形成することにあるとしたら、必然的に到来する救済された未来といった考えのみならず、「いまあるものとは」根本的に異なったテクノロジーの未来といった考えもいっさい抑圧する必要がある。ここには一種の矛盾がある。「異なるテクノロジーの未来という考えは抑圧するにしても」テクノロジーの変化まで終焉を迎えた、と、信じ込ませようとしているわけではない。というのも、こういってしまうと、資本主義は現実に進歩的ではなかったということになるからだ。それがわたしたちを信じ込ませようとしているのは、テクノロジー的進歩は実際に継続しており、わたしたちは驚異の世界にあるということなのである。ところが、この驚異はというと、おおよそ地味な改良（最新のiPhone！）とか、ありそうな発明のうわさ（「空飛ぶ自動車が近いうちに本当に登場するらしいよ」[*37]）とか、より複雑精妙なる情報・イメージ操作法とか書類作成のフォーマットとかなのである。

ネオリベラル資本主義——それ以外のシステムもだが——が、これに永遠に成功することができるといいたいわけではない。第一に、技術的進化について、現実には抑止しているのに、邁進中であると世間を説得するのはむずかしい。地球温暖化に直面して腐食するインフラとマヒ状態をさらけだしている合衆国は、この点について、現時点できわめてまずい対応をおこなっている（中国が強化しているまさにそのときに有人宇宙開発プログラム放棄するという、その象徴的に壊滅的事態についてはいうまでもない）。第二に変化のペースを永遠に抑え込んだままにしておくことは端的に不可能であるという事実がある。せいぜい、減速することができるのみである。ブレイクスルーは起きるだろうし、不都合な発見を永遠に抑え込むことはできない。世界のなかでも官僚化の度合いのより低い——あるいは少なくとも創造的思考にそれほど敵対的ではない官僚制をともなった——地域では、ゆるやかだが、必然的に、アメリカ合衆国とその同盟国が見棄てたものを拾い上げるために必要な資源を蓄積していくだろう。インターネットは、協働《コラボレーション》や拡散《ディセミネーション》の機会を提供しているが、それは、最終的には、わたしたちのあいだの障壁をぶちこわす《ブレイクスルー》役に立つであろう。ブレイクスルーはどこからやってくるだろうか？　それを知ることはできない。この二、三年、この論考の最初のヴァージョンが公刊されて以来、あたらしい可能性が続出した。3Dプリンター、材料学における進歩、自動運転する自動車、新世代ロボット、その結果、ロボット工場や労働の終焉についてのあたらしい議論が多数起きている。物理学、生物学、それ以外の科学の分野においても、発想法《コンセプチュアル》のブレイクスルーの気配がある。既存の正統学派による完全な制度的閉じ込めゆえに、かなり困難になっているが、それらが深遠なるテクノロジー的含意をはらんでいることは論を俟《ま》たないのだ。

この点で、わたしたちがまったく確信をもっていえることのひとつは、発明と真のイノベーションは、現代の企業資本主義の——あるいはおそらく形態はどうあれ資本主義の——枠内では生じないだろうということだ。火星上のドームの建設に本当に着手するためには、あるいは、そこで接触できる異星人の文明が本当に存在するかを——ないしワームホールになにかを発射したらなにが起こるか——確認する手段を開発することはいうまでもなく、わたしたちは完全に異なった経済システムを案出しなければならないだろう。それは本当にあたらしい巨大な官僚制の形態をとらねばならないのだろうか？　なぜそれを必然と考えねばならないのだろう？　おそらく、既存の官僚制の諸構造を解体することによってのみ、わたしたちはそこに到達することができるだろう。そして、もし、洗濯したりキッチンを掃除してくれるロボットを本当に考案するつもりならば、資本主義にかわるものがなんであれ、富と権力のはるかに平等主義的配分に基盤をおくようにしなければならない。もはや、超富裕層《スーパーリッチ》もかれらの家事をすすんでおこなう絶望的に貧しい人びとも、そのどちらもふくまないようなものにしなければならないのだ。そうしてはじめて、テクノロジーは、人間の欲求《ニーズ》＝必要に奉仕をはじめるだろう。そして、ヘッジファンド・マネージャーやCEOたちの死せる手［圧力（dead hand）］から解放されるべき最大の理由はこれなのである。わたしたちの空想力をそうした人間たちがわたしたちを閉じ込めてきたスクリーンから解放し、わたしたちの想像力をふたたび人類史における物質的力になるようにしなければならないのだ。

3

規則《ルール》のユートピア、あるいは、つまるところ、なぜわたしたちは心から官僚制を愛しているのか

だれもが官僚制に不平をもらしている。本書の諸論考は、それ自体、大部分、こうした不平からなっている。だれも、官僚制を大いに好んでいるようにはみえない――しかし、だとしても、わたしたちは、官僚制がますます強化されていくのを止めることはできないのである。

この論考で、わたしは、なぜそうなのかを問いかけたい。そしてとりわけ、わたしたちが耳にする官僚制へのありとあらゆる側面についての不満の多数が、実は、額面通り受け取ることはできないのではないか、という可能性を考えてみたい。すなわち、非人格的な役人のヒエラルキーによって支配された形式化された規則《ルール》や規制《レギュレーション》のシステムの内部で、ひとがもつこの経験のうちには、実は、ある種のひそかな魅力がひそんでいるのではないか――ひとによってその度合いの大小はあれども――という可能性について考えてみたいのである。

ところで、このような説明が「官僚制の強化についてありうる」唯一のものではないことはわかっている。官僚制を、一種の倒錯した、だが逃れることのできない内的論理にしたがって拡大する傾向にあると考える思想の潮流はたくさんある。その議論は、以下のようなものだ。だれかがある問題に対応するために官僚制的仕組みをつくったとする。この仕組みは例外なく別の問題を生み出すであろうが、それらの問題もまた官僚制的手段によってのみ解決できるかのようにあらわれる、と。大学では、非公式にだが「あまりにたくさんの委員会の問題に対応するために設置される委員会」問題と、しばしば呼ばれている。

それとはわずかに異なるヴァージョンもあって、それはまさにこの主題についてのマックス・ヴェーバーの考察の核心をなしている。官僚制たるもの、いったん形成されるや、権力行使につとめる人間にはかれがなにをしようとしているのかにかかわらず、ただちに必要不可欠のものになるであろう。［官僚制を通して権力行使する］その主要な方法は、つねに重大な情報へのアクセスを独占することによるものである。この点について、ヴェーバーは、長い引用にあたいする。

いかなる官僚制も、その知識や意図の秘密保持という手段によってかような職業的ヴェテランの優越性をいっそう高めようとする。官僚制的行政は、その傾向からすれば、つねに、公開禁止をもってする行政である。官僚制はできるだけその知識と行為を批判からかくまうものである……。

この「職務上の秘密」という概念は官僚制独自の発明にかかるもので、事の性質上それのゆるされる領域外では、純即物的に首肯しがたいこの態度ほど、官僚制が狂熱的に擁護するものはほかにない。官僚制が議会に対立するばあい、それは、確実な権力本能から、議会が自身の手段（……）を用いて利害関係者たちから専門的知識をえようとするあらゆるくわだてに対して挑戦する……。

絶対君主もまた、そしてある意味ではほかならぬ絶対君主こそ、官僚のすぐれた専門知識に対して、もっとも無力な者である。「農奴制の廃止」にかんするフリードリヒ大王のせっかちな指令が、いずれも、いわばその実現途上で脱線してしまったのは、官庁機構がこれら［の指令］を素人の当座のおもいつきとしてまったく無視してかかったからである。立憲君主は、かれが被支配者たちの社会的に重要な部分とともかく一致するところでは、絶対君主よりもいっそう大きな影響力を行政過程にたいして及ぼすことが、実に多い。立憲君主は、行政に対する少くとも相対的な批判の公開性ゆえに、行政過程の統制が容易であるが、絶対君主は官僚制自体による情報だけを頼りとしているからである。旧制度下のロシアのツァーは、官僚制の気に入らずその権力関心を傷つけることを少しでもつづけておこなうことは、めったにできなかった。[*1]

ヴェーバーがまた認めるように、いったん官僚制が形成されればそれを廃止するのはほとんど不可能である、という副次効果がある。知られている最初の官僚制はメソポタミアとエジプトのものであるが、王朝や支配エリートの交替にもかかわらず、おおよそ手つかずのまま文字通り数千年間変化しなかった。おなじように、継起的な侵略の波をもってしても中国の政府官庁が揺らぐことはなかった。独自の事務局、報告書、試験体制をそなえたその機構は、だれが天命の担い手たることを宣命しても、確固として変化することはなかったのである。事実、ヴェーバーもまた指摘しているように、異邦からの侵入者たちは、中国の官僚たちが熱意をかたむけて秘匿した技術や知識を、現地出身の支配者よりもはるかに必要としたのである。その理由については、説明は不要だろう。確立した官僚制を廃絶するための唯一の現実的方法は、ヴェーバーにしたがうならば、ローマ帝国に対するアラリック一世[†1]や、中東でのチンギス・ハンのように、端的に官僚を全員殺害してしまうことである。相当数の役人を生かして数年おいてみれば、王国を動かしているのは必ずやかれらであるはずだ。

二番目にありうる説明は、官僚制は支配者にとって不可欠であるだけではなく、官僚制によって管理される者たちにとってもまごうことなき魅力がある、というものである。官僚制の効率性についてのヴェーバーによる奇妙な称賛について、ここで同意する必要はない。官僚制的手続きの放つ魅力についてのもっともシンプルな説明は、その非人格性によるものである。冷血で非人格的な官僚制的諸関係は、現金取引にそっくりであり、ともに似たような利点と欠点をもっている。一面では、それらはともに魂がない。他面では、それらはともに単純で予測可能、そして少なくとも特定の文脈内部では、万人を多かれ少なかれ同等に扱う。いずれにせよ、万物が魂であるような世界で暮らしたいと、だれが望むであろうか？　官僚制は、本書の第一章でえがきだしたような、複雑で疲弊を招くような解釈労働を、どちらの側にも求めることはない。あるいは、少なくとも、官僚制はそのような人間関係の可能性だけは提示しているのである。たとえば、じぶんのお金をカウンターにおけば、それだけでじぶんの服装をレジ係がどうみているのか、おも

†1　四世紀末から五世紀はじめにかけての西ゴート族の王。ローマ帝政末期の混乱期に蛮族集団を率い、食糧と定住地を求めて帝国の領内を放浪し大規模な略奪をおこなった。

いわずらう必要はないし、写真付きのＩＤカードを提示すれば、どうして同性愛をテーマとした一八世紀のブリテンの詩をどうしても読みたいのか説明する必要もない。これが魅力のひとつであることは、まちがいない。実際、この問題をじっくりと考えてみるならば、たとえわたしたちがユートピア的な共同体社会を設立しえたとしても、非人格的（あえていえば官僚制的）制度がいっさい不要となる、などということを想像することはむずかしい。それは、まさに以上の理由からなのである。ひとつ、はっきりとした事例をあげてみよう。どうしても必要な臓器移植のため、非人格的抽選システムや順番待ちリストにやきもきすることは疎外や苦悩の種であろう。だが、比較的良好の心臓や腎臓のかぎられたプールを配分する方法として、これ以上に非人格的ではない「人間味のある」方法を想像することも困難なのである。

述べたように、これはもっともシンプルな説明である。しかし、この論考でわたしが検討したいのは、この考察をはるかに深めていく可能性である。官僚制の供与する非人格的関係には好便なところがある、というだけではない。合理性、正義、そしてなによりも自由《フリーダム》についての、わたしたちの観念そのものが、少なくともある程度は、そうした非人格的関係に基礎をおいているのである。なぜわたしがそう考えるのか、その理由を説明するために、手始めに、あたらしい官僚制の形態が、受動的な黙従を普及させるのみならず、眼もくらむ熱狂、心酔すら惹き起こした、人類史におけるふたつの出来事を検討したい。次に、それほど多数の人間をかくも興奮させた要素はいったいなんだったのか、その解明を試みたい。

1　脱魔術化の魔術化、あるいは郵便局の魔力

ヴェーバーが官僚制を合理的効率性の体現そのものとみなした理由のひとつは、かれの時代のドイツでは、官僚制的諸制度が本当によく機能していたことにある。ドイツ政府官庁の誇りであり喜びでもあった代表的な制度は、おそらく郵便局であった。一九世紀終わりに、ドイツの郵便業務は、近代世界における大いなる驚異のひとつとみなされていた。その効率性は、実際に伝説的といえるほど名高いので、ぞっとするような昏い影を二〇世紀のすみずみに落としているほどである。いま「ハイモダニズム」と呼ばれているものの最大の達成は、ドイツ郵便局によって触発された――多くの場合、その直接の模倣のうちに構築された――ものである。そして、二〇世紀のもっともおそるべき悲劇の多くも、ドイツ郵便局とのつながりのうちにあるとみなすこともできよう。

このことを理解するためには、近代的な社会的福祉国家の真の起源について、少しだけ理解する必要がある。それについて、わたしたちはいまでは、たいてい善意にあふれた民主主義的エリートによって形成されたと考えている（というか、そもそも考えることがあったとしてだが）。ところが、これほど真実からかけ離れたものはない。ヨーロッパにおいて、のちに福祉国家とな

る主要な制度――社会保険や年金から公共図書館や公共医療まで――のほとんどが、その起源をたどれば、政府ではまったくなく、労働組合、近隣アソシエーション、協同組合、労働者階級政党、あれこれの組織にいたりつく。これらの多くが、「古い外皮のうちにあたらしい社会を建設する」、すなわち、下から社会主義的諸制度を徐々に形成していくという自覚的な革命的プロジェクトに関与するものであった。それが、議会という手段を通して政府の統制を最終的には獲得するという目標とむすびついている場合もあれば、プロジェクトそれ自体であることもあった。一九世紀終わりには、マルクスのコミュニズムの直接の後継者たちですら、その大多数が、実力によって政府の統制を獲得するという発想を放棄したことを想起しなければならない。それは、もはや不要にみえていたのである。平和なヨーロッパで、急激なテクノロジー的発展をみながら、平和的な選挙という手段で社会的革命を実行することは可能であると、かれらは感じていたのである。

ドイツは、そうした政党がもっとも成功をおさめた場所のうちのひとつであった。ドイツ国家形成の背後の偉大なる首謀者である宰相オットー・フォン・ビスマルクは、じぶんの議会には限定されたわずかな権力しかゆるさなかったが、それでも、労働者政党の急激な台頭にろうばいし、社会主義者が多数派を獲得する見込みをおそれ、あるいは統一された新ドイツにパリ・コミューンばりの蜂起が勃発することをおそれ、たえず気をもんでいたのである。一八七八年以来の選挙における、社会主義者の成功へのビスマルクの反応は、二重のものであった。ひとつ目は、社会主義政党、労働組合、左翼の新聞を禁止すること、ふたつ目は、ひとつ目がうまくいかないとわかったとき（社会主義者の候補者たちは、無所属として立候補をつづけ、勝利をおさめていた）、自由学校、労働者アソシエーション、友愛組合、図書館、劇場、そして広範な下からの社会主義建設の過程に対抗する、トップダウンの別の選択肢をつくりだすことであった。これが、社会保険（失業、健康、障害などへの）、無償教育、年金、などの形態をとったのである。その大部分は、社会主義者の公約の一部であった諸政策を薄めたヴァージョンであるが、どの場合も、民主主義的で参加型の要素を注意深く排除したものであった。少なくとも私的な場では、かれはまったくあけすけに、こうした政策を「わいろ」として、つまり、みずからの保守ナショナリズムのプロジェクトに労働者階級の忠誠を買収するものであると言い放っていた。[*2] 左翼がのちに権力の座についたときには、定型がすでに確立していて、ほとんど例外なく「ビスマルクと」おなじトップダウン型のアプローチを採用している。地域で組織した医療所、図書館、相互銀行の構想、労働者の教育センターなどを、国家の行政構造へと統合したのである。

ドイツでは、このあたらしい行政機構にとっての真のモデルは、奇妙にも、郵便局であった。奇妙とはいえ、郵便業務の歴史を理解すれば、大いに筋が通っている。郵便局は、本質的には、トップダウンの軍事的な組織形態を公共財に応用する最初の試みのひとつであった。歴史的にみて、郵便業務はまずもって軍隊と帝国の組織からあらわれたのである。それはもともと、戦場報告や命令を長距離間でやりとりする方法であった。のちに、戦争の成果である諸国の統一を維持するための主要な手段となる。ニューヨークのペン・ステーションの反対側の中央郵便局ビルの入口には、「雪も雨も炎暑も暗夜も、この伝達使たちが全速で各自分担の区間を疾走し終わるのを妨げることはできない」というヘロドトスの有名なペルシア帝国の伝達使についての一節がいまだ掲げてある。これは、そのような事情に由来しているのである。[*3] ローマ帝国もおなじようなシステムをもっており、ナポレオンが一八〇五年に手旗信号を採用するにいたるまではほぼすべての軍隊が、実質的に郵便配達システムを活用していた。

一八世紀、そしてとりわけ一九世紀のガバナンスにかかわる大いなる発明のひとつは、かつて軍事的伝達システムであったものを、あらたに出現してきた公務員（civil service）――その第一の目的が公衆へのサービスの提供にある――の基盤へと拡大することであった。最初に商業の領域でそれが生じ、次に、商業諸階級が個人のやりとりや政治的やりとりにも郵便を利用しはじめるにつれ拡大し、ついには、ほとんど万人が利用しはじめたのである。[*4] まもなく、ヨーロッパとアメリカ圏で台頭する国民国家の多くにおいて、政府予算の半分――そして公務員として雇用された半数以上――が郵便業務につぎ込まれたのである。[*5]

ドイツにおいて国家は、なによりも郵便局**によって**形成されたとすらいうことができよう。神聖ローマ帝国のもとで、帝国領域内での郵便配達システムを運営する権原は、よき封建制的やり方で、のちにトゥルン・ウント・タクシス侯として知られるようになるミラノ出身のある貴族一族にゆだねられた（言い伝えによると、この一族の子孫の一人はタクシーメーターの発明家であり、

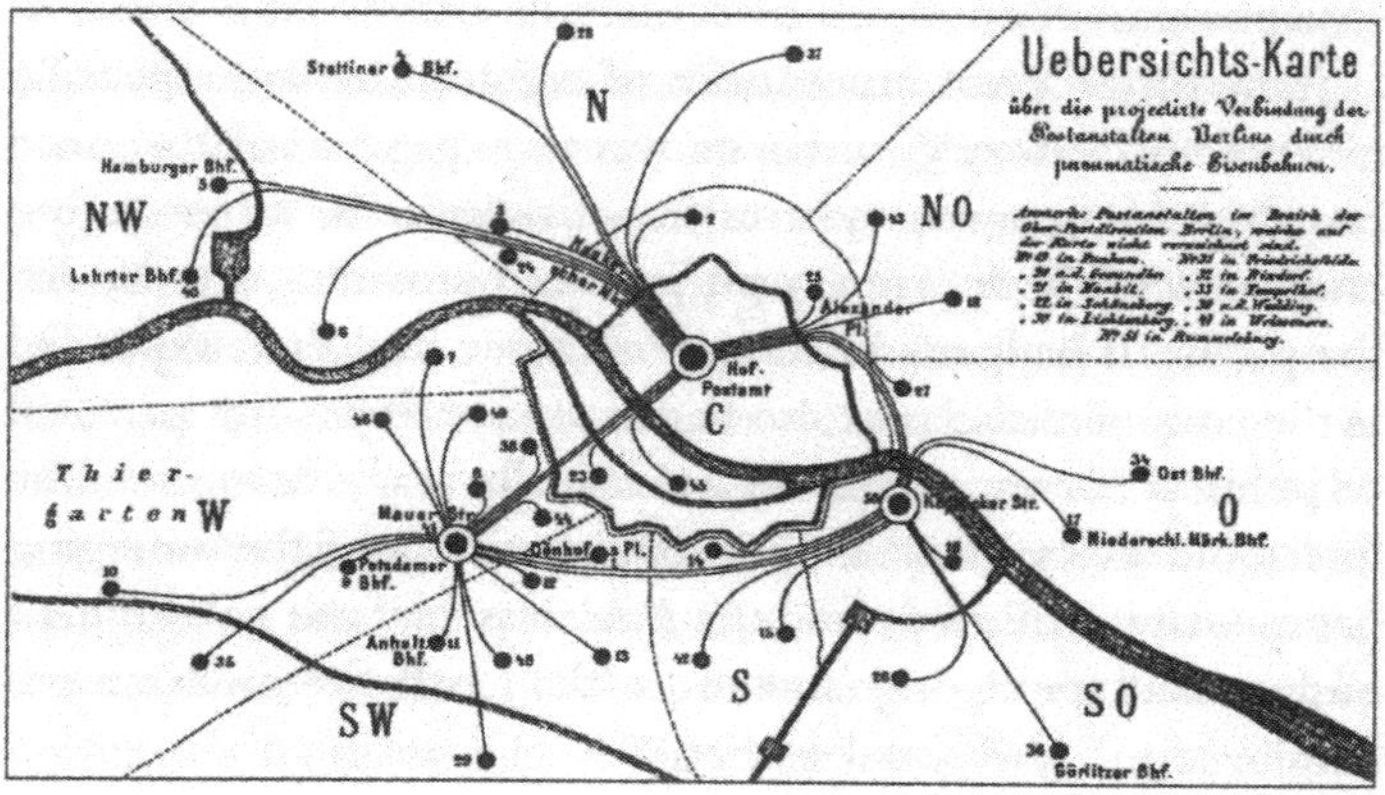

ベルリンの圧縮空気郵便システム　1873

タクシーがタクシーという名を冠するようになった理由もそれである）。プロシア帝国は、一八六七年にトゥルン・ウント・タクシス家の独占権を買い上げ、それをあたらしいドイツ国家の郵便体制の基盤として活用したのである。それから二〇年にわたって、ドイツの郵便システムへの統合が、あたらしい小国ないし公国がこの新興国民国家に糾合されたという確実なサインとなった。このシステムのもつはつらつとした効率が国民の誇る一要素となったのも、理由の一端はここにある。実際、一九世紀終わりのドイツの郵便体制は、ひときわめざましいものであった。主要都市では一日に五回から九回もの配送を誇ったし、首都では、圧縮空気システムの利用による、何マイルもの気送管による巨大なネットワークを誇ったのである。そのネットワークは、長距離間をほとんど瞬時に手紙や小包が送付されるよう設計されていた。あげた地図をみよ。

一八九一年から一八九二年という短期間、ベルリンで暮らしたマーク・トゥエインは、ドイツの郵便システムにとても心惹かれたため、「郵便サービス」という、かれのなかでは数少ない非風刺的エッセイのひとつを書き、おどろくべきその効率の良さをひたすら称えている。[*6] ひどく感銘を受けた外国人は、かれだけではない。ロシア革命勃発のほんの数ヵ月前に、ウラジミール・イリッチ・レーニンは、次のように書いている。

前世紀七〇年代のドイツのある明敏な社会民主主義者は、**郵便事業**を社会主義経営の見本と呼んだ。まったくそのとおりである。今日では、郵便は、国家**資本主義的**独占の型にのっとって組織された経営である。帝国主義は、すべてのトラストをこのような型の組織に漸次転化させている……。

全国民経済を郵便にならって組織すること、しかもそのさい、技術者、監督、簿記係が、**すべての**公務員とおなじく、武装したプロレタリアートの統制と指導のもとに、「労働者の賃金」以上の俸給を受けないように組織すること――これこそ、われわれの当面の目標である。[*7]

かくしてそれがあらわれた。ソ連の組織は、ドイツの郵便サービスの組織を、直接にモデルにしているのである。

感銘を受けたのは、国家社会主義者だけではなかった。アナキストたちですら合唱に加わっている。かれらは国家のシステムというよりもそのあいだの諸関係のほうに——ベネズエラから中国まで、それをまたぐ単一の国家なしに手紙を送ることができるという事実に——関心をよせていたわけであるが。事実、ピョートル・クロポトキンは、アナキズムのモデルとして、一八七八年の国際的な「万国郵便連合」（鉄道会社間の協定にともなう）［一般郵便連合（General Postal Union）として一八七四年に発足。一八七八年は万国郵便連合（UPU）に改称した年である］をしばしば引き合いにだしている。ここでもまた、これが**すでに**、帝国の諸システムの頂点で形成されつつあるものであることが強調されてはいるが。

郵便連合は、連合に所属する郵便団体すべてに対する法規を制定するために、国際郵便議会を選出することはなかった。かれらは合意によって進んだのである。集まって合意形成をするために、かれらは評議会を利用した。だが、代表者を評議会に送るにしても、「好きなように投票したらいい、われわれはそれにしたがうから」などということはなかった。かれらはま

ず、じぶんたち自身で、問題を提出し、議論した。それからかれらは、評議会で討議されることになっている特定の問題に精通した代表者を送りだした。かれらは**代表者**を送り出したのであって、支配者を送り出したのではなかったのだ。*8

郵便局からあらわれる潜在的な未来の楽園というこのヴィジョンは、ヨーロッパに限定されたものではなかった。国際的影響力をめぐってドイツ最大のライバルとして台頭する国、アメリカ合衆国も、またあたらしいタイプの文明のモデルとも目されていたのだが、この国の郵便事業の効率の良さが、その一応の証拠（*prima facie* evidence）とみなされていた。すでに一八三〇年代に、トックヴィルは、郵便システムの規模とフロンティアにすら飛び交う手紙の膨大な量に驚嘆を示し、ケンタッキーからミシガンへの旅の合間にこう書いている。「こうした野生の森をぬけて手紙や新聞がめざましく飛び交っている」。そして、その量たるや、フランスのもっとも人口過密で商業の発達した地域をはるかに凌駕するものである、と、見積もるのである。のちのアメリカ共和制の歴史家によれば、

アメリカはすぐにブリテン、フランス、いずれもの郵便制度よりも大きな郵便制度を形成することになった。一八一六年までに、郵便制度は三万三〇〇〇を超える郵便局を抱え、連邦全体のほとんど七〇パーセント近くの公務員を雇用していた。手紙の量もたちまち上昇した。一

七九〇年に、郵便制度がさばいた手紙は三万をかぞえるにすぎなかった。人口一五人に一人の割合である。一八一五年までには、一年のあいだにほとんど七五〇万の手紙を配達していた。一人に一通の割合である……。大英帝国や他のヨーロッパ諸国の状況とは異なり、手紙は、政府の監視や統制なしに配達されていた。*9

事実、一九世紀のほとんどを通して、南北アメリカ大陸の大多数の人の眼には、実質的に、郵便事業が唯一の連邦政府**であった**。一八三一年までには、それ以外のすべての政府機関をあわせた数をはるかに凌駕するスタッフを抱えており、実質的に軍隊よりも大きく、ほとんどの小さな町の住人にとっては、郵便局員が、じぶんたちが顔をつきあわせる可能性のある唯一の連邦職員だったのである。

この当時のヨーロッパでは、アメリカ合衆国は、それ自体、一種のユートピア的実験のようにみなされていた。レッセフェール経済の拒絶や協同組合、政府に支援されたプロジェクト、保護関税への広範囲の依存などが、その一例である。アメリカ合衆国もまた、ドイツ流の官僚制的資本主義に近いものを採用するようになったのは、南北戦争後の企業資本主義の勃興にともなってはじめてである。そのころ、郵便局というモデルが、人民党員とりわけ進歩党員によって、活気ある重要なオルタナティヴとみなされるようになっていた。ここでもまた、抑圧的な諸機構そのものの内側に、より自由でより合理的なあたらしい社会の胎動があるようにみえていたのである。アメリカ合衆国において、それを指す言葉は「郵便局化（postalization）」であった――国営化を意味するユニークなアメリカの造語である（そして、意義深いことに、それ以来、この語は、［アメリカ人の］語彙から完全に消失した）。ヴェーバーやレーニンがドイツの郵便局を未来のためのモデルとして提示したのと同時期、アメリカの進歩党員たちは、郵便局のように運営されれば私営事業《プライベートビジネス》ですらもより効率的になると議論し、かつて私営であった地下鉄、旅客列車、州間鉄道システムの国営化のように、「郵便化」にとっての大きな勝利を獲得していった。それ以来、アメリカの主要都市では、いまだそれらは公共の事業である。

ふり返ってみれば、郵便のユートピアにまつわるこうした幻想のすべては、素《す》っ頓狂《とんきょう》のようにもみえる。わたしたちがいま国営の郵便体制とのつながりで連想するのは、だれも望んでいなかった事態である。すなわち、公共料金支払請求書、口座のマイナス残高警告書、メールオーダーカタログ、勧誘、懸賞、陪審員の召喚状、税務監査、使い捨てクレジットカードの広告、寄付金の要請などなど。アメリカにおける郵便局員の大衆的イメージも、それがあるとして、ますますみすぼらしいものになっていった。しかし、これは偶然に起きたことではない。意図的な政策の選択の結果なのである。一九八〇年代以来、議員たちは率先して、体系的に郵便局の予算を削減し、政府は無能であるとアメリカ人たちに信じ込ませるためのキャンペーンの一環として、私有化［民営化］という選択肢を促進してきた。*10 その結果、郵便事業はたちまち国家官僚制の欠陥とみなされるものすべての体現者と化したのである。ストライキ、ドラッグ中毒の局員、一年分の未配達の手紙であふれた家、そしてもっとも有名なところでは、もちろん、しばしば登場する「キレた[†2]（going postal）」局員たち、すなわち上司や同僚、警察官や一般大衆を狙撃する局員たちであって、新聞にはこの手のストーリーであふれている。事実、現代の文献のなかに「郵便化」という用語を発見することができるとしたら、それは、上司や同僚への暴行の蔓延が公共部門から私企業にもどれほど拡大しているかを憂う、「企業国家アメリカの郵便局化」と呼ばれる職場についての論考のみである。

『ゴーイング・ポスタル［郵便局に行く／キレる］──レーガン時代の職場からクリントン時代のコロンバイン、そしてそれ以降の怒り、殺人、叛乱』と題された魅力的な本で、マーク・アムズはそうした出来事（郵便局から私企業のオフィスや工場、UPSのような民間の宅配サービスにすらも拡がったのだが、その過程であまりに日常的になったため、めったに全国ニュースになることはなくなった）についてのジャーナリストによる説明を注意深く拾い上げながら、ジャーナリストの説明に用いられる言葉遣いが、一九世紀の新聞雑誌による奴隷の蜂起の扱い方に不気味によく似ている、と指摘している。つねにこうした出来事を、誘因であるようにおもわれるシステムに根ざす屈辱感から切断して、理解しがたい個人的怒りや狂気による行動として描写する、という点において。[*11] アムズによれば、アメリカ史において、組織された奴隷の蜂起はきわだって

†2　一九八六年八月二〇日、オクラホマ州エドモンド市のある郵便配達員が、上司からの通告、もっと働かねば解雇するとの脅しに怒りをおぼえ、同僚一四人を殺害した事件から由来した言葉。

まれなものであった。しかし個人の奴隷や小集団が、斧、ナイフ、毒、あるいはなんであれ手の届く直接の暴力の手段によって、監督官、主人、その家族に、おなじようなやり方で襲いかかるといった事例は、おびただしく存在したのである。こちらの場合もおなじく、ジャーナリストはそうした［怒りの］爆発を、個人の狂気や不可解な悪意に由来するものと扱った。実際には、構造的に説明ができるとほのめかすことだけでも、不道徳とみなされたのである。たとえば、奴隷制の悪について語ることがそうである。［現在でいえば］一九八〇年代の企業文化改革より以前、つまり安定した終身雇用による保証や上司による恣意的で屈辱的な処遇からの労働者の保護を解体した以前のアメリカ史を見渡すなら、職場での虐殺など一例も存在しなかった（奴隷を**のぞく**）と指摘することもそうである。そう指摘するだけでも、不道徳であるようにみなされるのである。というのも、そこには、ある意味で、そうした暴力を正当化するニュアンスがあるから、というわけだ。

このレトリックのうちに、人種が主要な要素としてひそんでいることもまた否定できない。おおかた二〇世紀を通して、労働者階級のアフリカ系アメリカ人の眼に郵便局は、安定して保障つき、その上、コミュニティ奉仕の品位ある職業であるように映っていた。[*12] それが、レーガン時代以降、腐敗、暴力、ドラッグ濫用、根深い人種差別的観点のもとで福祉国家に帰せられた不効率など、すべての体現者として描写されるようになったのである（アフリカ系アメリカ人と旧式の官僚との同一化と、ぞっとするランダムな暴力との同一化とは、たしかにこれらのテーマが同時に利用されていることはめったにないにしても、ともにアメリカ合衆国の大衆文化において頻出するモチーフである。無頼のヒーローに激怒する杓子定規のボスはほとんど例外なく黒人であるというのも、アクション映画の奇妙だがよくある特徴である）[*13]。

しかし、郵便事業に対するシンボリックな戦争が行使されるのと同時に――そして、それとともに、大衆の想像世界のなかで、狂気、腐敗、暴力の場へと降格していくにつれて――、一九世紀から二〇世紀の変わり目における郵政事業の惹き起こした心酔に酷似した事態がふたたび起きていた。これまでのストーリーを要約してみよう。

1　あるあたらしいコミュニケーション・テクノロジーが軍隊から発達してきた。

2　それは急速に普及し、日常生活を根本から変革した。

3　眼も眩《くら》むばかりの効率を有するとの評判が高まっていった。

4　非市場原理でもって機能しているがゆえに、古いものの外皮のなかですでに成長しつつある未来の非資本主義的経済システムの最初の胎動として、急進派《ラディカル》たちがとびついた。

5　にもかかわらず、それはただちに、政府による監視、そして、広告と望まれないペーパーワークのはてしない新規格を拡散させるための媒体と化した。

ここまで来れば、わたしがなにをいわんとしているのか、はっきりするはずである。まさにこれは、インターネットのストーリーそのままなのである。eメールとは、巨大な、地球規模の、電子的で、超効率的な郵便局以外のなんであろうか？　それは、資本主義自身の外皮の内側から生まれ出てくる新鮮でめざましく効率的な協働経済という感覚をもたらさなかっただろうか？たとえそれが、スカム、スパム、商業広告でわたしたちを悩ませたり、あたらしく創造的なやり方で、わたしたちをスパイすることを政府に可能にしたからとしても。

もちろん、違いはある。もっともはっきりしているのは、インターネットが、はるかに参加型でボトムアップの協働形態をふくんでいることである。これは重要である。しかし、当面のあいだ、この現象の長期的な歴史的意義よりも、次のような問いを優先させたいのである。これがいったい、官僚制そのものの魅力について、わたしたちになにを語ってくれるのだろうか？

そう、なによりもまず重要におもわれるのは、郵便事業もインターネットもともに軍隊から登場しているが、軍事テクノロジーを本質的に反軍事的目的に転用しているともみなしうるという点である。論じてきたように、組織化された暴力がコミュニケーションの一形態として機能するとしても、それは、コミュニケーションを根源から分解し、単純化し、究極のところコミュニケーションを妨害するように作用する。それが行為の一形態として機能するとしても、それは実際には反行為の一形態である。というのも、その究極の目的は、他者のその行為の可能性を（特定の行為の可能性か、あるいは、殺害してしまう場合は行為することそれ自体を永遠に）妨げることにあるのだから。しかしここ［郵便事業とインターネット］にみられるのは、軍事システムに典型的な、分解されつくした行為とコミュニケーションのミニマムな諸形態をとりあげ、それとはかけ離れたものすべてを構築する土台へと転換させる方法なのである。要するに、指揮命令系統とかバイナリーコードが、夢想、プロジェクト、愛と情熱の宣言、芸術の発露、壊乱的マニフェストなどなどの構築の土台へと転換するのだ。それらは、さもなくば決して存在しえなかった、さまざまな社会的関係の形成と維持を可能にしてくれるのである。しかし、このことは、官僚制がわたしたちにとって魅力的であるのは――それがとても解放的であるようにおもえてしまうのは――まさにそれが解消するそのときである、というふくみももっている。すなわち、官僚制がとても合理的で信頼のおけるものなので、数字のベッドの上ですやすやと眠り、数字がどうなったか心配することなく目覚めることを自明のことがらとすることができる［数字にふりまわされ悩まされることのなくなる］、そのようなときである。

この意味で、官僚制が魅力的なのは、わたしが詩的テクノロジーと呼んできたものの一種とみなしうるときなのである。つまり、つきつめるならばふつう軍隊にその発想源をおくようなメカニカルな組織形態が、たとえば、無から都市を創造する、大空をかけのぼる、砂漠に花を咲かせるといった不可能なヴィジョンの実現にむけて動員されうるような、そのようなときである。人類史のほとんどにおいて、この種の力に与《あずか》ることのできるのは、ただ帝国の支配者かあるいは征服者の軍隊の指揮官たちぐらいであった。とすればここで、わたしたちは、専制政治の民主化について語ることもできるかもしれない。かつて、気まぐれなおもいつきを実現させるべく、手で号令をかけて、歯と歯車からなる巨大な不可視の軍を動かすことのできる、そのような特権は、ごく一握りの人間のみのものだった。ところが近代世界においては、その特権は無数の断片に細分化され、手紙を書いたりスイッチをつけたりする能力さえあれば、万人の手に届くものになりうるのである。*14

これらのことのうちには、きわめて特異なある自由《フリーダム》の観念がひそんでいる。さらに、このうえなく深遠なる意味をはらんだ、合理性についてのこれまでの思考の反転が刻印されている。

どういうことか説明しよう。

西洋の知的伝統の傾向として、人間の理性の力は、なによりもまず、わたしたちの低劣な衝動を制約する方法とみなされてきた。この想定はすでにプラトンやアリストテレスのうちにみいだしうるが、魂についての古典理論がキリスト教やイスラームに応用されたとき、きわだって強化された。そう、わたしたちはだれも創造性と想像力の力能を有しているのとおなじく、動物じみた欲動と感情を抱えている。しかし、これらの衝動は［総じて］究極的には混沌としたものであり反社会的なものである。個人においてであろうが政治的共同体においてであろうが、理性とは、わたしたちの低劣な本性を、それがカオスや相互破壊にいたりつくことのないようたえずチェックし、その潜在的に暴力的なエネルギーを抑圧し、水路づけし、封じ込めるものである。それはモラルの力なのである。政治的共同体とか合理的秩序の場を意味する、**ポリス** ***polis***［都市国家］

という言葉が、たとえば、「礼儀正しさ（politeness）」や「警察（police）」とおなじ語源を共有しているのは、このためである。その結果、また、この伝統にはつねにある感覚が潜伏することになった。わたしたちの創造性にかかわるもろもろの力能には、少なくともどこかしら、悪魔的ななにかがあるにちがいない、と。

ここまで述べてきたような、官僚制ポピュリズムの登場は、このような合理性の観念の――あたらしい理念への――完全な反転である。そのあたらしい理念については、デヴィッド・ヒュームによる要約がもっともよく知られている。「理性は感情の奴隷であり、奴隷でのみなければならない」[*15]。この観点からすれば、合理性はモラリティとはなんの関係もない。それは純粋に技術的事象である。道具であり、機械であり、それ自身は合理的に評価することはできない諸目標を、最大に効果的に達成する方法を推論する手段なのである。理性は、わたしたちになにを望むべきかを指示することはできない。それが指示することができるのは、ただ、わたしたちの望むものを獲得する最良の方法のみである。

どちらの見方にせよ、理性はいずれにしても、創造性、欲望、ないし感情の外部にある。かたや、そうした感情を制約するように作用し、かたや、促進するように働く、という点で異なるわけだ。

この論理をもっとも遠くまでつきつめたのが、経済学というあたらしい学問分野であるといえよう。しかしその論理の根は、市場のみならず、少なくともそれと同程度には、官僚制にある

(そして想起しなければならないのは、ほとんどの経済学者があれこれの大規模な官僚組織のお雇いであるということであり、これまでもつねにそうであったことである)、手段と目的のあいだ、事実と価値のあいだに厳密な区別をつけることができるという発想そのものが、官僚制的心性の産物なのである。というのも、官僚制とは、ことをなす手段を、それがなんのためなされたのかということから完全に切り離されたものとして扱う、最初のそしてただひとつの社会的制度だからである。[*16] このようにして、官僚制は事実上、長期にわたって、世界人口の少なくとも大多数の日常意識に埋め込まれてきたのだ。

しかし同時に、合理性についてのもっと古い考え方が、完全に消え去ったわけではない。反対に、このふたつの考え方は、ほとんど完全に矛盾するにもかかわらず——たえず摩擦を起こしつつではあるものの——共存している。その結果、わたしたちの合理性についての観念そのものが奇妙にも一貫性を欠いたものとなったのである。この言葉の意味がいったいどのようなものと想定されているのか、まったくもってあきらかではない。ときにそれは手段である。ときにそれは目的である。ときにそれはモラリティとはなんの関係もない。ときにそれは正しいこと、善であることの本質そのものである。ときにそれは問題解決の方法である。ときにそれは、すべてのありうる問題への解決そのものである。

2　精神性の一形式としての合理主義

この奇怪な事態については、検討してみる価値がある。というのも、それはまさに、官僚制についてのわたしたちの観念の核心そのものに位置しているからである。かたや、官僚制のシステムはたんにニュートラルな社会的テクノロジーであるという考えがある。それはAからBへといたる方法にすぎないのであって、ことの良し悪しについてなんらふくみをもたない、というのである。わたしがよくおもいだすのが、プリンストンにあるウッドロー・ウィルソン国内国際問題大学院に通っていた友人のことである。この学校は、トップレベルの行政官のための訓練校として世界的に知られているのだが、この友人は、ほとんど衝撃的なまでの感激をもって、わたしにこう報告したのである。なんと「価値自由の倫理」の講義が必修なんだぜ、と。一聴して、これは不条理にみえる。とはいえ、みずからは公僕であって、僕《しもべ》たるもの、主人のご用命には、たとえそれがなんであれ応じるのが責任である、という官僚の役割についての観念からは、このような発想が必然的にみちびかれる。しかしながら、みずからの主人が「公共」と呼ばれるようなものであるかぎり、ここからある問題が持ち上がってしまう。すなわち、公共なるものが実際になにを望んでいるのか、それをどのようにして掌握するのかという問題である。「価値自由の倫理」の講義で、役人の卵を相手になにが教えられているのかというと、まさにこれである。たとえば、ハイウェイ・システムを設計するプランナーの場合、量的方法によって、(a)仕事に遅刻しないこと、と(b)車両事故で死んだり大けがをしたりしないこと、との、公衆にとっての相対的重要性を定め（経済学の隠語《ジャーゴン》では、この案件についての「顕示選好」という）、それから、それにしたがって速度制限を設ける、といったことである。

かたや、これとは完全に矛盾する合理性についての古い考え方も、現代に残りつづけている。モラル秩序としての、それゆえ目的そのものとしての合理性という考え方である。社会主義者であれ、自由市場論者であれ、あるいは宗教的原理主義者であれ、ユートピア的ヴィジョンを抱く者の大多数は、いまある状態とは異なった、なんらかの一貫した意義をもつ――そしてそれゆえそれは、カオスに対する理性の勝利を表現している――社会的秩序を形成する夢想を抱くものである。[*17] いうまでもなく、効率的な官僚制を形成することは、つねに、そうしたプロジェクトの足場となるのである。

政治における「合理性」の役割について議論は、ほとんど例外なく、こうしたふたつの矛盾する観念のあいだを、ふらつきながら往復するのである。

もし基本的な定義に立ち返ろうと試みたとしても、事態が好転するというわけではない。多くの点で、むしろはなはだしく悪化をみせはじめる。「合理性」がなにを意味するのか、そのことからして哲学者のあいだで合意が存在するわけではない。たとえば、ある伝統にしたがえば、合理性とは、論理、感情によってわずらわされることのない純粋な思考の適用である。それゆえ、この純粋で客観的な思考が科学的探求の基盤とみなされるのである。この発想は大変普及をみせてきたが、根本的な問題がある。そもそも科学的探求それ自身が、この発想はおそらくまちがいであると証明してきたのだ。［たとえば］認知心理学者たちは、感情から切り離された純粋な思考なるものが存在しないということを、くり返し示してきた。感情なき人間とは、いっさいの思考のできない人間のことである、と。[*18]

もっとプラグマティクなアプローチを好む人びともいる。合理的議論の定義を、経験的現実に根をおろしているとともに形式においても一貫している議論であるという主張に限定するのである。ここでの問題は、これらふたつの基準がたがいにさして関係していないということである。前者は観察にまつわるものである。後者は論証にかかわるものである。[*19] 共通点はどこかに**ある**のだろうか？　第一に、こうである。だれかが現実ばなれした妄想か、あるいは一貫性のない支離滅裂な論理か、どちらかを主張しているとする。いずれの場合も、おなじく、わたしたちはその人物が正気ではないと決めつける傾向にある。あるレベルでは、これはまったくフェアである。わたしたちは、イカれた人びとを「不合理な」と形容している。しかし、もしそうだとすると、だれかを「合理的」としたり、ある議論を「合理的」としたりすることには、ほとんどなにも意味がないということになる。それはきわめて脆弱な言明なのである。そこでいわれているのは、かれらはあきらかに正気を失っているわけではない、というだけのことなのであるから。

しかし、これを［他者ではなくてじぶんにむけて］反転させたとたん、じぶん自身の政治的立場が「合理性」に基礎づけられているという主張は、きわめて強力な言明であることがわかる。実のところ、それは飛び抜けて傲慢なのである。というのも、その主張が意味しているのは、この立場に同意しない者はたんにまちがっているだけではなく、イカれているということなのだから。おなじように、「合理的」社会秩序をつくりたいと主張することは、現在の社会的状態が精神病院の住人によって設計されたようなものだ、ということを含意している。なるほど、だれしもこのように感じてしまうこともあるのはたしかである。しかし、少なくともそれは、とんでもなく不寛容な立場なのである。というのも、そこに含意されているのは、たんにじぶんの論敵がまちがっているというだけでなく、ある意味でなにが正しいのかを理解してすらいないということだからである。奇蹟によって正気を取り戻し、理性の光を受容し、こちらの概念的枠組みや観点を受け入れることを決意することがないかぎり。

合理性を政治的美徳として奉るこの傾向は、ある倒錯的な効果をもたらしてきた。それによって退けられた人びとを追い込んで、合理性をいっさい拒絶して「不合理主義」を信奉するようにしてしまったのである。むろん、合理性をそのミニマムな定義でとらえるならば、そのような［合理性をいっさい拒絶する］立場は不条理である。たとえそのような議論であっても、それが説得力をもつためには、じぶん自身は合理的に構成されていなければならないのだから。だから、そもそも合理性に反対する議論は不可能なのである。もしひとが、別の人間とまがりなりにも議論を交わそうと意志するのなら、少なくとも暗黙のレベルでは、正確な現実の評価に基盤をおく議論はそうではない議論よりもすぐれているといったことを受け入れねばならないし、論理の法則にしたがった議論はそれを無視する議論よりもすぐれているといったことを受け入れねばならない（つまり、すべての建築物はグリーンチーズでできているといった想定から出発するような議論はまじめに受け取る価値がないし、シンシナティ市長は人間であるがゆえにすべての人間はシンシナティ市長であるなどといった議論もおなじく退けうるということである）。

ここで、この状況のもたらす論理的トラップや矛盾については立ち入る余裕はない。ここで問いたいのは単純なことである。そもそも、わたしたちはどうしてこのように考えるようになったのだろうか。まさに端緒そのものに立ち返って、紀元前五〇〇年あたり、南イタリアのギリシア諸都市に「合理性」という西洋的概念の歴史的起源をたずねるしかない。

合理主義者を自称し、合理性を価値そのものとみなした最初の哲学の学派は、ピュタゴラス学派である。かれらは哲学者で科学者であったが、それと同時に、イタリアの都市のいくつかを管理運営していた一種の政治的カルトないし結社であった。[*20] かれらの偉大な知的発見は、幾何学、音階、惑星の運行に観察される数学的比率のあいだには、形式的類似性があるというものである。かれらのひきだした結論は、少なくとも特定の根本レベルにおいては、宇宙は数からなるというものであった。いまでは、こうした発想のおおよそが、耳にはできぬ「天球の音楽」［ピュタゴラスが天球の運行で生ずるとみなした人間の耳には聞こえない霊妙な音楽］という魅力的な概念によって記憶されている。ピュタゴラス学派によれば、コスモスが合理的であるのは、それが究極的には、数、音高、震動の諸原理の表現であるからである。人間精神（あるいは魂）がその理性の力を発揮するとき、それはたんに、この広範な合理的秩序、万物を活気づける宇宙的な「世界魂」に参与しているのである。[*21]

この宇宙像は、プラトンが『ティマイオス』で大幅に採用したことで、多大なる影響を及ぼした。事実、ローマ帝国の一世紀、二世紀までには、主要な哲学学派すべてが、ヴァリエーションはともなっているが、ネオプラトニストだけではなく、ストア派、そして、ある程度は、エピキュロス派にいたるまで、ピュタゴラスの基本的な発想を取り込んでいた。さらにいえば、それは、ハンス・ヨナスが最初に「宇宙宗教（cosmic religion）」と呼んだところもの――ギリシアの宇宙論的思弁、バビロニアの天文学、エジプトの神学の諸要素の結合体であり、それにしばしばユダヤ思想の諸傾向やさまざまな民衆魔術の伝統が追加される――の、後期古代における登場の哲学的基盤を形成した。[*22] ヨナスの指摘しているように、この宇宙宗教――〈神〉、〈理性〉、〈コスモス〉は同一であり、人間における高次の諸能力はそれ自身この合理的な宇宙的秩序への参与の形態であると考える――は、その壮大さにもかかわらず、一種の政治的後退を表現している。ほとんどのギリシア哲学者と同様、ピュタゴラス学派は、都市の政治生活への熱意ある参加者であったのであり、かれらはしばしば、それを合理的基盤の上に再構築しようと試みた。「ところが」ローマ帝国のもとでは、それは不可能であった。すべての政治的問題はいまや解消してしまっていた［のであるから］。唯一の――そして一見したところ永遠の――法的・官僚的秩序が、公共の事柄を統御していたのである。この構造の変革を求めるかわりに、知識人たちはますますむきだしの神秘主義を奉ずるようになった。さまざまな現世の領域を経由しつつ、それらから物質性を排除することで世俗のシステムをいっさい超越し、純粋理性の高次の圏域、すなわち超越的な数学的法［則］――時間と運動を支配し、究極的にはそれらをも幻想にしてしまう――の神聖なる領域にいたる、あたらしい方法の発見に熱意を燃やしたのである。神がこうした法を課したわけではない。神はこれらの法そのものなの**である**から。人間理性とは、わたしたちのなかのこの神聖なるある原理の活動にすぎない。この意味で、合理性とは精神的観念であるのみならず、神秘的なものだった。すなわち、神聖なるものとの合一を達成する技術であったのだ。

アウグスティヌスを介してキリスト教に吸収された合理性の性質についてのこのような一連の仮定は、たとえ意志する超越的〈創造者〉という観念とそれらを和解させることがどれほど困難であったとしても、ほとんどすべての中世哲学に影を落としている（そして実際、中世哲学の多数がまさに、それらを和解させるさまざまな方法についての議論にかかわっている）。

多くの点からみて、これらの想定はすべて、まったくもっていまだわたしたちのもとにある。だれもが子どものころに習ってほとんど自明の真理とみなしている、人間を他の動物と区別しているのは合理性であるという観念（われわれは種として「理性という能力を有している」）をとりあげてみよう。これははなはだ中世的な観念である。*23 この観念についても、あらためて考えてみるならば、たいして意味をなさないことがわかる。「合理性」がたんに、現実を多かれ少なかれあるがままに評価し、論理的帰結をみちびきだす能力であるとすれば、ほとんどの動物はつきつめるならば合理的である。動物たちはいつも問題を解決しているのだから。たいてい人間ほどはすぐれてはいないかもしれない。だがその特性において根本的な差異はない。それ以外にも多数の候補、すなわち人間に特有であるようにおもわれる能力が多数あげられる。たとえば、よくあるのが想像力である。動物たちは、一見すると、合理的で打算的であり、目標にむかったやりかたで行動しているかもしれない。だが、動物たちが自覚的に幻想世界を構築するいとなみをおこなっていると論証するのは、かなりむずかしい。[*24] 人間を動物から区別するのは、人間が不死の魂を有しているというところではなく、じぶんはそれを有していると想像できるところである、とかつて、人類学者のエドマンド・リーチは述べたことがある。[*25] しかし、もちろん、もし魂が〈人間〉における神聖な要素たる〈理性〉のありかであるならば、人間が不死の魂を有しているということと人間が合理的被造物であるということとは、まったく同一のことがらである。[*26]

この結論は、存在の大いなる連鎖の論理から不可避にみちびかれるものである。そこでは、すべての生ける被造物が、神との近接性によって上昇する合理性からなる単一のヒエラルキーのうちに位階づけられているのであって、人間は、自然の秩序の頂点、動物と天使のあいだに位置しているのである。

抽象的な合理的法則の庇護のもとで活動するアルコン、植物、神々をともなった、後期古代の大いなる宇宙的ヒエラルキーを、ローマの法的官僚制秩序のとてつもなく拡大された単純なイメージとみなすのはたやすい。興味深いのは、コスモスについてのこの究極の官僚制的イメージが、ローマ帝国の崩壊以降、一〇〇〇年にもわたって維持されたことである。中世とルネッサンスの神学者たちは、天使的ヒエラルキーについて思弁をめぐらせたパンフレットを尽きることなく公刊しつづけた。それは、古代の哲学者たちのいかなる想像よりも、もっと体系的に宇宙を官僚制的なものとして表象していたのである。[*27]

たとえば、一六世紀に、マルシリオ・フィチーノは、天使的ヒエラルキーについて、以下のように要約している。それは、長いこと実名の忘れられていた四世紀のネオプラトニストのキリスト教徒から、聖トマス・アクィナスやダンテによる加工を介して、みちびき出されたものである。

熾天使 Seraphim　神の秩序と摂理についておもいをめぐらす。

智天使 Cherubim　神の本質と形態についておもいをめぐらす。

座天使 Thrones　おもいをめぐらすこともするが、業をなすために降下することもある。

主天使 Dominions　建築家のごとく、他の者たちが実施することを立案設計する。

力天使 Virtues　実行し、天界を動かす。そして、神の道具としてその奇跡の業の働きに参加する。

能天使 Powers　神の統治の秩序が中断されないように見張る。そのなかには人間界の事物に降下してくるものもある。

権天使 Principalities　公共の事柄、つまり国家、君主、高官に心をくばる。

大天使 Archangels　神々しい祭典をとりおこない、聖なることがらを顧慮する。

天使 Angels　小さな事柄に配慮し、守護天使として個々人の世話をする。*28

天使は「天体的知性」であり、純粋思考にたずさわる者から世俗の事象の実際的運営にかかわる者まで、秩序のうちに位階づけられる。ヨーロッパにおける現実のガバナンスが解体しつくし断片化してしまった時代に、単一の壮大なる想像上のコスミックな行政《アドミニストレーション》システム内における精密な権力の分立をめぐって、知識人たちは熱意をもって議論したのである。

今日、フィチーノ、アグリッパ、そして、ジョルダーノ・ブルーノのような、ルネッサンス期の錬金術師や魔術師によって復活した（その過程でカバラやそれ以外の精神的伝統と融合した）後期古代の大いなる綜合は、大部分、西洋の儀式的魔術として生き延びている。そして、それと根本的に袂を分かったのが啓蒙であるとふつう考えられている。しかし、基本的な思考の構造は本当には変化していない。デカルトやかれの継承者たちにおいて、合理性へ訴えることは、いまだ根本的に精神的［霊的］で神秘的ですらあるコミットメントであったし、思考の本質であると想定された数学的ないし数学じみた抽象も、また、自然を統制する秩序の諸原理であった――そ

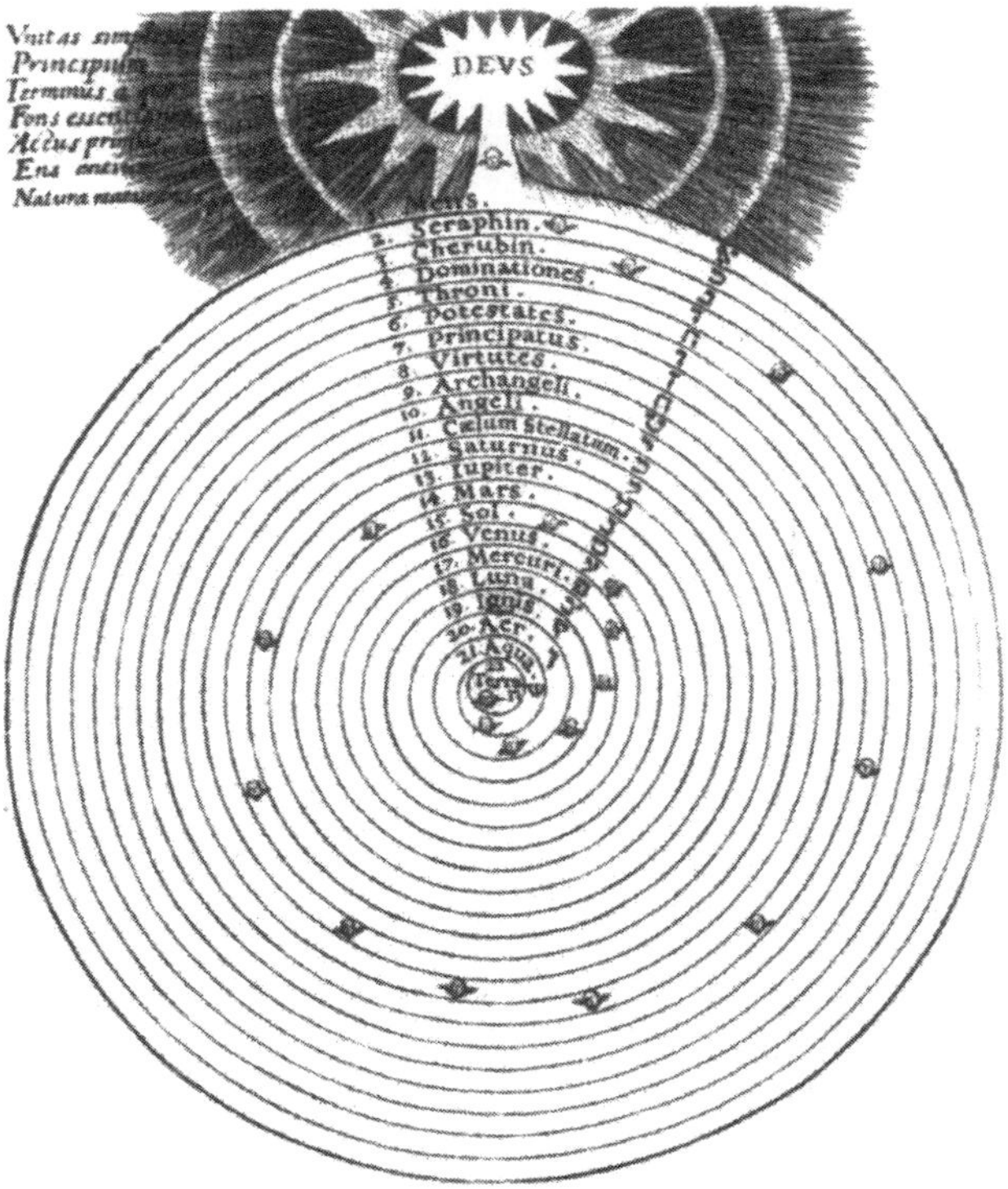

出典：フランシス・イエイツ『ジョルダーノ・ブルーノとヘルメス教の伝統』1,964年、144頁。

してこれは、その諸原理が神と同一化されようが、あるいは神の非在の究極の証明とみなされようが、真実でありつづけたのである。

いまでは、このように考えるのはむずかしい。なぜかというと、もちろん、魂と理性とを同一視することをやめ、わたしたちを個性ある唯一無二の存在、想像力ある存在につくりあげるものとみなすようになったがために、である。しかし、この発想はロマン主義の時代の産物であり、当時、それまでの考えとは、ほとんど全面的な切断をしるしづけるものであった。ここでもまた、この発想からあらわれた、理性、想像力、欲望の関係についての議論にかんして詳細に立ち入る余裕はないのだが、「合理性」とりわけ官僚制的合理性の観念が、なぜ、たんに演繹的理性ないし技術的効率性の問題にとどまることができず、ほとんど例外なく、壮大な宇宙論的スキームへと転身しようとするにいたるのか、それを理解するための手がかりにもなるのである。

3　反官僚制的ファンタジーの官僚制化について

ぼくが［大学の］業務を気にしないように決めたのは、オフィス・アワーにコンピューターゲームをやってて、音を消すのをやめたときだ。研究室の外には課題についてのコメントを待ってる学生がいたんだけどね、こういったんだ。「ちょっと待って、いまこのこびとを殺すから、そのあとでね」。――大学人の友人（一目瞭然たる理由から名は秘す）

近代科学がある程度、精神的［霊的］コミットメントに基盤をおいているという事実があるからといって、もちろん、その発見が真実ではないというわけではない。しかし、そのことが示唆するのは、ここで一歩下がって、合理的である秩序を形成しているのだとだれかが言明するような、そのような場面について、最大の配慮をもって考察したほうがよい、ということであるようにおもわれる（とりわけ、この社会を、いつもたやすく、筋の通ったものとして、より品位あり、より暴力的ではなく、より公正であるようなものとして、えがくことができるような場合には）。

わたしたちはヨーロッパ中世が、遠く古代ローマの官僚制に基盤をおく[*29]、仮想の天体的官僚制というヴィジョンを生みだしたことをみてきた。現実の官僚制が地上においてはとりわけ脆弱であるような時代に、古代ローマの官僚制は宇宙的合理性の体現者とみなされていたわけだ。もちろん、時をへるにつれ、事情は大きく変わってきた。しかし、あたらしい官僚制国家が擡頭するにつれ、そしてとりわけ官僚制的合理性が一八世紀、一九世紀ヨーロッパやアメリカにおいて支配的なガバナンスの原理になるにしたがい、一種の対抗運動があらわれた。王子、騎士、妖精、ドラゴン、魔法使い、一角獣、さらには、ホビット、ドワーフ、オーク[†3]たちでいっぱいの、これもやはりファンタジー的である中世についてのヴィジョンの登場である。きわだって重要ないくつかの点で、この世界はあきらかに反官僚制的である。すなわち、それは実質的に官僚制のあらゆる核心を構成する価値をはっきりと拒絶しているのである。

前章で、わたしは、以下のような事態をみてきた。SFが、テレポーテーションからワープ装置にいたるまで未来の発明の標準化されたリストを集約し、恒常的に利用する――文学のみならず、ゲーム、テレビ、コミック、それに類した媒体で――ようになったため、カナダ、ノルウェー、日本のティーンエイジャーだったら、おおよそ、だれもがそれらがなんであるのかを知っているほどにまでになった、という事態である。おなじことが、このファンタジー文学の基本的構成要素についてもいえる。たしかに、テキストごと、映画作品ごとにはあきらかに違いはあるが、にもかかわらず、基本をなす一連のキャラクターのタイプ、統治のシステム（ほとんどが魔術的である）、テクノロジー、野獣、文化的伝統は、顕著なまでに一貫している。いうまでもなく、それらは、いかなるレベルにおいても、中世の実際のありようとはほとんど類似点をもたない。しかし、この「ファンタジーの」世界の真の歴史的起源を理解するためには、時間をはるかにさかのぼることが必要なのである。

わたしたちはふつう「国家」を単一の実体とみなしているが、近代国家については異なる三つの要素の合流であるとみなしたほうがよい。それらは歴史的起源をまったく異にしているし、たがいになんらの内在的関係もない。それに、すでに、ついに遊離していく過程にあるかもしれない。

これらの三つの要素を、主権、行政《アドミニストレーション》、政治としてみたい。主権はたいてい、国家を規定する特徴とみなされている。すなわち、主権国家とは、その支配者が、所与の領土の内部で、暴力の正当な行使の独占を宣命するものである、と。［ところが］古代世界、あるいは、中世のほとんどの政府が、この意味で主権を宣命することは、ほとんどなかった。そうすることなど、頭をよぎりもしなかったであろう。というのも、主権とは征服する帝国の論理であって、いかなる種類のものであれ、文明化した共同体の論理ではなかったからである。

二番目の原理は行政である。それは、みずからの決定を執行する権力の単一の中枢がなくとも存在しうるし、かつ、しばしば存在している。もちろん、それをまた、たんに官僚制と名指すこともできるだろう。実のところ、最新のメソポタミアの考古学的発見は、官僚制的技術が、主権国家はおろか、最初の都市の登場にも先駆けて登場していることを示している。それらが発明されたのは、規模を管理するためではなかった。すなわち、どんどん肥大化していって対面的やりとりでは対応できなくなった社会を組織化する方法として、ではなかった。そうではなく、そ

†3　ホビット、ドワーフ、オーク。ホビット、ドワーフともに、民話、神話、童謡、ファンタジーに登場する伝説の種族。現在では、とりわけトールキンの作品で知られる。オークは、ベオウルフ、ローマ神話などにも登場する怪物や死神であったが、ウィリアム・ブレイクが神話の人物として創造した。しかし、もっとも有名であるのはこうした伝統のなかでトールキンの中つ国ものに登場する、好戦的で残忍な種族としてである。

もそもそれらの存在理由は、そうした大規模の共同体に人びとが結集するよう促すことにあったようにおもわれる。少なくとも、記録の示唆するのはこれである。生産物の標準化、貯蔵、証明書、記録保管、再分配、会計は、すべて、ティグリス川とユーフラテス川やその支流沿いの小都市に、紀元前五〇〇〇年期、「都市革命」[*30]の一〇〇〇年前にあらわれたようだ。わたしたちは実のところ、それがいかにしてあらわれたのかも、なぜあらわれたのかもわからない。実際の官僚たち（訓練を受けた役人という、他とは区別された階級という意味での）が存在したのかどうか、あるいは、単純に官僚制的技術の登場についてのみ語っているのかどうかすら、わたしたちにはわからない。しかし、歴史的記録が登場するまでには、確実に、かれらは存在した。あらゆる種類の資源を注意深く登録し分配する、訓練を受けた書記からなるヒエラルキーをともなった、巨大な神殿と宮殿の複合体が、そこにはみてとれるのである。

もし言葉のもっとも広い意味でとらえるならば、第三の原理として「政治」をあげることができる。たしかに、ミニマルな意味もある。そこに権力をめぐる抗争がふくまれているかぎりで、人びとがなすなにごとも政治的要素をはらんでいるといったような。しかし、この意味での政治が、それ自体として、人びとの注目の的となるゲームと化す社会システムはかぎられている。有力者たちが、追随者を集め、支持を獲得する方法として、たがいにたえず競合し合うような、そういう社会システムである。いまでは、これは民主主義的な統治システムの一要素と考えられているが、人類史のほとんどにおいては貴族政的現象とみなされていた。ホメロス、さらにいえば、ゲルマン、ケルト、ヒンドゥーの叙事詩の英雄たちを考えるだけでよい。かれらはたえず、おのれを誇示したり《ボースティング》、決闘したり、だれにも負けない派手な饗応や壮大ないけにえを競ったり、あるいは、豪奢な贈り物を贈与しようとたがいにしのぎを削っている。*31 そうしたいわゆる「英雄的」な社会的秩序が、政治的なものの本質を表現している。かれらは主権の原理を認識しないし、また、行政のシステムをもまた形成することはない。ときに高位の王が存在することもあるが、たいていかれの権力はきわめて制限されているか、純粋なお飾りである。現実の権力は、カリスマ的貴族たちが追随者の諸集団を糾合して競合相手の家臣を簒奪したり、派手に衝突したり、あるいは、落ちぶれて無名に帰したり、こうして、たえず変転している。

この意味での政治は、つねに、本質的には貴族政的な現象であった（たとえばアメリカ合衆国の上院が、完全に億万長者で占められているのには理由があるのである）。これがヨーロッパ史のほとんどを通して、選挙が、公共の役人を選ぶにあたっての、民主政ではなく貴族政的方法とみなされていた理由である。「貴族政」とはつまるところ、字義からすれば「最良の人間による支配」を意味している。しかるに選挙においては、ふつうの市民の役割はただひとつ、「最良の」市民のなかでさらにだれが最良かを決定することのみにあるとみなされていた。ホメロスの戦士たちや、さらにいえば、モンゴルの騎兵が、あたらしいカリスマ的戦争指導者に忠誠の対象を変えるのとまったくおなじように、である（少なくともギリシアの時代からこのかた、役人を選ぶ民主主義的方法といえば、それとは対照的にくじ引きであった。ふつうの市民が、ランダムな抽選によって特定のポストに就くのである)。

いったいこうしたことが、ドラゴンや魔女となんの関係があるのだろうか? 実は、大いにあるのである。すべての証拠資料が、そうした英雄的体制が、官僚制社会と比較できるようなかたちで自発的にあらわれたのではないことを示している。英雄的体制は、官僚社会との一種のシンボリックな競合のうちにあらわれたのである。英雄的体制が、それ以降も長いこと記憶されたのは、官僚制の彷彿させるあらゆることがらの拒絶を、それらが体現していたからなのだ。

ここでふたたび考古学、とりわけ古代中東についての、わたしの友人であるデヴィッド・ウェングロウの著作に立ち返る必要がある。[*32] ここで「英雄［諸］社会」とよんでいるものの実際の起源は、メソポタミア、エジプト、インダス［の谷］、のちにはローマ、ペルシア、ないし中国のような諸帝国という大商業=官僚的諸社会の周縁に位置する、丘、山、砂漠、ステップにあるようにおもわれる。経済的には、これらの社会は、多くの点で、都市中枢とむすびついていた。それらは、都市に原材料を供給し、都市の工房で生産された、ありとあらゆるすばらしい富やお宝を輸入する、といった傾向があった。しかしながら、かなりの初期から、両者はまた、みずからを、相手とはいっさい異なったものとして定義するようになっている。都市住民は文明を野蛮人のようなふるまいをしないことと定義するようになった。ひるがえって野蛮人たちは、商業的=官僚制的文明の中心的価値をとりあげ、まさにそれらを反転させた社会的秩序を形成するにいたったのである。一方が、文学作品を創造し、愛でたとすれば、他方は、文字の使用を拒絶するが、いつでも即興であたらしい叙事詩を唱えることのできる口承詩人を称揚した。一方が、物質的価値をもつ物品を注意深く貯蔵し記録したとすれば、他方は、ポトラッチじみた壮大な宴を催した。そこでは貴重な宝物が、物質的富の虚栄への嫌悪の身ぶりとして、追随者や競合者たちに分配されるか、あるいは、廃棄されたり、火をつけられたり、あるいは海に投げ込まれたりもした。一方が、予測可能な安定性を提供する、顔のない官僚制を発展させたとすれば、他方は、卓越を求めて際限のない闘争に邁進するカリスマ的な自己中心的人物の周囲に、公共の生活を組織した。

最初の英雄社会が登場したのは、青銅器時代であったが、プラトンや孔子の時代には、もはやそれらもはるかむかしの記憶であったにちがいない。しかし、にもかかわらず、それらの記憶は依然として生き生きとしたものであった。およそほとんどすべての偉大な文学的伝統のはじまりは、青銅器時代の英雄社会はこうであったにちがいないとの、空想による再構成である。当然、なぜそうなのか、という問いがあらわれる。なぜ都市住民の文明によって無知な野蛮人とあしらわれたまさに当の人間たちが、のちに、その文明から、はるかむかしの英雄的祖先としてひんぱんにイメージされるようになったのか？　なぜかれらの偉業が、多くの場合、数千年にわたって、いくども語られ、語り直されてきたのか？

わたしの考えでは、そのひとつの答えは、英雄社会とは物語を生成すべく形成された社会的秩序であるという点にある。これによって、わたしたちは、政治の本性そのものについての問いにつれもどされる。政治的行為とは——そしてこれはミクロな水準ですら真実であるのだが——少なくとも部分的には、他者に対して、見聞させることによって影響力を及ぼすというやり方でふるまう、という問題である。*33 日常の政治は——農村であろうと企業のオフィスであろうとも——、公式の説話《ナラティヴ》、うわさ、そして説明をつくりだすことと、大いに関係をむすんできた。政治権力の拡張を芸術形式に転換した英雄社会であればまた、その組織化のありようが物語の生成にとっての巨大なエンジンにもなったであろうことは説明を要しまい。すべてが、ある種の競争のきっかけへと転じるのであって、すべてが、忍耐、裏切り、復讐、不可能への挑戦、叙事詩的探求、高貴なる自己犠牲の説話《ナラティヴ》のきっかけへと転じるのである。詩人がかくも重視される理由がこれである。他者が唱い上げたくなるようなことをなすということに、人生の全重量がおかれているのである。そもそものはじめから、エジプトやバビロニアのような官僚制社会の住人たちは、野蛮人たちの後背地——それはたちまち怪物と奇妙な魔術の力でいっぱいの陰鬱な土地と化した——への魅惑を表明せずにはいられなかった。そしてもちろん、暴力的な野蛮人にまつわるドラマティックな物語は、実際の暴力的な野蛮人がもはや近隣に存在しない時代にあっては、より迫真性をもってあらわれたのである。

野蛮人たちはつねに、官僚制文明と共棲の関係をもってきた。ユーラシア大陸史のなかで、このパターンはいくどもくり返し再帰してくる。英雄社会は帝国の周縁部で形成された。しばしば

（ローマ帝国の終焉で形成されたゲルマン諸社会や、中国の万里の長城によって仕切られた北の夷狄、以上の両者の境界上に長いことあったフン族のように）かれらは、こうした諸帝国を侵略し、征服した。そうした場合、かれらはたいていたちまち解体し、伝説と化してしまうのだが。[*34]

近代のファンタジー文学は、『アマディス・デ・ガウラ』［スペインの騎士道物語］や『狂えるオルランド』［ルネサンス期のイタリアの叙事詩］のような後期騎士道物語に起源をおいているといえようが、このジャンルが実際に認知されるような形態をとったのは、ヴィクトリア時代であり、まさに郵便事業への民衆の熱狂が高揚したのと同時代のことである。それは、きわめて特異な時代であった。ある意味で、この時代はまさに「妖精物語」のいう「むかしむかし（once upon a time）」の近代版であって、ある種の浮遊するもうろうとした過去であると同時に、わたしたち自身の次元と同時に存在する別次元でもある（物語の多くが、わたしたちの世界と妖精の国、すなわち、時間と空間がまったく異なったかたちで働いている国のあいだには、いまだ門があることを認めている）。しかし、そうしたファンタジー文学の気質はまったく一様ではない。妖精物語に反映されているのは、中世と初期近代社会の女性や子どもたちのパースペクティヴである。その主人公も、宮廷人や王子たちよりは、乳搾りの娘や靴屋の利口なせがれの方にかたむいている。対照的に、ファンタジー文学として知られるようになるものにおいて、この「むかしむかし」は、英雄叙事詩との大いなる融合によってまったく変形をこうむっている。「ファンタジー文学」ということで、ここではまず、ときに「剣と魔法」ものと呼ばれるものを念頭においＯ

ているのだが、その起源は、ジョージ・マクドナルドやロード・ダンセイニ［ダンセイニ卿］のようなヴィクトリア朝の人物にある。そのもっとも輝ける化身は、いまだJ・R・R・トールキン、C・S・ルイス、アシュラー・K・ル・グインである。[*35] 標準的な一連のキャラクター（戦士、聖職者、魔法使い）、一連の魔法のタイプ、怪物のタイプ、すなわち、数千とはいわずもと数百の現代のフィクション作品において、はてしのない特異なヴァリエーションをまとってくり返される標準的な道具立てが形成されたのも、この伝統の内部においてである。

こうした著作が魅力的であるのは、官僚社会の住人たちに際限のない白昼夢の題材を与えてくれるからだけではない。それらの魅力は、なによりも官僚制が表現するものすべての体系的否定を提供しつづけているところにある。中世の聖職者や魔法使いたちが、輝ける天体的行政システムについて幻想することを好んだように、わたしたちもまた、官僚制的存在のあらゆる側面が注意深く除去された世界に棲む、中世の聖職者や魔法使いの冒険について幻想をめぐらせるのである。

なぜわたしたちはそうするのか？ そう、これすなわちイデオロギー的植え込みなのだ、というのが、もっとも単純な説明である。歴史的にみれば、権威のシステムがみずからの美徳を押し売りするもっとも有効な方法のひとつは、直接にそれを述べたてることではなく、それらの美徳のいっさい否定された生々しいイメージ——たとえば、家父長制的権威、資本主義、あるいは国家が完全に不在であるならば人生はどのようなものになるのかについてのイメージ――をひねりだしてみせることだった。イデオロギー的策略としては、トリックがもっともうまく機能するのは、イメージが、あるレベルで、深く魅力を放つようなときである。[*36] 最初は別世界のヴィジョンに惹かれ、それをイメージするなかに迫真のスリルを経験する――そして最終的には、じぶん自身の欲望のふくむ意味にひたすらおののいて、撤退するにいたるのである。

古代ローマのゲームが、すぐれた事例である。帝国の到来まで、ほとんどの地中海諸都市は、公共の事柄を討議する集会をともなった自己ガバナンスの仕組みをそなえていた。それらの民主政体においては、訴訟事件ですらも数百の市民からなる陪審団によって裁かれた。もちろん、帝国のもとでは、こうした諸制度は、すべての権威を剥奪され、消滅する。そのかわり、多数の市民が集まる主要な機会といえば、大競技場（Coliseum）か野外大円形競技場（Circus）となった。そこで人びとは、戦車競争や剣闘士による闘技会を観戦したり、野獣に犯罪者が切り刻まれるのを見物したのである。こうした市民たちがなにごとかへの投票する経験をするとすれば、親指を上げ下げして、敗者となった剣闘士を死なせていいかどうかを決めるときであった。

いいかえれば、帝国は、臣民に統一的な法のシステムを押しつけることでみずからを正当化したのみならず、努めて促して、この臣民たちを組織化されたリンチモブ［リンチする暴徒］に仕立てあげたのである（ゲームは、しばしば、裁判を主宰する政務官（magistrates）本人によって後援された）。あたかも「民主主義？　そんなことやった結果はわかってるだろうよ？」とでもいうかのように。これがとても効果的だったので、つづく二〇〇年間、民主主義の危険についての警告――そして、おおよそこの時期を通じて、ほとんどすべての教養あるヨーロッパ人は頑強に民主主義に反対していた――は、次のような物言いとなってあらわれたほどである。すなわち、民主主義のもとで「民衆」なるものは、さながらローマのサーカスのようにどうしてもモッブのごとくふるまうものなのだ、と。つまり、暴力まみれの派閥争いにたやすくまきこまれ、慈悲をみせたかとおもえば残忍になり、カリスマ的偶像にやみくもに追随したかとおもえば引きずり下ろし、こういうふうにぶれまくるのが「民衆」なのだ、と。そして現在にいたるまで、ほとんどすべての教養ある人間はいまだ、次のように感じている。この社会のいくつかの局面で、多少の民主主義的要素は認めねばならないとしても、裁判権とか法律などからはいっさい遠ざけておかねばならない、と。

そうした制度はどれも支配的階級によって大衆操作のために行使されるトリックであるという印象を与えたり、あるいは、操作されたとしても大衆がやり返すことがなかったという印象を与えることとは、わたしの本意ではない。なるほど、ローマのサーカスはきわだって効果的であったかもしれない。実際、それらはこれまでにつくられた反民主主義的諸制度のなかでもっともすぐれたもののひとつであった。しかし、ひとつの著名な事例をあげれば、中世のカーニヴァルである。暴飲暴食、叛乱、セクシュアリティを、酩酊しながら賛美するものであったが、そこは、あきらかに抗争の場であった。富裕なパトロンたちが、カーニヴァルを、ヒエラルキー的秩序が解消したならば起きるであろう恐怖を大衆に警告する好機とみていたのはまちがいない。だが数々の祝祭を実際に組織化し、主宰していた庶民（common folk）たちは、このような見通しに、決して怯えはしなかった（実際、カーニヴァルはしばしば現実の蜂起の機会となったのである）。[*37]

ファンタジー文学もまた抗争の場であることは、まちがいない。その作者たち自身は、みずからの著作の政治的含意についてしばしばあやふやである。J・R・R・トールキンは、たとえば、じぶんはアナキストであるか、あるいは「非立憲主義的」君主制主義者であると、述べたことがある。かれはついにどちらであるか決めかねたようにみえるのだが。[*38] もちろん、このふたつの立場が共有しているのは、それらがともに根本的に反官僚制的であるところにある。このことは、ほとんどすべての幻想文学にもあてはまる。管理システムを維持するのは、ひたすら悪人のみなのである。事実、ひとはファンタジー文学の鍵となる特徴を逐一あげながら、その各々に官僚制の特定の要素のまったき否定をみることができよう。

・ファンタジー世界を特徴づける傾向のひとつは、善と悪の絶対的分割（あるいはせいぜい、あいまいな善と絶対的な悪）である。そこにはいくつかの勢力があり、それらのあいだで可能な唯一の関係は戦争なのである。実際、そうした絶対的悪漢《ヴィラン》との抗争となると、戦争も、慣習やエチケット、騎士道精神によって媒介されず、絶対的なものになる傾向がある。これは英雄社会とも中世社会ともきわだった対照をなしている。それらの社会では、組織化された暴力——貴族の娯楽——は、しばしば名誉こそすべてであるような、儀式化されたゲームに接近していく傾向があるのだから。［したがって］絶対的悪の原理は、**価値自由の規則に拘束された中立性という官僚制的原理**を否定するために、そうした善と悪のような原理がいかなる行政的秩序にとってまったく異質であるという事実を否定するために、存在しているようにおもわれる。ファンタジー世界の構成する価値はきわだって絶対的なものであるため、端的に価値自由であることは不可能なのである。

・根本的に人類ではあるが、同一の社会的・法的・政治的秩序のもとに統合することの絶対にできない、半人類——ノーム［地中の宝を守るとされる地の精］、ドロウ［イギリスの島々の民話における精霊あるいはダンジョンズ・アンド・ドラゴンズにおけるエルブ］、トロル†4［北欧とりわけノルウェーの伝承における一種の妖精］など——のファンタジー宇宙における存在は、そこではレイシズムが現実であるような世界を形成している。「エルフ†5の種族《レイス》」とか「小びとの種族《レイス》」などなど、人種の言語が直接に用いられることもよくある。そうでない場合でも、そこは、さまざまなヒューマノイドたちが**存在する**世界であって、このヒューマノイドたちは、言葉をしゃべり、家屋を建て、芸術を創造し、儀式をおこなう、といったことはできるのだが、にもかかわらず、モラルや知的資質については根本的に異質なのである。これこそ、規則《ルール》はだれにとっても同一であり、祖先がだれであろうと不関与であって、法のもとでは平等に処遇されねばならない、という**無差別性についての官僚制的原理**の絶対的否定そのものである。オーク［トールキンの小説やその他に登場する好戦的で残忍な種族］がいて、ピクシーがいて、というような世界では、平等な処遇は事実上、想定不可能なのである。

・ファンタジー世界における正当な権力は、純粋なカリスマないし過去のカリスマの記憶に基盤をおく傾向がある。アラゴルン［指輪物語の登場人物］は決してだれかを強いて追随させようとはしない。アスラン［『ナルニア国物語』のライオン王］も同様である。あるいはゲド［『ゲド戦記』の登場人物］も。国家のような装置をつくろうとするのは悪人《バッドガイ》のみであり、悪人がそれらしきものをつくったとしても純粋に強制にもとづくものとなる。さらにいえば、自己刷新をつづけることができないカリスマ的権威は、衰弱し、腐敗していく（たとえば、デネソールとかゴーメンガースト［イギリスの作家マーヴィン・ピークのゴシック・ファンタジー小説、その舞台となる架空の城の名前］）か、あるいは、不気味なゴシック風のゾンビ的存在へと堕していく傾向にある。本物の生き生きとしたカリスマ的権威の可能性

†4　ノーム（gnomes）、ドロウ（drow）、トロル（trolls）：ノームは、地中の宝を守るとされる地の精、ドロウはイギリスの島々の民話における精霊、トロルは北欧とりわけノルウェーの伝承における一種の妖精。これらはトールキンからＲＰＧゲームにいたるまでのキャラクターのモデルになっている。
†5　エルフ。チュートン（ゲルマン）民話に出てくる魔力をもつ小人であり、妖精と訳されることもある。トールキンの中つ国ものでは、不老不死の美しい種族としてあらわれる。

そのものがつねに戦争に基礎づけられているがゆえに、正当な権威は恒常的な物理的不安定なしにはありえないことを、このことは意味している。いいかえれば、政治家がたえず支持者を獲得しようとつとめている近代的な「民主主義的」共和国という政治的理念は維持されている——強調したように、いずれにしてもこれはつねにそうした共和国における英雄的／貴族的要素であった——ものの、主権の原理から、そしてなによりも、**官僚制的手続きの規則性や予測可能性、実力行使の規則化——官僚制的秩序においては、実力行使は、規則性の原理を支えるために利用される場合にのみ正当であるとみなされる——からは、まったく切り離されている**。要するに、ファンタジー世界においては、真に正当である権威ある人物はたいてい暴力的であるのだが、かれらは規則を執行するために暴力を用いたりはしないのである。

・そこからみちびきだしうる命題。英雄社会と同様に、ファンタジーにおいても、政治生活は、そのおおよそが物語の創造にかかわるものである。説話《ナラティヴ》は、説話の内部に埋め込まれている。つまり、典型的なファンタジーのストーリー展開は、しばしばそれ自体、ストーリーを語る、解釈する、そしてあたらしいストーリーのための素材を形成する、といった過程にむすびついたものである。これは**官僚制操作の機械的性格**とは顕著な対照をなしている。行政的手続きは、ストーリーの形成にはほとんどまったく関与して**いない**。官僚制的背景のもとではストーリーがあらわれるとしたら、なにかうまくいかないときである。ものごとが円滑に作動しているとき、いかなる種類のナラティヴ・アーク［首尾一貫した物語の単位］も存在しないのである。

・さらにいうと、主役たちは、古代言語における謎、謎めいた神話や予言、ルーン文字のパズルなどなどに、はてることもなく没頭している。対照的に、官僚制的手続きは**透明性の原則**に基盤をおいている。そこでは、規則《ルール》は明確化され、画一的に表現されており、万人に対してアクセス可能であると想定されている。だれもが知っているように、これが実態に即していることはめったにはない。しかし、原則としてそういうものである、と想定されてはいる。わたしたちの大部分にとって、行政上の書類というものは、ある月の周期においてのみ可視的になるエルフの謎と少なくとも同程度には謎めいているものである。だが、想定上ではそうではないことになっている。実際、もっとも腹立たしい官僚制の戦術のひとつが、透明性の詐称による情報の偽装である。たとえば、重大なひとつの情報を、当該部署のeメールの渦のなかにまぎれこませるといったやりかたである。そうすると、eメールの数は膨大なので、だれもそれをすべて読むことはできないのである。あたらしい政策とか責任の所在について、そんなこと聞かされてないよとわたしたちが不平をもらすとき、官僚たちは勝ち誇ったように書類上のデータ（たいてい過去数カ月以内のものである）や規定をもちだし、そこにあたらしい規則の記載のあることを示してみせる。[*39] これに比較すれば、ファンタジーの素材のうちにはある種の快楽がある。謎は実際に謎であって、それらは謎であるとみなされてもいる。［官僚制のように］本当のところ、これは完全に透明で単純なのであって、すぐに理解できないとしたらあなたの方になにか問題があるのだ、と、あなたに言い聞かせるために顔をだす役人はいないのである。

右のこの事例があきらかにするように、わたしたちがこうした定数［不変の諸特性］を議論するさいに相手にしているのは、官僚制システムが機能すべき様式についての抽象的理念なのであって、実際に機能している様式ではない。現実には、官僚制が中立であることなどめったにない。それはたいてい、特定の特権的集団（たいてい特定の人種集団）によって支配されるか、あるいは、特権的集団をそれ以外の集団よりもひいきするものである。官僚制は、あまりに複雑で矛盾に充ちているため、にわかにはだれも理解できない規則を設定することによって、例外なく行政官たちに巨大な私的権力を授けることにいたりつく。しかし、現実世界においては、こうした官僚制的原理からの逸脱は、総じて濫用とみなされている。［ところが］ファンタジー世界では、それは美徳とみなされるのである。

それでも、こうした美徳はあきらかに、つかのまのものとして設定されている。ファンタジーの地は、旅をするにはスリリングな場所であるが、本当にそこで暮らしたいと考えるものはほとんどいない。しかし、そうした文学が――作者の意図はどうあれ――読者を手引きして、きみの官僚制的なものへの疑義のいきつく先はどうなるか考えてみたまえ、といったふうに問いを生じさせるよう機能するというわたしの考えが正しいとすれば、まさにここが問題なのだ。

要するに、ファンタジー文学は官僚制をいっさい排除した世界を想像する試みである。読者たちはそれをじぶんの現実逃避として楽しむとともに、退屈で管理されきった［現実］世界は、それに代替するいかなる想像可能な世界よりもおそらく結局のところ好ましい、という安心感をそこからうるのである。

それでも、官僚制と官僚制の諸原理が、ファンタジー世界にまったく存在しないわけではない。それらは、いくつかの方向から忍び込んできている。

一例をあげると、ファンタジー世界でもそのほとんどで、中世における想像上のコスミックな古い行政管理が完全に否定されているわけではない。なぜなら、その世界では、テクノロジーはおよそ風車や水車レベルにとどまっているにもかかわらず、魔術が現実に機能しているからである。そして物語にあらわれるタイプの魔術は、ほとんどの場合、イアンブリコス［三世紀から四世紀にかけて活動したシリア生まれのネオプラトニスト哲学者］のような古代の神働術者［魔術者］（theurgists）からマグレガー・メイザーズのようなヴィクトリア朝の魔術師（mages）にいたるまで、西洋における儀式的魔術の伝統からとりだされている。魔法円に呼び寄せられる悪霊、詠唱、呪文、法服、魔除け、巻物、魔法の杖などでぎっしりつまった伝統である。ファンタジー世界のなかで、コスミックなヒエラルキーは、あれこれの形態で保持される傾向にある。コスミックなヒエラルキー、すなわち、魔術、命令、権力、影響力、そしてそれ自体、さまざまな権力と教派や、行政責任の諸領域をともなった天球のおりなす複雑な論理的秩序である。そうしたヒエラルキーが、反官僚制的宇宙それ自身の機構内部にひそむ、少なくともひとつの秘められた潜在的権力のかたちとして保持される傾向にあるのである。なるほど、その最初期のきわだって揺るぎない反官僚制的宇宙において、魔法使いは悪人であるか（『コナン・ザ・バーバリアン「英雄コナン」』におけるズカラ、あるいは無数の類似した大衆小説《パルプフィクション》、あるいはマイケル・ムアコックの非道徳的なエルリック）[*40]、あるいは、善人であるときでも、かれらの術《アート》の技術的側面はミニマムなものである（ガンダルフ「J・R・R・トールキンの中つ国を舞台とした小説、『ホビットの冒険』、『指輪物語』の登場人物。魔法使いのひとり」の力は、謎めいた呪術の知識から由来するというよりは、かれの人格的カリスマの延長であるようにみえる）。しかしそこから『ゲド戦記　影との戦い』（A Wizard of Earthsea）から『ハリーポッター』にいたるにつれて、魔術——そして魔術的知識——が、ますます中心的位置を占めるようになった。そしてもちろん、この展開は、キンメリア、あるいはエルフの国、あるいはヒュペルボレア[†6]のような、はっきりと英雄的である領域から、古典的な官僚制的制度**内部**に設定された反官僚制的説話《ナラティヴ》への移行でもあった。たとえば、『ハリーポッター』の舞台は、銀行、魔法評議会、審議会、そして監獄すらそなえている魔術世界のなかのイギリスのボーディングスクール「全寮制学校」なのである。『ハリーポッター』シリーズにおいては、これはまさしくジョークである。要するに、世界の脱呪術化に寄与したなかでもいちばん退屈で息苦しい制度をとりあげて、想像できるかぎりでも飛び抜けて呪術化された世界をでっちあげてみようというわけだ。

どうしてこういうことが起きるのだろう？　そう、ひとつの理由は、大衆文学の諸ジャンルがますます書物に限定されてはいないということだ（これは子どもや若者がかかわっているとき、とりわけそうである）。たんに映画やテレビに拡がっていく、というだけではない。ボードゲームから模型、パズル、アクションフィギュア、多様な形態をファン文学、ジン、ファンアート、ビデオ、コンピュータゲームなどなども待っている。ファンタジーのジャンルの場合において、最近の作品の動向を理解するには、なによりまず、ダンジョンズ&ドラゴンズのようなロールプレイング・ゲームの、一九七〇年代終わりにおける登場［実際は一九七四年］を理解することなしにはありえない。それはおびただしい数の世界中のティーンエージャーに、じぶん自身のファンタジー世界やファンタジーの冒険を実際に即興的に創作することを可能にした。あたかもかれらが集合的に、リアルタイムに、じぶん自身の冒険のストーリーやスクリプトを書いているかのように。

熱烈なファンいうところのD&D［ダンジョンズ&ドラゴンズの略称］は、あるレベルでは、想像しうるかぎりでのもっとも自由な形式のゲームである。というのも、キャラクターたちは、

†6　キンメリアは、北方未開のコナンの出生の地。ヒュペルボレアは、ギリシア神話に登場する極北の楽園。ファンタジーにおいては王国の争う架空の大地。

ダンジョンマスターの創作した制約、すなわち、書物、地図、テーブル、そして、町、城、ダンジョンズ、そして自然領域などのようなプリセットされた空間の内部で、いっさいの自由を許されているからである。多くの点で、それは実際にまったくアナーキーである。というのも、軍隊に命令をくだす古典的な戦争ゲームとは異なり、そこにみられるのは、アナキストが「アフィニティ・グループ」と呼ぶもの、すなわち、能力を補い合って（ファイター［戦士］、クレリック［僧侶、聖職者］、ウィザード［魔法使い］、ローグ［盗賊］などなど）共通の目的にむかって協働するが、はっきりとした命令の連鎖はない、個人からなる一団であるからである。それゆえ、社会的諸関係は非人格的な官僚制的ヒエラルキーとは真っ向から対立しているのだ。しかしながら、別の意味では、D&Dは、反官僚制的ファンタジーの究極の官僚制化を表現してもいる。そこには、あらゆるもののカタログがある。たとえば、さまざまなタイプのモンスターがいて（ストーンジャイアンツ、アイスジャイアンツ、ファイアジャイアンツ……）、詳細な一覧表であらわされたパワーと、ヒットポイントの平均的数（殺すことの困難度を示す）をそなえている。そして、人間の能力のタイプ（筋力、知力、判断力、敏捷力、耐久力……）、さまざまな能力のレベルに応じて利用可能な呪術のリスト（マジックミサイル、ファイアーボール、パスウォール……）、神々やデーモンたちのタイプ、さまざまな種類の防具や武器の効力、モラル上の属性までも（ひとは、秩序にして中立でありうるし、混沌にして中立でもありうる。あるいは、中立にして善でもありうるし、中立にして悪でもありうる。これらを組み合わせて、九つの基本的な道徳的性格が生成する）が存在している。書物は中世の動物寓話集や魔術の書を彷彿させる。しかしそれらは大部分が統計からなっている。すべての重要な特性は数に還元されうるのである。実際のプレイにおいて、規則《ルール》は存在しないというのもまた本当である。書物はたんにガイドラインにすぎない。ダンジョンマスターは、あたらしい呪文、新種のモンスターを発明したり、既存のそれらに無数のヴァリアントをつけ加えたりしながら、規則《ルール》とたわむれるのである。どのダンジョンマスターの世界も異なっている。数はある意味で、それ自体一種の詩的テクノロジーであるところの想像力のクレイジーな妙技なのである。

それでも、数の導入、キャラクター、能力、モンスター、宝物、呪文のタイプの標準化、能力値やヒットポイントの概念は、六面体、八面体、一二面体、そして二〇面体サイコロの世界から、デジタルインターフェースへと移行するさいに、深遠なる影響をもたらした。コンピュータゲームによって、ファンタジーはポイントの蓄積、レベルの上昇などからなる、ほとんど完全なる官僚制的手続きへと転化することができたのである。軍隊のコマンドへの回帰があった。このことは転じて、べつの方向への動きも解き放った。つまり、ロールプレイングをコンピュータゲームに導入することによって（エルフクエスト、ワールド・オブ・ウォークラフト……）、詩的テクノロジーと官僚制的テクノロジーのあいだのたえざる動揺がみられるようになったのである。しかしそうすることで、こうしたゲームは、根本的には、以下のような感覚を強化している。すなわち、わたしたちの生きる世界では、会計［計算］手続きが現実の機構そのものを決定している。

しかるに、そこでは、このガチガチの管理世界のもっとも絶対的な否定ですらも、しょせん、たどりつくところは、寸分違わぬものに若干の変化を追加したヴァージョンといったところなのだ、と。

4　規則《ルール》のユートピア

ファンタジー世界について、このように時間をかけて論じてきたひとつの理由は、この話題が、プレイ、ゲーム、自由の本性について、根本的な問いを投げかけてくれるからである。そして、おもうに、それらすべてが官僚制のひそかな魅力の核心にあるのである。一面では、官僚制ほどプレイ的なものから遠いものもない。機械的で非人格的であるがゆえに、それはいかなる遊戯性《プレイフルネス》の可能性をも否認するものであるようにもみえる。他方で、官僚制の迷宮にはまることは、まるで、ある種のホラーゲームにとらえられているようにも感じられるのだ。

官僚制はゲームを形成する。それも決して楽しくはないゲームであるが。しかしここでは、ゲームとは本当はなんなのか、そもそもそれを楽しいものにしているのはなんなのか、慎重に考察してみるのが有益であろう。なによりも、プレイとゲームのあいだの関係はどのようなものか？　わたしたちはゲームをプレイする。そうだとして、このことはプレイとゲームとは本当はおなじものであることを意味しているのだろうか？　たしかに、このプレイとゲームのふたつの言葉のあいだに区別をつけることすら、英語においてはいくぶんか異例である。というのも、ほとんどの言語においては、おなじ言葉が両者をカヴァーしているのであるから（フランス語の ***jeu*** やドイツ語の ***spiele*** のように、このことはほとんどのヨーロッパ語にすらあてはまる）。しかし、べつのレベルでは、それらは対立しているようにもみえる。プレイは形式に束縛されない創造性を指し、ゲームは規則《ルール》を指している、といったように。

偉大なるオランダの社会学者ヨハン・ホイジンガは、表向きはプレイ［遊び］の理論ということになっている『ホモ・ルーデンス』という書物を著した。実のところ、この本で展開された理論は、プレイ論としてはまったくダメなものだが、ゲーム論としては悪くない。*41 ホイジンガによれば、ゲームは特定の共通する特徴をもっている。まず、それらは時間と空間にはっきりと拘束されているし、それによって日常生活から隔絶している。ひとつの領域《フィールド》があり、ひとつの盤《ボード》があり、開始の合図があり、終わりを画する契機がある。この時間／空間の内部では、特定の人びとはプレイヤーとして指示される。規則《ルール》もまた存在する。それはこれらのプレイヤーができることとできないことを定めるものである。最後に、なにが賭けられているのか、プレイヤーがゲームに勝利するためになにをなすべきか、についての特定の明確な理念がある。そして、決定的なのは、これがそこに存在するすべてであることである。この枠組みの外にある場所、人物、行為は、それがいかなるものであれ、無関係のものである。それは問題にならないのであり、ゲームの一部ではないのである。別のいいかたをすれば、ゲームとは純粋に規則《ルール》に支配された行為なのである。

このことが重要におもえるのは、ゲームが楽しい理由がまさにこれであるからである。人間存在についてのそれ以外のいかなる局面においても、以上のすべてがあいまいである。家族のけんか、あるいは、職場でのライバル関係を考えてみよう。だれが関係しているのかしていないのか、どういう態度がフェアなのか、それがいつはじまりいつ終わるのか、そもそもそこで勝つとはなにを意味しているのか。それを言い当てるのは、きわめて困難である。こうしたなかでもっとも困難なことは、その規則《ルール》を理解することである。じぶんのおかれたほとんどいかなる状況においても、規則《ルール》が**存在する**——なにげない会話においても、だれが、どのような順番、ペース、トーン、態度で話をするのか、どのような話題が適切でどのような話題がそうではないのか、いつ笑うべきか、どのようなユーモアならば許されるか、目をどのように働かせるべきか、それ以外に無数のことがらについて、暗黙の規則《ルール》が存在している。これらの規則《ルール》がはっきり提示されていることはめったにないのであり、たいていそれらの多くは矛盾し合うものである。そしてその矛盾は、いつでも発見されうるものだ。それゆえ、わたしたちは、そうした規則《ルール》のあいだを渡り歩くという困難な作業をおこなっているのであり、他者がどのようにそれをおこなっているのか予測しようと試みているのである。ゲームがわたしたちに開示するのは、こうしたあいまいさのすべて一掃された状況についての、ただひとつのリアルな経験である。だれもが規則《ルール》はどのようなものか、正確に知っている。それだけではなく、だれもが実際にそれらにしたがって**いる**のである。

おまけに、それにしたがうことで、勝利すらできるのだ！　このことこそが、現実の生活とは異なってひとが規則《ルール》に完全に自発的に従属するという事実とともに、快楽の源泉なのである。

それゆえ、ゲームとは一種の規則《ルール》のユートピアなのである。

このように考えることで、ゲームとプレイのあいだの真の差異も理解できる。なるほど、ひとはゲームをプレイすることができる。しかし「プレイ」について語ることは、必ずしも、規則《ルール》の存在を含意しているわけではない。*42 プレイは純粋に即興的なものでもありうるのだから。ひとは端的に［規則なしに］たわむれることもできるだろう。この意味では、ゲームとは区別された、純粋な形態におけるプレイは、創造的エネルギーの純粋な表現を含意している。事実、「プレイ」についての使える定義をひねりだすことが可能だとすれば（これは困難なことで有名であるが）、こうしたラインに沿ってのものでなければならないだろう。すなわち、プレイが存在しているといえるのは、創造的エネルギーの自由な表現が目的それ自体になっているときである。それは自由そのもののための自由なのである。しかしこのことが、プレイをして、ある意味で、ゲームより高次のレベルの概念にしているのである。すなわち、プレイはゲームを生成することができるし、規則《ルール》を生成することもできる。事実、プレイはすくなくとも暗黙の規則《ルール》を不可避に生み出すのである。というのも、ひたすらランダムであるようなプレイはすぐに退屈になるからである――だがそれゆえ、定義からして、プレイそれ自身を本質的に規則《ルール》に拘束されたものとはできないのである。このことはプレイが社会的なものになるほど、よりいっそう真実である。たとえば子どものプレイの研究がこぞって発見していることだが、想像上のゲームをプレイする子どもたちは、実際にゲームをプレイするのと同程度の時間を規則《ルール》について議論することに費やしてしまう。そうした議論は、それ自身、プレイの一形態となるのである。[43] あるレベルでは、このことはすべてはっきりしている。すなわち、ここではまさに形式の生成が問題になっているのである。自由は、なにごとかと緊張関係になければならない。さもなくばそれは、たんなるランダムネスにすぎない。このことが示唆するのは、プレイの絶対的な純粋形態、すなわち、現実にいかなる種類の規則《ルール》にも（プレイ自身が生んでいつでも無視できるようなもの以外の）絶対に侵食されないプレイとは、それ自身は、コスモスを生成する聖なる諸力の一アスペクトとして、わたしたちの想像力のなかにしか存在できないということである。

インドの科学哲学者であるシブ・ビスナバサンからの引用である。

ゲームとは、拘束された、一定の、問題解決方法である。プレイはよりコスミックで、オープンエンドである。神々はプレイする。だが人間は不幸にも、ゲームする存在である。ゲームは予測可能な解決をもつ。プレイはそうではないだろう。プレイは、創発、新奇性、驚異《サプライズ》を可能にする。[44]

まったくその通り。だが、まさにここでいわれる理由から、プレイについては潜在的におそるべきなにかもまたみてとれる。このオープンエンドの創造性はまた、ランダムに破壊的であることを可能にするものでもある。猫はネズミとたわむれる。蠅の羽根をむしりとるのもまた、プレイの一形態である。正気の人間が、気まぐれ《プレイフル》な神々と出会いたいと望むことなど、めったにないだろう。

ここで、ひとつの提案をしてみたい。

官僚制の魅力の背後にひそむものは、究極的には、プレイへの恐怖である。

社会理論家にとって、規則《ルール》を生成するものそれ自身は規則《ルール》に拘束されないという原理としてのプレイには、だれの眼にもあきらかなアナロジーが存在する。主権の原理である。読者にはおもいだしてほしいのだが、主権とは、根本的には現行の「国家」の観念のなかに統合されている三つの原理のうちのひとつ——行政と政治とならんで——であった。「主権」という用語は、いまや政治理論においては、ほとんどの場合、「独立」とか「自律」の同義語として用いられている。国の境界内で好きなようにふるまう政府の権利といったような。ところがそれがもともとあらわれたのは、王の権力についてのヨーロッパ特有の論争に由来している。基本的に、問いは次のようなものであった。王国の至高の統治者は、そもそも、王国の法に拘束されるのか？

主権者がこうした法によって拘束されないと論じる人びとは、神の力とのアナロジーをひきあいにだした。神は、あらゆるコスミックなモラリティの体系の創造者であり、究極の執行者である。しかし、システムを創造するためには、その何者かはそれに先立たねばならない。このため、神自身がモラルの法に拘束されるはずはないのである。これはとりたててめずらしい結論ではない。マダガスカルでは、このことをことわざに表現された知恵がはっきりと述べている。そこでは神は究極的な裁判官として――高みから監視し、逸脱行為を処罰する――と同時に、さしたる理由もなしに稲妻を落とし、死すべき者どもを一掃する、完全に気まぐれな存在としても表象される。ときにアフリカの王たちは、この絶対的原理の人間による体現者にみずからを仕立てようと試みた。もっとも有名な事例は、ガンダ王国[†7]のカバカである。あるイングランドからの訪問者が、じぶんを印象づけるため、カバカに新型の高性能な銃を贈った。カバカは、それを受け取ると、お返しとばかりに通りを歩いている臣下をたちを手当たり次第、試射の標的にして、**かれらに**印象づけることになった（カバカはまた、くしゃみをしたからと、じぶんの妻たちを処刑したことで知られている）。しかし同時に、カバカの君主としての正当性は、なによりも、王国の最高判事として公平な裁定をおこなうという評判に基礎をおいていた。ここでもまた、このふたつは結合しているとみなされている。すなわち、王は望むことをなんでも絶対的におこなう（あるいは取得）できるがゆえに、買収されることもありえなかったのである。かれには公平（impartial）にふるまわ**ない**理由がまったくなかったからである。ガンダ王国は、この原理をこのような極端にまで推し進めた点において異例であった（そしてアフリカにおいて、ものごとをここまで推し進める王は、ほぼ例外なく、最終的には不幸な結末を迎えるものであることは述べておかねばならない）。だが、それでも、超越的主権というこの絶対的観念と、たとえばカール・シュミットの「政治神学」――近代国家において主権的権力は究極のところ法を宙づりにする権力であると主張する――とのあいだには、直接の連続性がある。*[45]

この意味での主権は、究極的には、ゲームを生み出す生成原理としてのプレイと同一である。しかし、もしそうだとすれば、それはまたもっともおそろしいコスミックな形態におけるプレイでもある。これを「トップダウン」プレイと呼ぶ者もあるが、それをもっとも明確に発展させたのがインドの神学であるようにおもわれる。そこではコスモスそれ自体が本質的に神の諸力のプレイなのである。*[46]しかし、ブライアン・サットン・スミスがその著作『プレイのあいまいさ』（*The Ambiguities of Play*）で指摘しているように、これは古代世界全体において支配的観点でもあった。そこでは人間存在なるものは、運命と宿命のおもちゃなのである。そうした世界においては、きわだって**人間的**であるゲームとは、賭け事である。賭け事にあって、わたしたちは、自発的に神々のランダムな気まぐれに身をゆだねるのであるから。*[47]

そうした世界において、自由《フリーダム》とは実際にゼロサム・ゲームである。神々ないし王たちが自由であるとは、その自由の分だけひとが隷属しているということなのである。

---

†7　ガンダ王国はかつてウガンダ南西部からタンザニア北西部一円を支配したブニョロ＝キタラ王国から分岐した小王国にすぎなかったが、一七世紀に入りニョロ王国が衰退するとともに伸張し、一八世紀に強大となる。

こうしたことすべての帰結がどこにむかっていくのか、それをみるのは困難ではないだろう。近代国家は、人民主権の原理に基礎をおいている。究極的には、王の神聖なる力は、「人民（the people）」と呼ばれる実態の手のうちにある。実際には、だが、人民主権がそもそもなにを意味しているとされているのか、ますます不明確になっている。マックス・ヴェーバーが、主権国家の制度的代表者たちは、国家の領域内部で暴力の権利の独占を保持している、と主張していることは、よく知られている。[*48] 通常、この暴力が行使されうるのは、特定の適切に承認された役人（兵士、警察官、刑務官）によってのみであり、はっきりと法によって規定された方法によってのみである。しかし、究極的には、主権的権力は実際に、いまだ、そうした合法性を無視するか、あるいは、おもうがままに構成する［粉飾する］権利である。[*49] アメリカ合衆国は「人ではなく法の支配する国」と自称するであろうが、近年、わたしたちが学んだように、アメリカ大統領は、拷問、暗殺、国内の監視プログラムを命じることができるし、囚人をいかようにも処遇できるグアンタナモのような治外法権ゾーンすら設定できるのである。もっとも［国家のヒエラルキーの］低いレベルでも、法を執行する人びとは、実際には法に服していない。たとえば、警察官がアメリカ市民に対して**なにをやったとしても**、その警察官を罪に問うのはきわめて困難なのだ。[*50]

ブライアン・サットン＝スミスによれば、「ダーク・プレイ」と呼ばれることもあるこのプレイについての古い「トップダウン」的観点は、現代世界において、実際にはもはや支配的ではない。ロマン主義の時代以来、プレイを壊乱的とか教育的とみなしたり、あるいは想像力に充ちたものとみなす、もっと陽気なボトムアップのおびただしいレトリックに、おおかた場所をゆずってきたというのである。この主張が正しいことはうたがう余地がない。しかし、わたしには、かつての見方も完全に消えていないようにおもわれる。[*51] なにはともあれ、それは政治的レベルでは保持されている。政治的レベルにおいては、いずれの権力による恣意的おこないも、ここで問題視すべきは権力ではなく恣意性――つまり自由それ自身――である、という感覚を強めてしまう傾向があるのだ。[*52]

　これは、共和主義的な統治の形態（いまは広範囲に「民主主義」と誤って呼ばれている）が常態になるときには、ほとんどつねに起きる事態である。法的秩序、それゆえ国家暴力が規則《ルール》の究極の執行者であるようなゾーンが拡大して、ほとんどすべてのありうる人間活動の領域を規定し、統制するようになるのである。こうして、先に述べたように、わたしたちはあらゆるものごとを定めるもろもろの規制にいたりつくのである。いろんな種類の飲料について、提供する場所や消費する場所を定めることから、仕事の方法、やり方、職場から離れることのできる時間、できない時間、通りからみえる広告のサイズにいたるまで、あらゆるものごとである。実力《フォース》による脅威は、実際に、わたしたちの生活のすみずみまで浸透してきている。そのおそるべき浸透のありさまたるや、ヘリオガバルス、[†8] チンギス・ハン、スレイマン一世による支配のもとでは端的に想像することもなかったであろう。

　すでに日常生活のあらゆる領域への規制や暴力の浸透については述べてきた。［それをふまえて」ここで論じたいのは、このような強制的命令は、究極的には、ある暗黙のコスモロジーから派生しているということである。この暗黙のコスモロジーのもとでは、ゲームのようなふるまいは透明で予測可能なものとして称賛されながら、プレイ原理（そしてその延長で、創造性）そのものはおそるべきものとみなされている。しかるに、その結果として、こうした規則《ルール》や規制《レギュレーション》のすべての上昇が、それ自体で、一種の自由として経験されているのである。

このようなことは、国家の暴力の脅威が最大限遠ざけられているような文脈ですら起きる。その好例が、学校の管理運営である。すでに論じたように、人類学者はじぶんたちの分析ツールをみずからの制度的環境にむけることをいやがることで悪名高いのだが、例外はある。そのすぐれた一例が、イギリスでは「会計監査文化（audit culture）」として知られるようになったものへのマリリン・ストラザーンによる分析である。会計監査文化の背後にある基本的発想は、仕事をちゃんとこなしているかを把握するための明確で「透明な」基準がなければ、大学環境は、端的に恣意的な人格的権威にもとづく封建制度と化してしまう、というものである。表面的には、この議論に反論はむずかしい。だれが透明性に抵抗することができるだろうか？　ストラザーンは、こうした改革が押しつけられたとき、ケンブリッジ大学の人類学部の学部長であった。その著作『会計監査文化（*Audit Cultures*）』で、彼女は、この種の官僚制化の帰結を記録している。[*53] ケンブリッジは、独特の仕方ではあるが、無数の慣習と伝統を堆積させた本質的に封建的制度であった。人類学は、比較的あたらしい学部ではあったが、運営のための独特の伝統的方法があった。それらについて、だれも完全に明文化することはできないし、実際に、だれも完全には理解してはいなかったのだが。しかし、行政当局に対して「透明性」を確保するためには、それらの明文化に着手せねばならなかった。要するに、繊細でニュアンスに富んだ手続きの諸形式であったものを、明確に表明された一連の規則《ルール》に転換させることである。結局、かれらは慣習を一種のボードゲームに転換させねばならなかったのである。そうした要求を突きつけられたとき、だれもがすぐにこう考えた。「なるほど、わかった。これを明文化してお役所に提出したら、あとはおなじようにやればいいんだな」。ところが、実際には、これが不可能であることが即座に判明する。というのも、どんなささいなものでも、もめごとが持ち上がったとたん、どちらの側も、自動的にルールブックに訴えはじめたからである。

そうした改革の目標は、恣意的な人格的権威を排除することにあったのかもしれない。だが、いうまでもなく、改革がそれを達成することはない。人格的権威は一段階レベルアップして、特定の事例においては規則《ルール》を無視する力能と化したのである（ここでもまた主権的権力の一種のミニチュア版である）。しかしながら、設定された目標を改革がいっさい達成しなかったとしても、その正当性が危うくなるということはない。それどころか正反対である。というのも、そうした

†8　マルクス・アウレリウス・アントニヌス・アウグストゥス。ローマ帝国第二三代皇帝で、セウェルス朝の第三代当主。ヘリオガバルス、またはエラガバルスという渾名・通称で呼ばれた。これはオリエントにおけるヘーリオス信仰より派生した太陽神のエル・ガバルを信仰したことに由来する。

人格化された権力に反対する者のできることは、ただたださらなる規則《ルール》とさらなる「透明性」の要求のみだったからである。自由と正義の追求は、突如として、すべてをゲームに還元することで達成されるということになってしまったのだ。

少し考えてみるならば、このたぐいのことは、恣意的な人格的権威とはなんの関係もない文脈においてすら、つねに起きている。いちばんわかりやすい例は言語である。それを文法書効果（**the grammar-book effect**）と呼んでみよう。ひとは文法書を書くことによって言語を発明するわけではない。ひとが文法書――少なくとも当該言語にとっての最初の文法書――を書くのは、ひとが語るときに適用しているようにみえる大部分は無意識である暗黙の規則《ルール》を観察することによってである。しかし、いったんこうした本があらわれると、とりわけ、それが学校の教室で採用されると、ひとはこう感じはじめる。［文法］規則《ルール》とはひとの語る方法をたんに記述したものではなく、どう語る**べきか**を規定したものである、と。

文法書がつい最近書かれたばかりのような場所で、このような現象を観察することはたやすい。世界の多数の場所で、最初の文法書や辞書は、一九世紀、そして二〇世紀においても、キリスト教の宣教師によって作成された。聖書やそれ以外の聖典を、これまでに書かれていない言語に翻訳することが意図されていた。たとえば、マダガスカルで使用される言語であるマラガシ［マダガスカル語］の最初の文法書は、一八一〇年代と二〇年代に書かれている。もちろん、言語はつねに変転しているから、マダガスカルの話言葉――その文法すらも――は多くの点で、二〇〇年前と比べてもまったく異なっている。しかしながら、だれもが学校で文法を習っているので、そのことをあなたが指摘すると、ひとびとは反射的にこういうのである。いまのひとは、文法規則にちゃんとしたがっていないから、たんにまちがってしゃべってしまうのだ、と。あなたが指摘するまで、だれの頭にも、宣教師が二〇〇年後にやってきて文法書を書いたとすれば、そこでは現代の用法がただひとつの正確な用法で、二〇〇年前のようにしゃべる人間はかれらこそがまちがっているとされるだろう、といったことは浮かばないのである。

事実、わたしはこのような態度が、マダガスカル語の日常会話の修得を困難きわまりないものにしていることを発見した。わたしがたとえば大学生のようなネイティヴの会話者を語学教師として雇ったときでさえも、教えられるのは、かれらが学校で習った一九世紀のマダガスカル語であった。わたしの語学力が上がるにつれて、かれらの会話は、わたしの教わったのとはまったく異なっていることに気がついた。しかし、文法書にはないかれらの使用している文法形式について質問をすると、問いには応答せず、こういうのである。「こりゃスラングだよ、こんなの使っちゃだめだよ」。結局、わたしのたどりついた、現代のマダガスカルの話言葉を学ぶための唯一の方法は、会話をテープに録音し、じぶんでテープ起こしをして、それから、耳慣れない用法や表現に出会うたびに、その意味を友人にたずねることであった。それ以外はなにをやってもだめだろう。こうした文法形式が誤りであると決めつけているために、かれらは端的にそれらを文法用語で説明することができなかったのである。

ケンブリッジ大学の人類学部の場合、規則《ルール》が明文化され、そのあと固定された。表向き、恣意的な人格的権威を排除する方法として、である。［ところが］こうした改革が恣意的権威への嫌悪となんのかかわりもないことはあきらかである。改革とむすびついているのは、むしろ、恣意性そのものへの嫌悪感なのである。［それゆえ］この嫌悪感のいきつくところは、そのもっとも形式的で制度的である形態における権威の手放しの受容なのだ。つまるところ、わたしたちが最初に経験する形式的で規則《ルール》に支配された権威とは、小学校の教員ではないだろうか？　これは、マダガスカルにも同程度、あてはまることなのである。なぜ人びとは教科書に書き込まれているような言葉を実際にはしゃべらないのか、わたしが友人にたずねてみると、返ってくるのは、「ううむ、要するにみんな怠け者なんだよ」という趣旨の内容である。かれらの眼には、問題は、いうまでもなく住民が総じてそうした教育を正しく記憶しそこねてきたことにある。しかし、実際にかれらが否定しているのは、集合的創造性の正当性であり、システムの自由なプレイなのである。

少しだけ言語について考察せねばならない。というのも、わたしたちの自由の観念そのものに基本的逆説《パラドクス》が存在するということであることを、それ以外のどの素材よりもあきらかにしてくれるからである。一方で、規則《ルール》はその本質からして制約的なものである。スピーチコード、エチケット規則《ルール》、文法規則《ルール》、これらすべては、なにをいうことが可能か、不可能かを制約する効果をもっている。文法上の誤りのために子どもの手の甲をぴしゃりと叩く女教師という像を、抑圧の原初的イメージのひとつとしてだれもがもっているのには、理由がないわけではないのである。しかし、それと同時に、いかなる種類の共有された規約――意味論も、統辞論も、音韻論――もなければ、わたしたちのだれもが場当たり的にうめくのみであるだろうし、そもそもたがいの交通もありえないだろう。それゆえ、それがどこか正確にいうのは不可能だが、過程のどの時点かで、制約としての規則《ルール》は可能にするものとしての規則《ルール》へと転換するのである。かくして自由とは、実のところ、みずからがたえず生成する規則《ルール》に抵抗するという人間の創造性の自由なプレイのはらむ緊張である。そして言語学者がつねに観察しているのがまさにこれなのである。文法のない言語は存在しない。だが、文法をふくむすべてが、あらゆる時点でたえまなく変転していないような言語もまた存在しない。

なぜそうなのか、わたしたちはめったに自問することがない。なぜ、言語はつねに変化しているのだろうか？　会話するために、なぜ文法や語彙についての共通了解を必要とするのか、を理解するのはやさしい。もし、わたしたちが言語を必要とする理由がそれのみであるとすれば、こう考えることもできる。いったんある話者の一群が、目的にふさわしい文法と語彙を確立したら、かれらは端的にそれを墨守してもいいではないか。すなわち、たとえ語彙を変化させるにしても、なにかあたらしく語るべきものがあらわれた――あたらしいトレンドとか発明、輸入された野菜など――ときであって、そうでなければ言語に手を加えようとはしない、ということもあってもいいではないか。事実は、そうなってはいない。音と構造の双方を一世紀にわたって変化させなかった言語の記録を、一例たりともわたしたちは知らない。[*54] これはもっとも「伝統的な」社会の言語にすらあてはまる。保存を旨として設立された精巧な制度的機構――グラマースクールやアカデミー・フランセーズのような――においてすら、例外ではないのである。ひとつには、意志された反逆の結果（たとえば、若者は先行世代からみずからを区別しようとする）であることはまちがいない。だが、ここでわたしたちが真に遭遇しているのが、もっとも純粋なかたちのプレイ原理であるという結論はまぬがれがたい。ひとは、アラペシュ語であろうがホピ語であろうがノルウェー語であろうが、いつもおなじやり方でものをいうのを退屈に感じるものである。ひとはつねに、わずかなりともたわむれ（play around）ようとするものなのである。そしてこのたわむれはつねに、累積効果をもつものなのだ。

このような議論からすると、ひとはどこにあってもふたつの完全に矛盾し合う傾向をもつようだ。かたや、ただひたすら自己を目的としてプレイフルに創造的である傾向をもつ。かたや、そのようにふるまってはならないと命じる者に同調する傾向をもつ。制度的生活のゲーム化を可能にしているものは後者である。というのも、もしこの二番目の傾向を論理的帰結にまでつきつめるならば、すべての自由は恣意的なもののうちにあり、すべての恣意性は危険な壊乱的力能のとるかたちとなる。ここから、真の自由とは、このような自由から自由である［解放された］完全に予測可能な世界に生きることである、という議論までは、ほんの一歩である。

わたし自身の政治的経験から、もうひとつ事例をあげて終わりたい。

この三〇年から四〇年にわたって、世界中の反権威主義者は、より効果的であるあたらしい直接民主主義の諸様式――それらを強制する暴力をもった官僚制を必要としない――を創造することに熱意をかたむけてきた。こうした努力について、わたしは、別のところで詳細に記述している。多くの進歩がそこにはみられた。しかし、そうしたプロジェクトにたずさわる人間は、しばしば、まさにこの種の「恣意的」権力のホラーに対処しなければならなくなる。たとえば、あたらしいかたちのコンセンサスの過程を発展させる作業のひとつが、即興と創造性を禁じるのではなくより促進させるようなもろもろの制度のかたちを構築することである。活動家たちがときにいうように、ほとんどの環境において、人間がひとかたまりとして召集されると、このひとかたまりの人びとは、集団としては、このひとかたまりのなかのメンバーが、単独でことをなすときよりも、より少なく知的に、より少なく創造的にふるまうものである。活動家の意思決定プロセスは、そのかわり、このひとかたまりを、個人の参加者よりも、より賢明に、より想像力豊かにすべく、設計される。

これを実行するのは、実際に可能である。だが、大いなる作業量を必要とする。グループが大きくなればなるほど、より形式的な機構が設定されなければならない。このような［課題に取り組む］活動家の伝統のなかで、いちばん重要な論考は、一九七〇年代にジョー・フリーマンによって書かれた「無構造の専制[55]（The Tyranny of Structurelessness）」である。それは初期のフェミニストによるコンシャスネス・レイジング・サークルが、ある規模に達しはじめたときに生じた組織的危機についての論考である。フリーマンの観察によれば、そうしたグループはつねに一種の即席のアナキズム、すなわち、形式的で議事規則ふうの機構はいっさい必要ないという想定から出発する。たんにシスター的友愛をもって坐り込み、そして問題に取り組む、といった具合に。実際に最初のうちはそうだった。ところが、グループが大きくなって、たとえば二〇人を超えるにつれ、インフォーマルな派閥があらわれはじめ、友人どうしの小グループやその同盟が情報をコントロールし、アジェンダを設定し、さまざまのことにささいなやり方で権力をふるいはじめたのである。フリーマンはそうした傾向に対抗するための形式的な仕掛けをたくさん提案しているが、ここではその詳細に立ち入るのは不要である。ここで指摘したいのは、いま「形式的なコンセンサスの過程」といわれるものの大部分が、フリーマンの記述した危機と彼女の介入が火を着けた議論から生まれたということである。

わたしが注意を促したいのは、はっきりと反権威主義的立場をとるのではない者のほとんどすべて——そして反権威主義的立場をとるものですらそのかなりの数——が、フリーマンの論考を完全に誤読し、それを平等の保障のための形式的仕組みへの依拠ではなく、より透明なヒエラルキーを求めているものと解釈していることである。レーニン主義者たちはこうしたことになると悪名高いが、リベラルも同罪である。この点について、わたしは数え切れないほどの多くの議論をしてきた。かれらの主張はいつもおなじである。まず、派閥と不可視の権力構造の形成についてのフリーマンの議論が、二〇人を超えたいかなるグループもつねに派閥、権力構造、権威的人物をもつことになるという話しとして受け止められる。次の段階になると、そうした派閥の権力やそうした権力構造が生み出すだろう有害な効果を最小化する唯一の方法は、それらを制度化することだ、となる。つまり、事実上の派閥を中央委員会へと転換させればいい（あるいは、この用語は忌まわしい歴史を彷彿させるから、たいてい、調整委員会とか運営委員会、ないしそのたぐいの用語で呼ばれる）。それから、権力を闇からひきずりだす必要がある。要するに、プロセスを公式化し、規則を確立し、選挙をおこない、派閥のできることとできないことを正確に定めること、である。このようにして、少なくとも、権力は透明化され、「アカウンタブル」になるだろう（またもやこの用語である。それは会計手続きに由来している）。そうすれば、恣意的にはなりえない、というわけだ。

　実践的な活動家的観点からは、この処方箋はあきらかにばかげている。インフォーマルな派閥に、いかなる公式的地位も正当性も与えないことで、その実質的権力を行使する幅を狭めたほうがはるかにかんたんである。そこで想定される「公式のアカウンタビリティ構造」がどのようなものかにかかわらず、それが委員会に転じた派閥を封じ込める、というやり方は、この点では、はるかに有効ではない。とりわけ、そうすることで情報へのアクセスの格差を正当化し、それゆえその格差を大きく高めてしまうにいたるからである。そして、この情報へのアクセスの格差こそが、そもそも、さもなくば平等であるはずのグループのいくつかに、より大きな権力を与えるのである。第一章で指摘したように、透明性の仕組みは、それが生まれるやいなや、不可避に愚かさの仕組みと化すわけなのだ。

　こうして、だれかがこの点でもって反論すると、批評家はしぶしぶそれを認める（たいていそうなる。というのもそれはとても常識的だからである）。そうなると、次にくり出される擁護論は、一般的に美学的なものである。承認もされてないし、たとえ暴力の強制を完全に欠いていたとしても恣意的とみなしうる、そのような実質的な権力の構造なんて単純にイヤなもんじゃないかというのである。こうした擁護論をぶつ者は、たいてい、じぶんたちの反対意見が実際に美学的であるとまでは認めないだろう。ふつう、かれらはじぶんたちの議論をモラルのタームで考えているからである。しかし、たまに、実はなにをしているのか認めるほど正直な人物に出会うこともある。よくおぼえているのが、ウォール街占拠運動《オキュパイ・ウォールストリート》の後援で、セントラルパークでおこなわれたノーマン・フィンケルステインとの討議である（それは録音されているはずである）。かれは、まったく尊敬すべきすばらしい活動家であって、公民権運動とともに育ち、いまだ南部キリスト教指導者会議のようなグループを発想の糧としている人物である。この討議でフィンケルステインは、この問題をあけすけに語ってみせた。なるほどそうかもしれない、とかれは認めた。そうした派閥に大きすぎる権力をもたせないためのいちばんいい方法は、派閥が存在してはならないという原則を維持することだろう。しかし、そうした派閥が、公式に承認され規制されないまま存在を認められてしまえば、わたしたちのシステムは、たとえ程度はわずかだとしても、闇よりの支配もオッケーといってることになる。実質的な寄与という点からしたら、あんまり意味がないかもしれないよ。派閥を公式に承認することは、それを放置しておくよりも自由度を下げてしまう、というあなたがたは正しいだろう。でもね、つまるところ、闇から支配されるなんて、イヤなもんじゃないか。

こうした議論のなかに、ふたつの異なるかたちの具体化されたユートピア主義の正面衝突がみいだされる。かたや、創造的綜合や即興を重視しながら自由を根本的にプレイのうちにみる、反権威主義がある。かたや、自由を根本的にはすべての権力の形態を一連の明確で透明な規則《ルール》に還元する能力《アビリティ》とみなす、暗黙の共和主義がある。

この二百年のあいだ、ヨーロッパや北アメリカでは――そしてますますそれ以外の場所でも――、後者の官僚制化された自由の観念が支配する傾向にある。厳格きわまりない予測可能な規則によって運営されるあたらしい制度的複合体《アレンジメント》が、人間の自由にとっての基盤として提示される傾向があるのだ。人間の自由とは、そこでは、効率のよい権力の諸機構を運営する技術的な諸条件より浮上してくるものである。そして、そこで規則《ルール》は、それがなんであるかをだれも知らないほど不可視になっている（本章のはじめに論じた物理的ないし電子的郵便事業がそうであるように）。こうしたアレンジメントは、いずれにしても、その攪乱的ポテンシャルについては封じながらも、プレイの積極的ないくつかの要素については保持してはいるようにみえる。

しかしくり返しになるが、わたしたちが目の当たりにしているのは同一の帰結である。「合理性」の信仰にせよ、あるいは恣意的権力への恐怖にせよ、その動機づけはどうあれ、こうした官僚制化した自由の観念の結末は、プレイが完全に制限されてしまった――あるいはよくてもいかなる真剣かつ重大な人間の努力からも遠く離れた場所に封印されてしまった――世界という夢想の実現である。そこでは、あらゆる生活の要素が、規則に拘束された精密なゲームへと還元されるのである。そうしたヴィジョンにいっさい魅力がないというわけではない。万人が規則《ルール》を認識し、万人が規則《ルール》に則してプレイし、そして――さらには――規則《ルール》に則してプレイする人間がそれでも勝利できるという世界を夢想しない者がいるだろうか？　問題なのは、これが、絶対的な自由なプレイの世界がそうであるのと等しくユートピア的空想であるということである。それは、つねに、わたしたちがふれるやいなや霧散してしまう、はかない幻想《イリュージョン》にとどまっているのだ。

そうした幻想がつねに悪いというわけではない。人間のもっとも偉大な達成のほとんどが、そうした現実離れした追求の結末であることはまちがいないだろう。しかし、「わたしたちの時代のような」この文脈にあっては、すなわち、官僚制が人類の一握りがそれ以外から富を抽出するための主要な手段であるような政治的・経済的文脈にあっては、そうした幻想のもたらしてしまうのは以下のごとき状況なのである。すなわち、恣意的な権力からの自由の追求がより恣意的な権力を生み出し、その結果、規制が存在を締め上げてしまい、守衛や監視カメラがあらゆる場所にあらわれ、科学や創造性が抑制されるような状況、そして、わたしたちの一日のうちに書類作成につぎ込む時間の割合がひたすら上昇する一方の状況である。

補論　バットマンと構成的権力の問題について

この補論は、表向きはクリストファー・ノーランの映画『ダークナイト・ライジング』［原題は Dark Knight Rise］について論じたものである。もともと、二〇一二年の『ザ・ニュー・インクワイリー誌』に「スーパー・ポジション」というタイトルで公刊された原稿のロングバージョンである。ここでわたしは、本書の第三章で提起した主権とポピュラー・カルチャーのテーマについて議論を拡大している。第三章では、「国家」というわたしたちの観念のもとでは三つの歴史的に独立した要素が統合されているとして、それぞれ、主権、官僚制、そして（英雄的）政治と規定した。しかしながら、主権についての考察は、そこでは、ほんの少ししか展開していない。そこで、［それ以外の部分と］おなじく、おおづかみで、ラフな調子でこのテーマについて書かれたさらなる考察に読者は興味をもたれるかもしれないと考えた。

二〇一一年一〇月一日土曜日、七〇〇人のウォール街占拠運動［Occupy Wall Street（OWS）］の活動家が、ブルックリン・ブリッジをデモ行進しようとして逮捕された。ブルームバーグ市長は、それを、抗議者たちが交通を遮断したという口実で正当化した。五週間後、おなじブルームバーグ市長は、クリストファー・ノーランのバットマン三部作の最終作『ダークナイト・ライジング』の撮影のために、その近隣のグィーンズボロ・ブリッジの交通を、丸二日間遮断した。

このアイロニーについては、多くのひとが指摘している。

二、三週間後、わたしは何人かの占拠運動の友人たち——そのほとんどがじぶんたち自身、一〇月に橋の上で逮捕されていた——と映画を観に出かけた。わたしたちはみな、この映画が基本的に長時間版の反オキュパイ・プロパガンダであることを知っていた。それは問題ではなかった。それならそれでおもしろいじゃないか、と、わたしたちは期待していたのである。ちょうど、レイシストでもナチでもないが『国民の創生』や『意志の勝利』の上映を観にいく、そんな気分である。わたしたちは、映画が敵対的である、あるいは攻撃的ですらあるだろうと予測していた。しかし、出来が悪いとはだれも考えていなかったのである。

　ここでしばらく、なにゆえこの作品がかくもひどいものになったのかについて考察してみたい。奇妙にみえるかもしれないが、それは大切なことだからである。『ダークナイト』がなぜかくもひどい作品であったのか、それをあきらかにするだけでも、多くのことがらについて——映画、暴力、警察、国家権力の本性そのもの——の理解を深めることができる、とわたしは考えている。

　最初にはっきりさせるべきひとつの問題があるとおもう。『ダークナイト・ライジング』は、実際にアンチ占拠《オキュパイ》運動プロパガンダの作品であった。いまだこれを否定するひとたちもいる。監督であるクリストファー・ノーランは、運動がはじまるよりはるか以前に脚本は書かれていたと公言し、ニューヨーク（「ゴッサム」）の占領についての有名なシーンを着想する元になったのはOWS自体ではなく、ディケンズによるフランス革命の表現であると主張している。「だが」これは不誠実であるようにおもわれる。ハリウッドの脚本が、製作の過程で、ときにオリジナルのテキストの痕跡もなくなるほどまで、たえず書き直されることは、だれもが知っている。また、メッセージのやりとりとなると、どこでシーンが撮影されるか（「ベインの信者たちと警察の対決は、ニューヨークの取引証券所のまさに直前にしようじゃないか！」）とか言葉遣《ワーディング》いのささいな変化が効果を一変させることもあることも知られている。

かくして、悪役［ヴィラン、これ以降はヴィランと表記する］が実際にウォールストリートを占拠していること、証券取引所を攻撃していること、これは厳然たる事実なのである。

ここで論じたいのは、まさにこの現代的意義への欲望、映画製作者が現代の大きな争点をとりあげる勇気をもったという事実、それがこの映画を腐らせているということである。それがとりわけ痛ましいのは、三部作の最初の二作——『バットマン　ビギンズ』と『ダークナイト』——には、天才的な巧みさに充ちた瞬間がいくつかあったからである。それらを制作することで、ノーランは、人間心理やとりわけ創造性と暴力の関係について、興味深い発想をもっていることを示してみせた（監督がそういう資質をみせることもなく、それでいてよくできたアクション映画というものは想像することはむずかしい）。『ダークナイト・ライジング』ははるかに野心的である。それは時代にふさわしいスケールと重々しさをもって、あえてなにごとかを語らんとしているからである。しかし、その結果、作品の展開はよどみ、支離滅裂になってしまったのだ。

こうした契機は、一面で、潜在的には啓発的なものでもある。というのも、それらは、スーパーヒーローの映画、あるいは一般にスーパーヒーローとはなんなのかについて、考察する一種の手がかりを与えてくれるからである。このことは、ひるがえって、もうひとつの問いへの回答へもみちびいてもくれる。すなわち、このような映画がそもそも突然、爆発的に増加した理由はなにか？　それはあまりに劇的なので、いまやハリウッド映画の特殊効果を駆使した大作の主要形態が、SFからコミックベースの映画にとってかわりつつあるようにもときにみえないだろうか？　ちょうど一九七〇年代に、支配的なアクション映画のジャンルが、西部劇から警察ものに急速にとってかわったのとほとんど同様に。

なぜこの過程で、周知のスーパーヒーローが、突然、家庭的背景、感情的アンビヴァレンス、道徳的危機、不安、自己懐疑のような、複雑な劣等意識を与えられるのだろうか？　あるいは、なぜ（あまり言及されることはないが、おなじぐらいよくある）、かれらが魂を受け取るという事実そのものが、かれらをして、はっきりとした特定の政治的指向性を選択するよう強いるのだろうか？　これ「この現象」がはじめてみられたのは、コミックのキャラクターではなく、ジェームズ・ボンドであるということもできよう。このようなことをはじめて体現したのはマンガの登場人物ではなく、悪の陰謀者を超人的な活躍で阻止するといった「キャラクターの」原型としてのジェームズ・ボンドの映画だったといえる。ボンドに心理学的深みを与えたのが『カジノ・ロワイヤル』であった。そしてまさにその次作で、ボンドはボリビアの先住民共同体を悪辣な多国籍企業による水の私有化から救うのである。

スパイダーマンもまた、バットマンが右に向かったのとおなじように、左に向かった。ある意味でこれは筋が通っている。スーパーヒーローはつねに、みずからの歴史的背景の産物である。スーパーマンは、大恐慌時代に土地を失ったアイオワ［カンザスである］の農民の子息［養子］であった。億万長者のプレイボーイであるバットマンは、第二次大戦の初期、かれ自身と時期をおなじくして生まれた軍産複合体の末裔である。一九六〇年代の産物であるピーター・パーカー［スパイダーマン］は、血管になにやら奇妙なものを注入されたクイーンズ出身の生意気な労働者階級の息子である。しかしここでもまた、ひそかに背景にふくまれた意味が、最新の作品では驚くほどはっきりと表現されている（「おまえは自警団員じゃない」と警察署長はいう、「おまえはアナキストだ！」）。とりわけ、警察の銃弾に傷ついたスパイダーマンが、がぜん巻き起こった労働者階級の連帯に救われる場面、すなわち、マンハッタン中のクレーン運転手が都市の秩序に立ち向かいかれを手助けするために結集する場面で、その表現は絶頂に達している。ノーランの作品は、政治的にはもっとも野心的だが、失敗であることももっともはっきりしている。スーパーヒーローものは、右翼的メッセージにはふさわしくないからだろうか？

文化批評家たちがこれまでにくだした結論がそうではないことはたしかだ。

それでは、スーパーヒーローものの政治について、わたしたちはなにがいえるのだろうか？

コミックブックを検討することからはじめるのが、理に適っているようにおもわれる。というのも、つきつめるならば、ここからそれ以外のものすべて（TVショー、マンガシリーズ、超大作映画）が派性しているからである。コミックブックのスーパーヒーローは、もとはといえば、二〇世紀中盤の現象であり、すべての二〇世紀中盤のポップカルチャー現象がそうであるように、本質的にフロイト的であった。すなわち、大衆的文化作品が人間本性や人間の動機について、なにごとかいわんとするようなとき、およそそこにあらわれるのは俗流《ポップ》フロイト主義であった。『禁断の惑星』［Forbidden Planet: 一九五六年公開の精神分析的テーマを駆使したＳＦ映画］の「イドより来たる怪物たち」といったように、これがあからさまになることもある。だが、たいていそれは、暗黙の意味づけにとどまっていた。

かつてウンベルト・エーコは、コミックブックのストーリーは、すでに、いくぶんかは夢のように作用していると述べたことがある。すなわち、同一の基本的プロットが、強迫的になんども反復されるのである。ストーリーの背景が、大恐慌時代から第二次大戦、戦後の繁栄期へと変化しても、ヒーローたち――スーパーマンであろうと、ワンダーウーマンであろうと、グリーン・ホーネットであろうと、Drストレンジであろうと――永遠に若々しく、決して年をとらず、根本的に同一にとどまっているのだ。基本的プロットは次のような形態をとる。悪いヤツ――犯罪集団のボスかもしれないし、もっとよくあるのはやたらと強い超悪役《スーパーヴィラン》［以下、スーパーヴィラン］――が、世界征服とか破壊、強奪、恐喝、あるいは復讐の計画にのりだす。ヒーローは危険を察知し、なにが起きているのか把握する。あれこれの試みや板挟みなどをへて、最後の数分で、ヒーローはヴィランのくわだてを阻止する。世界は、まったくおなじ事態がふたたび起きる次の作品までに、平穏な日常に立ち戻る。

ここでなにが起きているのか、理解するには、たいした能力はいらない。ヒーローたちは純粋に反動的《リアクショナリー》である。「反動的」とは、ここでは字義通りの意味である。端的に起きている事象に反応するのがかれらなのである。かれらはじぶん自身のくわだてをもっているわけではない（あるいはより正確にいえば、かれらは、**ヒーローとしては**、独自のくわだてをもっていない。［たとえば］スーパーマンは、クラーク・ケントとしては、ロイス・レーンのパンツをいつも透視しようとして、失敗するかもしれない。［だが］スーパーマンとしては、かれは純粋に反動的である）。実際のところ、スーパーヒーローはほとんどまったく想像力を欠いているようにもみえる。ブルース・ウェインは、その巨大な財産にもかかわらず、より高性能のハイテク武器を設計したり、気まぐれな慈善活動にのめりこむ以外のことは、なにも考えていないようにみえる。同様に、スーパーマンも、世界の飢餓を終わらせたり山を切り拓いて自由な魔術都市をつくりだしたり、といった、やればかんたんにできそうなことでもまるで頭に浮かばないようだ。それとは対照的に、ヴィランたちは容赦ないまでに創造的である。かれらの頭は計画や陰謀やアイデアでいっぱいである。あきらかに、はじめのうちは、わたしたちは、それと気づくことなく、かれらに同一化するよう想定されているのだ。つまるところ、かれらはえらく楽しそうなのである。それからもちろん、それに罪の意識を感じてヒーローに同一化し直すと、超自我が過《あやま》てるイドをやっつけて服従させるのがもっと楽しくなるわけである。

むろん、コミックブックにメッセージがあるというと、よくある反論が飛んでくるだろう。「でもそれって娯楽のなかでも安っぽいヤツだろう？　人間とはなにかとか、政治とか、社会とかについて、なんにもいおうとなんかしてないだろう。観覧車とおんなじだよ」。そして、いうまでもなく、ここには真実の一片はある。ポップカルチャーは、だれかになにごとかを説得するためにあるのではない。それは楽しみ［快楽］のためにあるのだ。それでも、注意を払ってみるならば、ほとんどのポップカルチャーのプロジェクトにおいて、この楽しみ［快楽］それ自身が、ある種の疑義にさらされる傾向にあることがわかるだろう。ホラー映画は、このような傾向を示すとりわけはっきりとした事例である。ホラー映画のプロットは、典型的には、特定の形態で表現された侵犯と懲罰のストーリーである。たとえば、スラッシャー映画［殺人鬼が被害者たちを残酷な仕方で肉体を切り刻んでいくホラー映画のジャンル］は、このジャンルのなかでも、おそらくもっとも純粋で、もっとも混じりけのない、はっきりとした事例であるが、そのプロットのなかには、いつもおなじ展開がみてとれる。キャロル・クローバーがむかし、定評のある著作『男性たち、女性たち、そしてチェーンソウ（Men, Women, and Chainsaws）』で論じたように、オーディエンスは当初、「不良少女《バッドガール》」を切り刻むモンスターと、暗黙のうちに同一化するよう促される（カメラは字義通りにモンスターの視点をとる）。それからはじめて、結末でモンスターを撃退することになる中性的なヒロインの眼からの視線に移行する。プロットはつねに単純な侵犯と懲罰のストーリーである。不良少女は罪を犯し、セックスをおこない、ひき逃げしておいて、だんまりを決め込む。おそらく、彼女たちはたんに反抗的で、愚かなティーンエージャーにすぎないのだが、その結果、内臓を抜かれるハメになるのである。それに対して、最後に犯人の内臓を抜くのは、処女のマジメな女子である。まったくもって、はなはだしくキリスト教的で、モラリスティクなのである。罪はささいなものかもしれないが、懲罰は、実に、桁外れに大きい。しかし、そこにひそむ究極のメッセージは次のようなものである。「むろん、かれらは本当にその懲罰に値するのだ。われわれはみなそうだ。文明っぽいみてくれはどうあれ、われわれはみな根本的には腐敗した悪なのだ。証拠はどこかって？　よろしい、きみ自身をみたまえ。きみが悪でないとして、いったいぜんたいどうして、こんなサディスティックなたわごとをみて悦んでるんだ？」。

快楽が疑義にさらされるとは、このようなことである。

これと比べれば、スーパーヒーローもののコミックブックは、無害そのものにみえるかもしれない。たしかに多くの点でそうである。思春期の少年たちに、だれもがカオスや騒乱への欲望をもっていること、だが究極的には、そのような欲望はコントロールされねばならないことを教えることに、コミックのもたらすものすべてがあるとしたら、その政治的ふくみはとりたてて不穏なものにはみえないだろう。とりわけメッセージのうちに健全な程度のアンビヴァレンスがふくまれているがゆえにである。ちょうど郊外のショッピングモールやそのたぐいの破壊に相当の時間をつぎ込んでいるようにみえる現代のアクション映画のヒーローたちがそうであるように。それにバクーニンがいうように、「破壊への衝動はまた創造の衝動なのである」。

それでも、わたしはこう考えていいとおもう。少なくとも、ほとんどのコミックブックのスーパーヒーローの場合、騒乱にはきわめて保守的な政治的含意がはらまれている、と。それがなぜか理解するためには、構成的権力の問題について、少々まわりみちをしなければならない。

変装をしたスーパーヒーローは、根本的には、法の名のもとに犯罪者たちと闘っている――しばしば、かれら自身は厳密にいえば合法性の枠外で行動しているとしても。しかし、近代国家においては、法のステイタスそのものが問題ぶくみである。これは、いかなるシステムもじぶん自身を生成することはできないという基本的な論理的逆説《パラドクス》ゆえである。法の体系を創造することのできるいかなる権力も、じぶん自身は法の体系によって拘束されることはできない。それゆえ法は、どこかべつの場所に源泉をもたねばならないのである。中世においては、解決はシンプルだった。法的秩序は神によって創造されたのである。神とは、旧約聖書が豊穣なまでにあきらかにしたように、法によっても、いかなる認知可能なモラリティの体系によってすらも拘束されない存在である（これもまた、ひたすら理に適っている。というのも、もしあなたがモラリティを創造するとすれば、定義からして、あなたはそれによって拘束されることはありえないからだ）。

あるいは直接神によってではなく、神より任命された王の権力によっても「拘束されることはない」。英国、アメリカ、フランスの革命家たちが、人民主権という観念を創造したとき、すべてが変わった。王のかつて保持した権力は、いわゆる「人民《ザ・ピープル》」という実体がいまや保持している、と、かれらは宣言したのである。このことが、直接の論理的問題をうみだした。というのも、「人民」とは定義からして、特定の法の一群によって拘束されているという事実を通して統一された、個人からなる集合体であるからである。としたら、かれらがその法を創造できるということはなにを意味しているのか？　この問いが、ブリテン、アメリカ、フランスの諸革命をきっかけにして最初に提起されたとき、回答は自明であるかのようにみえた。当の革命それ自身によって、である。しかし、これはさらなる問題を生んだ。革命とは法破りの行動である。武装蜂起も、政府の転覆も、あたらしい政治的秩序の創設も、完全に非合法である。実際のところ、これ以上に非合法でありうるものもほかにはない。クロムウェル、ジェファーソン、あるいはダントンは、みな、かれらがそのもとで育った法にのっとるならば、あきらかに反逆の罪状を負っている。もし、たとえば二〇年後に、みずから創設したあたらしい体制に対してかれらがおなじことをおこなおうとするならば、まさにこの反逆の罪状を負うことになるだろう。

それゆえ、法は非合法活動からあらわれるということになる。このことが、国家は暴力の正当な使用の独占である（あなたを叩きのめす法的権利をもっているのは、警察、ないし看守、あるいは、公式に権限を認められた民間警備会社のみである）と想定している、近代の政府という観念そのものに根本的な論理の破綻を生んでしまうのである。警察が暴力の使用において正当であるのは、かれらが法を執行しているからである。法が正当であるのは、それが憲法に根ざしているからである。憲法が正当なのは、それが人民《ザ・ピープル》に由来しているからである。人民は非合法の暴力行為によって憲法を創設した。こうしてみると、自然に次の問いがあらわれる。「人民」と暴徒にすぎないモッブの区別をどうやっておこなうのか？

明快な回答はない。

問題をできるかぎり遠ざけようとすること、これが主流をなす品行方正なるオピニオンの応答だ。よくある筋書きはこうである。革命の季節が終わった（ガボン［アフリカ西海岸の赤道直下に位置する小国］のような暗愚なる一帯とか、あるいはおそらくシリアなどはのぞいて）、いまや合法的手段で憲法や法的基準を改良できるのだ、と。もちろんこのことが意味しているのは、基本的構造は決して変わることがないだろう、というものだ。その結果をアメリカ合衆国にみることができる。この国は、選挙人団とか二大政党体制などからなる国家の骨組みを維持しつづけている。それは、一七八九年にはまったく進歩的だったとしても、いまや自国以外の世界の眼からは、いまだ馬とか馬車を交通手段にしているアーミッシュの政治版みたいなものだとみなされている。これが意味しているのは、また、わたしたちがシステム総体の正当性を人民の合意においているとしても、この問題について本当に意見を表明できた人民とは、二〇〇年以上前に生きていた者たちのみである、ということである。とすると、少なくともアメリカでは、「人民」は死に絶えてから長いのだ。

わたしたちは、かくして、法的秩序を創設する権力が神に由来するという状況から武装による革命という状況にいたり、そしてまったくの伝統に根をおろす状況――「これはわが祖先の慣習であるからして、その智慧を疑うなどと、いったいだれができるんだ?」――まで、みてきたわけである(そしてもちろん、アメリカの政治家のうちの決して少なくない部分が、ほんとのところふたたび神に返したいという意志を表明している)。

述べたように、これがこの問題にかんする主流派の考え方である。急進《ラディカル》左派や権威主義的右翼にとって、構成的権力の問題はきわめて重大なものであるが、暴力にまつわる根本的問題には、両者はまっこうから対立するアプローチをとっている。二〇世紀の災厄によって萎縮した左派は、かつての革命的暴力の称揚からは大部分撤退し、非暴力的な抵抗の形態を好んでいる。法より高次のなにかの名のもとに行為する者は、まさに暴徒のように行為**しない**がゆえに、そうすることが可能なのである。他方、右派にとっては――そしてこれは二〇年代のファシズムの台頭以来そうなのだが――革命的暴力にはなにか特別なもの、すなわち、それをたんなる犯罪的暴力から区別するものがあるという発想そのものが、独善もはなはだしいたわごとなのである。暴力は暴力なのだ。しかしこのことは、暴徒が「人民」になりえないということを意味しているわけではない。というのも、暴力は、いずれにしても法と政治的秩序の真の源泉なのだから。成功した暴力の展開は、それ独自のやり方で、構成的権力の一形態なのである。ヴァルター・ベンヤミンが指摘したように、わたしたちがどうしても「大犯罪者」を崇敬してしまう理由がこれである。というのも、近年における多数の映画ポスターがいっているように、「じぶんの法はじぶんでつくる。それがヤツだ」。結局、どんな犯罪組織も、不可避に、組織内部に通用する独自の――しばしばまったく精密であるような――規則や規制の一群を発展させはじめる。さもなくば完全にランダムな暴力と化してしまうであろうものを統制する方法として、そうしなければならないのである。しかし、右翼的パースペクティヴからすると、法とはそもそもそういうものなのである。それは法を存在させ、究極的にはそれを通じて法の執行がおこなわれるところの、暴力そのものを統制する手段なのである。

これによって、犯罪者、犯罪集団であるギャング、右翼の政治運動、そして国家の武装する代表機関のあいだの、ぱっとみには驚くべき類似性を理解することがやさしくなる。つきつめるならば、かれらはみな、おなじ言語を語っている。かれらは実力行使を基盤にして、じぶんたちの独自の規則を創設している。その結果、そうした人びとは、一般的に、広範囲にわたる同一の政治的感性を共有してしまうのである。ムッソリーニはマフィアを一掃したかもしれないが、イタリアのマフィアたちは、いまだにムッソリーニを偶像視している。今日、「ギリシアの」アテナでは、貧しい移民街の犯罪集団のボスたちと、ファシスト・ギャング、そして警察のあいだに、積極的な協力関係が存在している。事実、この場合、それは明確に政治的戦略である。右翼政府に対する民衆の叛乱が予想されるようなとき、警察はまず移民ギャングたちのいる近隣住区の警備を撤退させ、それからファシストを暗黙のうちにサポートしはじめる（その結果が、隠すことのないナチス党の急速な擡頭である。おおまかにみてギリシアの警察の半数が、最近の選挙でナチスに投票したと報告されている）。しかしこれは、極右政治がどのように動いているのかにすぎない。かれらにとって、法的秩序の外部でのさまざまな暴力的勢力の相互作用の空間においてこそ、あたらしい権力の、それゆえ秩序の諸形態が創設されうるのである。

さて、こうしたことと変装したスーパーヒーローとが、どんな関係があるというのだろうか？そう、すべてである。というのも、これこそまさに、スーパーヒーローとスーパーヴィランのみいだされる空間であるからだ。そこに棲息するのは、ギャング、独裁者予備軍、警察、ならずもののみであり、かれらのあいだを区別する境界はどこまでもあいまいである。それは本質的にファシスト的である空間なのだ。警官たちはときに遵法的であるが、ときに腐敗する。ときに警察自身が自警行為へと逸脱してしまうこともある。ときにかれらはスーパーヒーローを迫害し、ときには見て見ぬふりをする。あるいは手助けする。ヴィランとヒーローが、ときに、チームを組むこともある。勢力の区分線はつねに揺れ動いている。なにかあたらしいものが生成するとしたら、そうした揺れ動く諸力を通してのみでありうる。それ以外にはありえない。というのも、DC［コミック］とマーベル［コミック］の世界では、〈神〉も〈人民〉も、端的に存在しないからである。

構成的権力の潜勢力が存在するとしたら、それが由来してくるところは、暴力の調達者のみである。実際、スーパーヴィランと悪事の首謀者たちは、かれらがたんに完全犯罪を夢想したりランダムなテロ行為にふけっているのでなければ、つねにあれこれの〈新世界秩序〉を設立する悪巧みをおこなっている。レッドスカル［マーベル・コミックのキャラクターで、元ナチ高官の工作員］、征服者カーン［マーベルのキャラクターで、タイムマシンを駆使してさまざまな人物となり二〇世紀を征服しようとする］、ドクター・ドゥーム［マーベルのキャラクター。元天才科学者で世界征服をもくろむ］が、もし世界征服に成功したとしたら、とてもすぐれているとはいえないだろうが、即座に、おびただしい数のあたらしい法が創設されるだろう。法の創設者が、じぶん自身それに拘束されているとは感じないことは、まちがいない。しかし、じぶん以外に対しては、きわめて厳格に執行されるであろう。

　スーパーヒーローは、この論理に抗っている。たとえ、その理由が、かれらが偏執的ではない、とか狂ってはいないという［消極的な］ものにすぎないにしても、かれらは世界を征服しようとは望んでいない。その結果、スーパーヒーローたちは、警察が犯罪者に寄生するにとどまっているというのとおなじ意味で、ヴィランに寄生するにとどまってしまう。ヴィランがいなければ、スーパーヒーローの存在理由もなくなるのだから。かれらは、それ自身は由来のよくわからない法的・政治的秩序の守護者にとどまっているのであって、いかに欠陥だらけだったり腐敗に充ちていたりしても、その秩序は防衛され**ねばならない**のである。というのも、それ以外のありよう《オルタナティヴ》は、事態をはるかに悪化させるだけだからだ。

かれらはファシストではない。たんに、ファシズムがただひとつの政治的可能性であるような世界に住まう、ありふれた、まじめな、超絶的能力の人びとなのである。

こういう疑問があらわれるかもしれない。なぜこのエンターテイメントの一形式が、二〇世紀の初期から中盤にかけてのアメリカ、まさに実際のファシズムがヨーロッパで擡頭した時代にあらわれた、政治についてのそうした独特の観念に依拠しているのだろうか？　それはアメリカにおけるファシズムの等価物とみなすべきファンタジーなのだろうか？　必ずしもそうではない。というよりも、ファシズムとスーパーヒーローを、ともに、おなじ歴史的苦境の産物であるとみなすべきなのだ。つまり、革命という観念そのものをお祓いしてしまったならば、社会的秩序の基盤とはなんなのか？　そして、なによりもまず、政治的想像力にいったいなにが生じるだろうか？　ということだ。

ここでスーパーヒーロー・コミックスの中核をなすオーディエンスについての考察からはじめるのがよい。主要には、青年かあるいは思春期直前の白人男子である。つまり、人生のある時期で、想像力を最大限に発揮させ、かつ少なくともいくぶんか反抗的になる傾向のある人びとである。だが、最終的には、父親、保安官、小企業のオーナー、中間管理職、エンジニアになって、この世間のなかで、権威や権力のある立場をとるよう訓練されている人びとである。そうだとして、かれらはこうした、はてることなく反復されるドラマからなにを学ぶのだろうか？　そう、第一に、想像力と叛乱は暴力にいきつくということ。第二に、想像力や反抗とおなじく、暴力もとても楽しいということ。第三に、究極的には、暴力は、すべてが歪められてしまわないように、想像力や反抗のいきすぎに対抗して向け返されねばならないこと、である。こうした「想像力とか叛乱とかの」もろもろは封じ込めねばならないのだ！

スーパーヒーローのプロットの論理が根っから保守的である、とはこのような意味である。根本的には、左翼と右翼の感性のあいだの分岐は、想像力にどういう態度をとるかにかかっている。左翼にとって、想像力、創造性、その延長で、生産、あたらしいものごとや社会的ありようを設立する力能は、つねに称賛されるべきものである。それはこの世界におけるあらゆる真の価値の源泉なのである。右翼にとって、それは危険なものであり、究極的には悪である。創造への衝動はまた、破壊への衝動である。この種の感性は、この時代の大衆的フロイト主義にはあふれている。すなわち、イドは心的なものの動力であるが、またアモラル［非道徳的］でもある。本当に解放されてしまうならば、破壊的乱行にいたりつくであろう。これはまた、保守主義者をファシストから分かつものでもある。両者ともに、解放された想像力が暴力と破壊にいたりつくのみであるという点には同意する。保守主義者はこの可能性を防ぐことを望み、ファシストは、たとえそうであるにしても「想像力は」解放されるべしと望む。かれらは、ヒットラー自身が夢想していたように、人類の精神、血、そして筋肉でもって創造する、偉大なアーティストたらんと切望しているのである。

このことが意味しているのは、読者のやましい楽しみ《ギルティ・プレジャー》となるのは、このカオスだけではなく、空想《ファンタジー》上の生活をもつことそれ自体であったということである。たとえジャンルはなんであれアートが人間の想像力の危険への警告であると考えるなど、バカげているようにおもわれるかもしれない。しかし、お堅い一九四〇年代と五〇年代には、だれもがそれ［スーパーヒーロー・コミックス］を読むことに漠然ときわどいものを感じていたようにみえる、その理由はこれ［想像力の危険］なのである。それにまた、一九六〇年代にはなぜ、一転して、無害そのものであるようにみなされえたのか、アダム・ウェストのバットマン・シリーズのような、あるいは、サタデー・モーニング・カートゥーン・ショーでのスパイダーマンのような、バカバカしくてキャンピィなTVのスーパーヒーローが登場したのか、それもこの［想像力の危険の］ためである。たとえメッセージ［の内容］が反抗的想像力でも、エグゼクティヴ・プロデューサーですら、たやすく支持できる代物となったのである。それが政治から切断され、たんに消費者の選択（または、衣服、車、アクセサリーである）に閉じ込められるんだったら問題ないね、というわけだ。

ここでこう結論できる。古典的なコミックブックのヒーローは、表向きは政治的（世界征服をもくろむ狂人たちについての）である、が、実のところ心理学的・個人的なものである（反抗的な思春期の危険を克服することにかかわる）。ところが、究極のところは、まったくもって政治的であると。[*1]

もしそうだとしたら、あたらしいスーパーヒーロー映画は、その正確な反転である。かれらは表向き、心理学的で個人的であるが、本当は政治的である、だが、究極的には、まったくもって心理学的・個人的なのである。

スーパーヒーローの人間化は映画ではじまったわけではない。その本当のはじまりは、一九八〇年代と九〇年代の、コミックブックのジャンル内部でのことであり、具体的には、フランク・ミラーの『ダークナイト・リターンズ』とアラン・ムーアの『ウォッチメン』である——スーパーヒーロー・ノワールとでも呼びうるサブジャンルである。この時期、スーパーヒーロー映画は、クリストファー・リーヴスの『スーパーマン』シリーズやマイケル・キートンの『バットマン』のように、いまだ一九六〇年代のキャンプ的伝統の遺産をひきずっていた。それから、ノワールのサブジャンル——おそらくそのインスピレーションの源泉はいつもある程度は映画からきたものであった——がハリウッドにも到来した。その映画における絶頂をしるしているのは、『バットマン・ビギンズ』であって、ノーランによる三部作の第一作である。この作品でノーランは、本質的には、次のように問いを提示している。「仮に、バットマンのような人間が存在したらどうなるだろう？　どうしてそのようなことがありうるのだろうか？　社会の地位もある立派なメンバーが、こうもりに変装して、犯罪者を捜して通りをうろつく決意をするということには、どのような動機がひそんでいるのだろうか？」。

意外ではないが、幻覚剤がここで重要な役割をはたしていることがわかる。深刻な精神疾患と奇怪な宗教的カルトも同様である。

ノーランの作品において、ブルース・ウェインが境界性の精神障害者であるという事実に映画評論家たちが注目しているようにはみえないのは、不思議なことである。素のブルース・ウェインは、ほとんど完全に機能障害であり、友情をむすぶことも、ロマンティクな愛情を育むこともできないし、じぶんの病的な強迫観念を強化するものでないかぎり、仕事にも関心をよせない。このヒーローが狂気におちいっているのはまったくあきらかであり、この映画がじぶん自身の狂気との格闘にかんするものであることもまったくあきらかである。だから、ヴィランたちがたんに自我の付属物の一群にすぎない――たとえば、ラーズ・アル・グール（悪い父親）、犯罪集団のボス（成功したビジネスマン）、スケアクロウ（ビジネスマンを狂気に追いやる）――ことも当然なのである。かれらのいずれにも、とりたててひとを惹きつけるところはない。しかし、それは問題ではない――かれらはすべて、ヒーローの粉々に砕けた心の断片にすぎないのであるから。その結果、わたしたちはヴィランに同一化して、それから自己嫌悪におちいる必要もなくなる。わたしたちは、ブルースがわたしたちのために自己嫌悪におちいっているのをみて、ただ楽しめばよいのである。

はっきりとした政治的メッセージはここにはない。

あるいは一見してそうみえる。しかし濃密な神話や歴史を負ったキャラクターから映画作品を制作しようとするなら、どんな監督でもその素材を完全に掌握することはない。映画製作者たちの役割とは、大部分がそれらを寄せ集めることである。映画において、主要なヴィランはラーズ・アル・グールである。かれはまず、バットマンをブータンの修道院で影の同盟に加入させ、それからはじめて世界からのその腐敗を除去するためにゴッサムを破壊するプランを打ち明ける。オリジナルのコミックスでは、ラーズ・アル・グール（もっというと一九七一年に導入されたキャラクター）は、事実上、プリミティヴィストでありエコテロリストであって、おおざっぱにいって九九パーセントの人口を地球から削減することによって自然の均衡を回復しようとしている。ノーランがこのストーリーに手を加えた主要な点は、バットマンをラーズ・アル・グールの弟子として出発させたことである。しかし、現代的観点からみると、この選択も筋が通っている。つまるところ、不正にかんする理解しがたい感覚に突き動かされ、黒衣裳とマスクで身を固め、つねに決してだれも殺さないよう計算されたやり方ではあるが、街頭にくりだして暴力と騒乱をつくりだす、金持ちの両親に甘やかされた子ども《トラストファンドキッズ》ということで、即座に頭に浮かぶのは——少なくともシアトルにおける世界貿易機関に対抗する直接行動以来——メディアによるステレオタイプはどのようなものだろうか？　さらにいえば、人類は石器時代へ回帰せねばならぬと信じているラディカルなグールーの教えに触発された者とはだれだろうか？　ノーランは、そのヒーロー「バットマン」を、ジョン・ゼルザンの弟子、すなわち、エデンの園を回復することが現実にもたらす副作用を理解したとき、かつての師匠と袂を分かったブラック・ブロックの弟子に仕立て上げたのである。

事実、三つの作品のいずれにおいても、どのヴィランも世界を支配しようとは望んでいない。かれらは他者に対して権力をふるおうとは望んでいないし、いかなる種類のあたらしい支配をも創造しようとは望んでいない。みずからの手下たちさえも一時的な手段にすぎない。かれらはつねに、その子分たちを最終的には殺害する計画を立てているのである。ノーランのヴィランはつねにアナキストである。しかしかれらはまた、いつもきわめて特殊なアナキストであって、映画製作者の空想のなかにのみ存在するようなたぐいのアナキストである。すなわち、人間の本性は根本から悪であり腐敗していると信じ込んでいるアナキストである。二作目における真のヒーローであるジョーカーは、このことをまったくはっきりと示している。すなわち、かれは基本的に、哲学者と化したイドなのである。ジョーカーは名なしであり、その都度、気まぐれにでっちあげるもの以外の来歴をもっていない。かれの力能はどのようなものか、その力能はどこから来るのかすら、はっきりとしない。しかしかれは途方もなく強力である。ジョーカーは純粋な自己形成の力であり、じぶん自身によって書かれた一編の詩である。そして人生におけるその唯一の目標は、第一に、あらゆるものがただ詩でのみあり、詩でのみありうるということ——そして第二に、詩とは悪であるということを、他者に対して証明したいという強迫的な欲求にあるようにみえる。

ここで初期のスーパーヒーローの世界の中心的テーマに回帰しよう。すなわち、人間の想像力の危険についての長期にわたる考察である。芸術的要請に促された世界に没頭したいという読者自身の欲望のありようが、なぜ想像力がいつも注意深く封じ込められねばならないのかの生きた証明である。

その結果として、スリリングな映画が生まれた。ヴィランは好ましく――かれはだれの眼にも明白にまったく楽しんでいる――かつ真におそろしい。『バットマン・ビギンズ』は、恐怖について語る民衆《ザ・ピープル》であふれていた。『ダークナイト』は、現実に恐怖を生み出した。しかしこの作品ですら、それが民衆の政治《ポピュラー・ポリティクス》にふれたとたん、迷走をはじめるのである。映画の冒頭、闇の騎士《ダークナイト》というお手本に触発されて、町中にニセモノのバットマンがあらわれたとき、〈人民［民衆］《ザ・ピープル》〉はみっともない介入を試みている。もちろん、かれらは全員、おそろしい死を迎えるのであり、この試みもそれで終わる。それ以降、かれらはじぶんたちにふさわしい場所、すなわち〈観衆《オーディエンス》〉に引き戻される。ローマの円形劇場のモッブのように、ひたすら主役たちのパフォーマンスを裁定するためにのみ存在するのである。バットマンに喝采か、ブーイングか。改革者である地方検事に喝采か……。映画の結末で、ブルースとゴードン本部長は、バットマンをスケープゴートに仕立て、ハーヴィー・デントの殉死をめぐるいつわりの神話を創作する計画をたてる。これはまさに政治とはフィクションのアートであるという告白にほかならない。ジョーカーは正しい。あるところまでは。救済《リデンプション》は、いつも暴力や欺瞞がじぶん自身に返ってくることができるという事実のうちにのみあるのだ。

ノーランとかれのチームは、そこでやめておけばよかったのである。

こうした政治のヴィジョンの問題は、端的に誤りであるというところにある。政治はたんに、暴力に支えられたイメージ操作の術《アート》ではない。政治とは、巧みな演出によってほとんどなんでも信じてしまう観衆《オーディエンス》の前でくり広げられる、傭兵による決闘ではない。桁外れに金持ちであるハリウッドの映画監督たちにはこのようにみえてしまうのだろう。しかし第一作と第二作の撮影のあいだに、歴史が介入してきて、まさにこのようなヴィジョンがどれほど誤っているかを決定的に示してみせた。経済は崩壊した。原因は、僧兵［戦士である修道士たち］たちの秘密結社の操作ではない。ノーランのバブル世界に暮らし、民衆は度しがたく操作されやすいというおもい込みをノーランと共有している、企業の財務責任者連中の誤りが判明したがゆえ、である。大規模な大衆による応答があった。ニヒリスティックな暴力の暴発とあいまった、熱狂的なメシア的救済者探しなど、どこにもみられなかった。[*2] それはますます、現実的な大衆運動の連鎖というかたちをとったのであり、革命的運動というかたちすらとった。中東ではいくつかの体制を倒し、クリーヴランドからカラチまで、いたるところで広場が占拠され、あたらしい形態の民主主義の創設が試みられた。

構成的権力がふたたびあらわれた。想像力にあふれ、ラディカルで、きわだって非暴力的であるかたちで。これこそまさに、スーパーヒーローの世界が対応できない状況なのである。ノーランの世界では、占拠運動《オキュパイ》のようなものは、本当はなにか秘密の目標を追求する狡知に長けた人間たち(まあ、わたしのような人間たち)からなる小グループの産物でしかありえないのだ。

ノーランはそうした話題にはふれないでおくべきなのだが、しかし、みたところ、抑制することができないようだ。その結果はほとんど完全な混乱である。基本的に、それは、政治的ドラマを装った心理学的ドラマである。プロットは入り組んでいて、丹念に追う意味はそれほどない。その他我《アルターエゴ》[バットマン]不在のゆえに、ふたたび機能障害におちいったブルース・ウェインは、隠遁者になっている。ライバルのビジネスマンが、キャットウーマンを雇って、かれの指紋を盗もうとする。その富のすべてを剥奪するためである。しかし実は、このビジネスマンは、ガスマスクを装着したスーパーヴィランのベインという傭兵に操作されている。ベインはバットマンより強力であるが、基本的に、ラーズ・アル・グールの娘のタリアに報いられぬ愛を捧げるみじめな人物である。かれは若い頃、不当に投げ込まれたダンジョンじみた刑務所で暴行を受け、それによって障がいが残った。かれの顔を隠しているマスクは、激痛による卒倒を防ぐために手放すことができないものである。オーディエンスがそうしたヴィランに同一化するとすれば、それはただシンパシーから来るものしかありえない。まともな頭をしていたら、だれもベインに**なる**ことなど望まないだろう。しかし、おそらくこれがポイントなのである。すなわち、不幸な者への必要以上のシンパシーの危険への警告がポイントなのである。ベインはまたカリスマ的革命家でもあるからである。かれは、バットマンを片づけたあと、ハーヴィー・デントの神話が嘘であることを暴露し、ゴッサムの刑務所の囚人たちを解放し、ものごとを信じ込みやすい一般大衆に一パーセントの邸宅を略奪放火させ、そして、その邸宅の住人たちを革命裁判の前に引きずりだす そのような革命家である（おもしろいことに、スケアクロウはロベスピエールとして再登場する）。しかし、実際には、かれの究極の意図は、グリーンエネルギー・プロジェクトから改造された核爆弾で、［ゴッサムの］住人をすべて殺戮することにある。なぜだろうか？　だれにもわからない。たぶん、かれもまた、ラーズ・アル・グールのような、ある種のプリミティヴィストのエコテロリストなのであろう（かれはまたラーズ・アル・グールの組織のリーダーの地位を引き継いでいるようにもみえる）。かれは、その父親の事業を完成させることで、タリアの気を惹こうとしているのかもしれない。あるいは、かれは端的に悪なのであり、そこにさらなる説明は不要なのかもしれない。

逆にいえば、数週間後には、いずれにしても核兵器で全滅させるつもりなのに、なぜベインは人びとを社会革命にみちびくのだろうか？　ここでもまたはっきりしたことはだれにもわからない。だれかを破滅させるには、まずかれらに希望を与えねばならない、とベインはいう。してみると、ユートピア的夢想はただニヒリスティックな暴力に帰着するのみである、というメッセージなのだろうか？　おそらく、そのようなところだろうが、それにはまったく説得力がない。というのも、最初にあるのは、全員殺戮の計画なのだから。革命は、装飾的なつけ加えなのである。シティでの出来事に筋が通るとしたら、おそらく、本当はいつだっていちばん大切なことの、すなわち、ブルース・ウェインの傷を負った脳内で起きることとの、物質的反響としてのみである。映画の中盤でベインにやられたかれは、ベイン自身かつて閉じ込められていたのとおなじ異臭を放つ地下牢に放り込まれる。この刑務所は井戸の底にあって、射し込む日光がいつも誘惑している。ところが、井戸を登ることは不可能なのである。ベインはブルースにこう請け合う。健康を回復したら、おまえはよじ登ることに挑戦して失敗するだろう、そして、おまえの愛するゴッサムが崩壊したのが、おまえ自身の責任であることを知るだろう、と。ベインがかれを殺すのを慈悲深く控えるのも、ひたすらこのためだけなのである。これは説得力がないが、少なくとも心理学的には、ある種の筋は通っているとはいえる。［ところが］シティのレベルに翻訳してみると、いっさい意味をなさない。なぜ、住民に希望を与え、それから、不意打ちで抹殺しようと望むのか？　最初に考えられるのは、残酷である。次に、たんなる気まぐれである。しかし、それだけではない。この映画製作者たちは、おなじトリックをゴッサム警察に仕掛けさせることで、メタファーを複雑なものにしている。とてもバカバカしくわざとらしいプロット——コミックブックのもっともらしさの基準を破ってさえいる——において、ゴッサム警察はほとんど全員シティの地下におびきだされ、それから巧みに仕掛けられた爆弾で封じ込められる。食糧と水の受け渡しは許されるのだが、それもおそらく、かれらにも希望を与えることで拷問できるからだろう。

それ以外にも事件は起きる。だがそれらはすべておなじものの投影である。ふつうオーディエンスにあてがわれる役割を演じるのは、今度はキャットウーマンである。彼女は、最初にベインの革命的プロジェクトに同一化し、それから、はっきりとした理由はないが、心を入れかえて、ベインを打ち倒す。バットマンとゴッサム警察［の警察官たち］はともに、それぞれの地下牢《ダンジョン》から脱出し、証券取引所の外の悪の〈占拠者《オキュパイアー》〉と闘うべく一丸となるのである。結末では、バットマンは爆弾処理によるみずからの死を偽装し、ブルースはフィレンツェでキャットウーマンとむすばれている。あらたないつわりの殉教者伝説が生まれ、ゴッサムの民衆はおとなしくなった。次にトラブルが起きたとしても、バットマンにはひそかに後継者がいるという示唆がある。ロビンという名の幻滅した警察官である。だれもがここで、ついに物語は終わりを告げたと安堵のためいきをつくことができる。

ここから獲得することのできるメッセージとは、どのようなものと考えられているのだろうか？ それがあるとしたら、以下のようなものであるとおもわれる。「なるほど体制は腐敗している。だが、それがわたしたちの世界すべてであり、当局の人間については、たとえ最初は面目を失いひどい痛手をこうむったにしても、いずれにしても信頼できるのである（ふつうの［地上での］警察は橋の上で子どもを見殺しにしている。［が］数週間埋められたまま生き延びた警察は、正当に暴力を行使することができたのである）。「なるほど不正はあるしその犠牲者は同情に値する。しかし、その同情も分別の範囲にとどめなければならない。構造的問題に取り組むよりは慈善活動のほうがはるかによい。なんせ前者の行く先は狂気なのだから」。ノーランの世界では、構造的問題に取り組むいかなる試みも、たとえそれが非暴力的な市民的不服従によるものであったとしても、実のところ暴力の一形式**である**。というのも、それは暴力でしかありえないからである。想像力にみちびかれた政治は、本質的に暴力であり、それゆえ、どうみても平和的である抗議者がコンクリートにいくども叩きつけられようと、その警察官の応答にはなんら不適切なところはないのだ。

占拠運動《オキュパイ》への応答として、これはまったくもって痛ましいものだ。『ダークナイト』が二〇〇八年に公開されたとき、この作品総体が、テロとの戦争についての大いなるメタファーであるのかどうか、すなわち、いいヤツ（つまり、われわれ）が悪いヤツの手段を採用するのは、どこまでOKなのか？　が、大いに論議の的となった。たぶん映画製作者たちは、実際に、この問題を考えながら、それでも良質の作品を生み出すことができたのである。しかし当時にあっても、テロとの戦争は、現実には、秘密のネットワークと操作的スペクタクルの戦いであった。それは爆弾にはじまり、暗殺に終わったのだ。ほとんど次のように考えることもできよう。双方の陣営ともに、現実には、世界のコミックブック・ヴァージョンを実現する試みをおこなっていたのではないか、と。いったん本当の構成的権力が舞台に登場すると、この世界はしぼんで、バラバラに砕けてしまい、滑稽なものにさえみえてきた。革命が中東を席巻し、アメリカ合衆国は、アフガニスタンの神学校の学生たちの寄せ集めの一群との戦闘のために、いまだ数十億ドルをつぎ込んでいる。ノーランにとって不幸なことに、その操作の能力にもかかわらず、ニューヨークに真の民衆の力能のきざしが到達したとき、かれの世界にもおなじことが起きたのである。

注

序

＊1　Elliot Jacques, *A General Theory of Bureaucracy*, Ann Arbor: University of Michigan Press, 1976.

＊2　Gordon Tullock, *The Politics of Bureaucracy*, Washington, D.C.: Public Affairs Press, 1965.

＊3　Henry Jacoby, *The Bureaucratization of the World*, Berkeley: University of California Press, 1973.

＊4　C. Northcote Parkinson, *Parkinson's Law*, Cambridge, MA: Riverside Press, 1957（C・N・パーキンソン『パーキンソンの法則』森永晴彦訳、至誠堂新書、一九七〇年）「組織における仕事の量は、そのために割り当てられた時間をすべて充たすまでに膨張する」。

＊5　Laurence J. Peter and Raymond Hill, *The Peter Principle*, London: Souvenir Press, 1969（ローレンス・J・ピーター『ピーターの法則――創造的無能のすすめ』渡辺伸也訳、ダイヤモンド社、二〇〇三年）。いかに組織で働く者たちが「無能のレベルにまで達するのか」についての有名な著作だが、この著作はまたイギリスの人気TVショーにもなった。

＊6　R. T. Fishall, *Bureaucrats: How to Annoy Them*, London: Arrow Books, 1982. 官僚を、どうやってまごつかせたり当惑させたりするかについての、いまや古典であるテキスト。イギリスの天文学者でBBCのホストでもあるサー・パトリック・ムーアの手になるものと広く噂された。

＊7　さらにこういうこともできる。「受け入れられる」左翼は、述べたように、官僚制と市場とを同時

に奉じてきた。リバタリアン右翼は、少なくとも、官僚制への批判はもっている。ファシスト右翼は市場への批判はもっている。ファシストは、一般的に、社会福祉政策の支持者である。かれらが望んでいるのは、ただそれを、じぶんたちのお気に入りのエスニック集団に限定することだけである。

＊8 特異な一連の歴史的状況のために、「リベラル」という言葉は、もはやアメリカ合衆国では、それ以外の世界とおなじ意味をもってはいない。この用語はもともと、自由市場の熱狂的支持者のことを指していたし、いまでも世界の大部分ではそうである。アメリカ合衆国では、これは社会民主主義者によって採用され、その結果、右翼の忌み嫌うものとなった。自由市場の熱狂的支持者は、「リバタリアン」という用語を用いるよう余儀なくされた。これはもともと「アナキスト」と互換可能だった言葉であって、「リバタリアン社会主義者」とか「リバタリアン・コミュニスト」というふうに用いられる。

＊9 実際のところ、ルードヴィヒ・フォン・ミーゼスの立場は本質的に反民主主義的である。すくなくとも、それがいかなるたぐいの国家による解決も拒み、同時に、国家の外部でのさまざまな形態の民主主義的自己組織の創設を提起する左翼の反国家主義的立場にも対立するかぎりで。

＊10 デュルケーム主義的伝統においては、これは「契約における非契約的要素」として知られるようになった。いつの時代も、人気のあるとはいえない社会学用語のひとつであるのは確実であるが。この議論は『社会分業論』にまでさかのぼる（*The Division of Labor in Society*, New York: Free Press, 1984 [1893], p. 162〔『現代社会学大系2　社会分業論』田原音和訳、青木書店、一九七八年〕）。

＊11 ミシェル・フーコーのネオリベラリズムにかんする論考は、新旧のあいだに差異のあることを指摘している。すなわち、市場を普及させる者は、今日、市場が自然発生的に形成されるのでは

なく、政府の介入によって培養され維持されるべきことを理解しているのである。*Naissance de la biopolitique*, Michel Senellart, ed., Paris: Gallimard, 2004.『生政治の誕生』慎改康之訳、筑摩書房、二〇〇八年)。

＊12 「どれほどひんぱんに、わたしが「政府官僚」という言葉を使ってきたか、わかりません。この言葉をいくぶんかの侮蔑をふくんだニュアンスなしに使う政治家はいないでしょう。わたしたちは、〈政府〉に支払わねばならないお金に、納税者が怒りをもっていることを知っていますし、だから、わたしたちは官僚に甘くないとか官僚の数を削減します、ということで信用をえようとするのです……。しかし、おもいだしてください。こうした人びとのほとんどが、あなたとほとんどなにも変わらないのです。かれらは子どもを愛しています。かれらは毎朝、目を覚まし、仕事に出かけます。かれらはもてる力を尽くします……。この一ヵ月、わたしたちは、経験を積みました。オクラホマシティの運命の日々にあって、わたしたちに奉仕してきたその政府官僚たちを子どもたちの眼でみてきました。あるいはこどもたちが託児所にいるときには、わたしたちは親の眼でみてきました。わたしはこの言葉を二度と使うことはないでしょう」(www.presidency.ucsb.edu/ws/?pid=51382)。

＊13 From "Bureaucracy," Max Weber, in *From Max Weber: Essays in So-ciology*, H. H. Gerth and C. Wright Mills, eds., New York: Oxford University Press, 1946), pp.197–98 (マックス・ウェーバー『官僚制』阿閉吉男・脇圭平訳、恒星社厚生閣、一九八七年、八-九頁)。

＊14 二〇世紀はじめのライバル関係ゆえに、そのことを認めるのを拒絶はしているが、多くの点で、アメリカ合衆国はドイツ的な国家である。英語の使用にもかかわらず、ドイツ系アメリカ人はイングランド系アメリカ人を、数においてはるかに凌駕している(あるいは、ハンバーガーとフランクフル

ターという、アメリカを代表するふたつの料理を考えてみよう）。対照的にドイツは、官僚制の問題となると、その効率性を大変誇りにしている国である。この対照関係を完成させるために、ロシアをあげてみよう。ロシアでは一般に、人びとは、官僚制をもっと向上させるべきと感じているが、実態がそうでないことをいくぶんか恥じている国とみなしうるかもしれない。

＊15　イギリスのとある銀行の従業員が最近、わたしに説明してくれたのは、ふつうこうした問題については、銀行の職員ですら、一種の慎重なダブルシンクを実践しているということである。内部のやりとりでは、かれらはつねに規制を押しつけられたものとして語る――「大臣がＩＳＡ［個人貯蓄口座］非課税枠を上げる決定をした」とか「大臣がかなりリベラルな年金体制を創設した」など――銀行の経営者たちが、こうした法や規制を実現させるべく、当該大臣とのディナーやミーティングをくり返してロビー活動をおこなっていることは、だれもが実際には知っているにもかかわらず、である。上級経営幹部は、みずからの提案が実現したさいには、おどろいたり困惑さえしたりするふりをするという、一種のゲームが存在するのである。

＊16　実際には、「規制緩和」と名指されることのない唯一の政策とは、すでに「規制緩和」とラベルを貼られている政策を反転させることを目的とした政策のみである。このことは、みずからの政策にまっさきに「規制緩和」のラベルを貼りつけることが、ゲームをプレイするにあたって重要であることを意味している。

＊17　わたしが記述している現象は、地球規模の現象である。だがそれがはじまったのは、アメリカ合衆国であり、それを輸出せんとしてもっとも攻撃的な努力をおこなったのも合衆国エリートである。それゆえ、アメリカで起きたことからはじめるのは適切であるようにおもわれる。

＊18　ある意味で、有名なＴＶキャラクターであるアーチー・ブンカー［一九七〇年代に放映され人気を博した米国のシチュエーションコメディ"All in the Family"の主要登場人物に由来する］は、コーポラティズムの時代の精髄である。かれは無学な仲仕［船荷の積み下ろし作業員］であり、郊外に一軒家と専業主婦の妻を抱えている。独善的でセクシスト、そしてかれにそうした安定した地位をもたらしている現状を完全に支持している。

＊19　とはいえ、今日のアメリカで右翼ポピュリストがとりあげているのが、まさにこの一九六〇年代における、コミュニズム、ファシズム、官僚主義的福祉国家のラディカルな等値であることは注意すべきである。インターネットはそうしたレトリックであふれている。「オバマケア」が、たえず、社会主義やナチズムと、ときにはその両者と同一視されていることを想起するだけでよい。

＊20　ウィリアム・ラゾニックは、そのほとんどの仕事を、ビジネス・モデルにおける変容に注目しながら、この転換についての記録に捧げている。グローバリゼーションやオフショアリング［コスト削減などを目的に、企業が自社の業務の一部分や全部を海外に委託・移管すること］の影響があらわれるのは、実際にはあとになってから、一九九〇年代の終わりと二〇〇〇年代のはじめのことである（たとえば、かれの"Financial Commitment and Economic Performance: Ownership and Control in the American Industrial Corporation," *Business and Economic History*, 2nd series, 17 [1988]: 115–28; "The New Economy Business Model and the Crisis of U.S. Capitalism," *Capitalism and Society*, [2009], 4, 2, Article 4, あるいは、"The Financialization of the U.S. Corporation: What Has Been Lost, and How It Can Be Regained," *INET Research Notes*, 2012. をみよ）。この階級的再編性についてのマルクス主義的アプローチについては、Gérard Duménil and Dominique Lévy の *Capital Resurgent: The Roots of the*

Neoliberal Revolution, Cambridge, MA: Harvard University Press, 2004, そして、*The Crisis of Neoliberalism*, Cambridge, MA: Harvard University Press, 2013 がある。実質的に、投資家と企業重役階級は一体のものとなりつつあり——かれらは相互に結合し合っている——そして、金融世界と企業経営世界をまたぐキャリアもありふれたものとなりつつある。ラゾニックによれば、経済的にみてもっとも有害な帰結は、自社株買戻である。一九五〇年代や六〇年代をふり返れば、企業が自社株の市場価値を上げるため、大金を投じてその株を買い戻すようなふるまいは、違法な市場操作であるとみなされる傾向があった。「ところが」一九八〇年代以来、企業重役たちの報酬がますます株で支払われるようになるにつれ、それはあたりまえの慣行となり、かつては企業活動の拡大、労働者の雇用、研究調査につぎ込まれていた文字通り何兆ドルという企業収入は、いまやウォールストリートに注ぎ込まれているのである。

＊21　一九八〇年代からこのかた一般化した婉曲語《コードワード》は、「ライフスタイル・リベラル、フィスカル・コンサバ」「ライフスタイル上はリベラル、財政政策上は保守派」である。この言葉は、一九六〇年代カウンターカルチャーの社会的諸価値を内面化してはいるが、経済は投資家の眼でみるという者たちを指している。

＊22　誤解のないようにはっきりさせておくと、ニューヨークタイムズ、ワシントンポストのような新聞紙、ザ・ニューヨーカー、ジ・アトランティック、ハーパーズマガジンのような雑誌、それらの大きなジャーナリズム機関の場合には、これはあてはまらない。このようなところでは、むしろジャーナリズムの学位はマイナスとみなされるかもしれない。この点では、少なくとも、小出版社にのみ該当する。しかし、一般的な傾向はつねに、あらゆる領域において、資格偏重主義は強化されつつあるのであって、逆ではない。

＊23　www.aljazeera.com/indepth/opinion/2014/05/college-promise-economy-does-no-201451411124734124.html. 引用したテキストは、*Saving Higher Education in the Age of Money*, Charlottesville: University of Virginia Press, 2005, p. 85からのものである。それはこうつづく。「なぜアメリカ人は、これが好ましい条件である、あるいは少なくとも必要な条件であると考えているのだろうか？　理由は、アメリカ人がそう考えているからだ、というものである。わたしたちはここで理性の領域から、信仰と大衆的体制順応主義《マス・コンフォーミティ》の領域へと足を踏み入れているのである」。

＊24　これがわたし自身の経験であるのはたしかである。所属する大学院課程において、数少ない労働者階級出身者のひとりであったわたしは、教授の説明にがっかりしたことがある。かれはこう述べたのである。きみはクラスで最優秀の学生である——たぶん研究科全体でもそうだろう——が、と、ここでかれはお手上げのポーズをした。きみがわずかのサポートで——というか長年いっさいのサポートぬきに——、多くのバイトをこなしながら苦しんでいるのを、手助けすることはできない、と。ところが、医者、法律家、教授を親にもつ学生たちは、助成金、フェローシップ「奨学金給費研究員の地位」、学生基金（student funding）などをすべて、自動的に手中にしているようにみえたのである。

＊25　政府による直接のローンも教育を継続するには役に立たない。というのも、借り手はもっと高利の民間ローンに手を出すことを余儀なくされるからである。

＊26　ある友人がわたしに、図書館学における修士号の事例を教えてくれた。その修士号はいまでは、すべての公立図書館の職員に必要なものである。その一年間の課程の提供する情報で、数週間のオン・ザ・ジョブ・トレーニングで獲得できないものは、一般的に存在しないのであるが。その結果、以下のような事態が保障されることになった。すなわち、新規の図書館員としてのキャリアの最初の一〇

年か二〇年は、収入の二〇から三〇パーセントがローンの支払いにあてられることである。友人の場合、月に一〇〇〇ドルがローンの支払いにあてられるが、その半分が大学に（元金である）、残りの半分がローン業者（金利である）に、である。

＊27　この共謀の論理は、まったくそうはみえない組織にまで拡張しうるものである。アメリカにおける最大の左翼雑誌の編集長は億万長者であり、その人物は基本的にその地位をカネで買った。むろん、組織において、その地位への昇任にあたっての第一の条件は、仕事をおこなうにあたって、その理由はカネではないという建前を掲げるつもりがあるということであった。

＊28　「勝利のショック」と題したエッセイで、わたしは、そこで生じたことを素描した。あきらかに地球規模《プラネタリー》の官僚制はいまだ存続している。だがＩＭＦの押しつける構造調整政策は終わった。社会運動の強い圧力のもとで二〇〇二年に起きた、アルゼンチンの債務帳消しが、一連の出来事を引き起こし、それが実質的に第三世界の債務危機を終結させたのである。

＊29　国際連盟と国際連合は、一九七〇年代にいたるまで、基本的には議論するだけの機関であった。

＊30　たとえば、イングランドで、穀物法の廃止をおこない、自由主義時代の幕開けとみなされているブリテンの保護関税の撤廃をもたらしたのは、保守党の首相であるサー・ロバート・ピールであった。かれは最初のブリテンの警察を創設したことで知られている。

＊31　わたしが数年前にこのことを想起させられたのは、ほかならぬジュリアン・アサンジによって、占拠《オキュパイ》運動の多数の活動家がかれのＴＶショーである『ザ・ワールド・トゥモロー』に出演したときであった。わたしたちの多くがアナキストであることを知って、かれは、じぶんにとっての難問であるという問いを投げかけた。キャンプをする、一晩中太鼓を叩いてだれも寝させない人間がいる。かれ

らはやめようとしない。あなたがたはそれについてどうしますか？　そのふくむところは、警察とかそれに類するもの——暴力をもって威嚇する非人格的機関——は、そうした状況のもとでは端的に必要である、ということだった。かれのいうことには、現実の対応物があった。ズコッティ・パークには迷惑な太鼓叩きが幾人かいたのである。しかし実際は、音楽を好まない占拠参加者たちが交渉して、特定の時間にのみ太鼓を叩くという合意をえていた。どのような暴力がらみの実力も、必要なかったのである。このことは、長い歴史のなかで、人類の圧倒的多数にとって、そうした状況のもとで呼ぶことのできる警察のようなものは端的に存在しなかった、という事実を想起させる。にもかかわらず、かれらはなんとかことを収めていたのである。［だから］わたしたちは、隣人の騒々しい宴会で頭のおかしくなった都市住民についての記録を、メソポタミアにも、中国にも、古代ペルーにもみいだすことができないのだ。

＊32　このように機能していないであろう市場関係が存在しうることは可能である。非人格的市場が、歴史のほとんどを通して、ほとんどが軍事行動を支援すべく組織化された、国家の創作物である一方で、国家と市場とが分かたれていた時代も存在している。アダム・スミスやその他の啓蒙思想の市場の擁護者たちの多くが、中世のイスラーム世界のようなところから、その発想の多くを借用しているようにおもわれる。そこでは、シャリーア法廷が、直接の政府の介入なしに商人たちの評判（それゆえ信用力）を通してのみ、商業契約の執行を可能にしていたのである。そうした市場は、多数の核心をなす点で、わたしたちのなじんでいる市場とははなはだ異なったかたちで機能していた。たとえば、市場行動は、競争よりははるかに協働にかかわるものとみなされていたのである（*Debt: The First 5,00 Years*, Brooklyn: Melville House, 2011, pp. 271–82『負債論』酒井隆史監訳、高祖岩三郎・佐々木夏子

訳、以文社、二〇一六年、四〇三 - 四一九頁をみよ)。キリスト教国はきわめて異なった伝統を有していた。そこでは商業はつねに戦争と深くかかわっており、とりわけ先立つ社会的紐帯の不在のなかでの純粋に競争的行動が、人びとをルールを遵守させるための警察のようなものを、おおよそ必然から、必要としたのである。

＊33　近年にいたって、この傾向の転換がはじまった可能性がある。しかし、わたし自身の経験からいえば、なんらかのかたちの社会的統制《コントロール》は、究極的には、国家による暴力によって可能になっていると主張するペーパーをプレゼンすると、そうした分析はもう時代遅れでバカげていると、フーコーやグラムシ、あるいはアルチュセールをふりまわして批判してくる人間が、間髪入れずにあらわれてくる。理由は、「規律の体制」はもはやそのようには機能していない、か、あるいは、そんなことはなかった[社会的統制と国家暴力のつながり]ことはいまやみなわかっている、のいずれかである。

＊34　*The Collected Works of Abraham Lincoln*, vol. 5. Roy P. Basler, ed., New Brunswick, NJ: Rutgers University Press, p. 52. 人類学者のディミトラ・ドゥーカス (Dimitra Doukas) は、いかにこの変化が、ニューヨーク州北部の小さな町で起きたのかについて、すぐれた歴史的概観を与えてくれている。*Worked Over: The Corporate Sabotage of an American Community*, Ithaca, NY: Cornell University Press, 2003 をみよ。現代アメリカの労働者のあいだのふたつのパースペクティヴのあいだの抗争については、また、E. Paul Durrenberger and Dimitra Doukas, "Gospel of Wealth, Gospel of Work: Counter-hegemony in the U.S. Working Class" *American Anthropologist*, Vol. 110, Issue 2 (2008), pp. 214-25 をみよ。

＊35　このキャンペーンと、アメリカン・エンタープライズ研究所のようなシンクタンクの設立にはじ

まる、一九六〇年代と七〇年代における、おなじように豊富な資金を背景にした自由市場イデオロギーを普及させる運動を比較することは、興味深いだろう。後者［現代のそれ］は、［一九世紀のそれと比較して］より小さな資本家諸階級の一派からあらわれ、より長い時間をかけて世論に対する広範な影響を獲得した。最終的には、おそらくもっと大きな成功を収めたわけだが。

＊36 ソヴィエトの官僚制ですら、労働の賛美と消費者のユートピアをつくりだす長期にわたるコミットメントとを、むすびつけていた。一九八〇年代にレーガン政権が実質的に独占禁止法の執行を放棄したとき、そこには企業合同の認可基準の転換がともなっていた。すなわち、合同が、取引の制約として機能するかどうかから、「消費者の利益になる」かどうかへの転換である。その結果、合衆国経済は、農業から書籍の小売りにいたるまで、ほとんどの部門において、少数の巨大官僚制的独占ないし寡頭体制によって支配されることになった。

＊37 おなじように、古典世界でも、中世キリスト教世界でも、合理性を道具としてみなすことはほとんどできなかった。というのも、それは字義通り神の声であったからである。この点については、第三章でより詳細に論じるつもりである。

＊38 一九九二年におけるロシアの公務員の総数は一〇〇万人で、二〇〇四年には一二六万人である。これは、この時期のおおよそが経済的低迷によって特徴づけられており、それゆえ管理すべき活動もかなり少なかったことを考えれば、とりわけ注目にあたいする。

＊39 この論理は、マルクスによるフェティシズムの観念と類似している。フェティシズムにおいては、人間による創造物が生命をもち、人間という創造者によって掌握されているというよりは、むしろ掌握しているようにみえるのである。たぶんそれを、おなじ現象の変種として把握するのが最良であろう。

第1章

＊1　この特殊な戦術はとても普及しているので、それには然るべき名が与えられるべきであろうとおもう。わたしが提案したいのは、「発した一声子猫のエサ！」［現象］、というものである。もしあなたが官僚制の問題に不平をこぼしても、下っ端の人間をトラブルに巻き込む――この下っ端がそもそも問題と関係があるのかどうかは無関係に――のがせきのやまということを理解せよ、ということだ。かくして、不平をこぼす者は、たいてい並外れた悪意があるわけでも残酷であるわけでもないから、ほとんど即座に、不平を撤回することになる。この場合、だれかがわたしに大事な情報を伝えるのを忘れていたのであるが、責任の所在が、不平をこぼしている相手であるところの、当の行政職員であることがはっきりしている問題であっても、おなじような挙動に出てしまったことがある。

＊2　たとえば、このように。「わたしたちは、見返りを期待することなしに、共通の善にむかって、力のかぎりに仕事をするよう、万人に求めている！　そして、もしあなたがそうした基準を充たすことができないとしたら、あなたが反革命的なブルジョア的寄生者であることはあきらかである。しかるに、あなたは強制収容所送りである」。

＊3　官僚制についての人類学的研究が存在するとして――ここでの古典は、Michael Herzfeld, *The Social Production of Indifference: Exploring the Symbolic Roots of Western Bureaucracy*, New York: Berg, 1992（マイケル・ハーツフェルド『無関心の生産――西洋官僚制のシンボリックなルーツの研究』）である――としても、その研究が、そうした制度的仕組みを愚かである（foolish）ないしバカげているもの（idiotic）として記述することは、ほとんど決してありえない。もしそのような要素があらわれ

たとしても、「バカバカしい《イディオシー》官僚制」という見方は、インフォーマントに帰属される傾向がある。それは素朴な民衆の世界観《ナイーヴ・フォーク・モデル》を代表しているのであって、その存在をこそ人類学者は説明しなければならない、とされるのである。［たとえば］ギリシアの村人とかモザンビークの商店主は、なぜ、地方の役人を救いようのないバカ《イディオッツ》として表象するジョークを、かくもひんぱんにひねりだすのか？［と問うのである］ ここで決して考慮されない回答が、村人や商店主は端的に現実を記述しているだけである、というものである。

ここで慎重にならねばならないのは了解している。わたしはここで、人類学者やその他の社会科学者たちが、官僚制のコードや規制への没入によって、他の文脈であればバカげている《イディオティック》とみなされるようなふるまいを、人びとが事実上おこなってしまう、という事態にまったく認識していないといっているわけではない。だれであれ、個人的経験からそのことはよく知ってはいるのだ。しかし文化の分析という目的のためには、そのような自明の真実は、おもしろくない。最善の場合、期待できるのは、「わかっている、だが……」［の構造］といったところだろう——この「だが」が、真に重要であることすべてを導入している、という仮説をもってすれば、である。

＊4　ある程度、これは、制度がたえずわたしたちにもつように促してくる世界観に対する、公然たる挑戦ではある。わたしは最近、じぶんの大学に対して、オンライン上の「時間割り当て報告」書類を作成しなければならなかった。［ところが］およそ三〇の業務《アドミン》のカテゴリーがあったのだが、「本を書く」というカテゴリーはなかったのである。

＊5　「まったく（never）」というのが、いいすぎではないのはまちがいない。［ただし］わずかの例外はある。しかし、極小の例外である。人類学では、Marilyn Strathern［マリリン・ストラザー

ン」のすぐれた *Audit Cultures: Anthropological Studies in Accountability, Ethics and the Academy*, London, Routledge, 2000 がもっとも注目にあたいする。

＊6　Talcott Parsons & Edward A. Shils, eds., *Toward a General Theory of Action*, Cambridge: Harvard University Press, 1951（『行為の総合理論をめざして』作田啓一・永井道雄・橋本真訳、日本評論新社、一九六〇年）。

＊7　Eric Ross, "Cold Warriors Without Weapons." *Identities* 1998 vol. 4 (3-4): 475-506. ハーバード大学のコネクションをつかむための例をあげるならば、［たとえば］ギアツはクライド・クラックホーンの学生であった。クラックホーンは、CIAの地域研究基金との重要なパイプ役というだけでなく、パーソンズとシルズの著名な社会科学へのヴェーバー主義宣言である、*Toward a General Theory of Action*, 1951［『行為の総合理論をめざして』］における人類学の章の担当者であった。クラックホーンはギアツを、当時、CIAの経済研究部門の元局長に率いられていたMITの国際研究センターに紹介した。そして、このセンターが、インドネシアにおける発展についての研究に取り組むよう、ギアツを説得したのである。

＊8　ここで、フーコー自身が、一九六八年以前は、フランスではあまり知られていない人物であったことを考えることには、意味がある。かつての主導的な構造主義者であり、多年にわたって、ノルウェイ、ポーランド、チュニジアで、国外生活を送っていた。蜂起のあと、実質的にチュニジアを追放され、パリの用意しうるもっとも特権的な地位であるコレージュ・ド・フランスの教授職を提供された。

＊9　人類学においては、たとえば、Nancy Scheper-Hughes, *Death Without Weeping: The Violence of*

Everyday Life in Brazil, Berkeley: University of California Press, 1992; Carolyn Nordstrom and Joann Martin, *The Paths to Domination, Resistance, and Terror*, Berkeley: University of California Press, 1992 をみよ。

＊10　この用語それ自体は、一九六〇年代の平和学内部での論争に端を発している。この造語を発明したのはヨハン・ガルトゥンクである（“Violence, Peace, and Peace Research.” *Journal of Peace Research* 1969 vol. 6:167–91; *Peace: Research, Education, Action, Essays in Peace Research*,Copenhagen: Christian Ejlers,Vol. 1, 1982; *Peter Lawler, A Question of Values: Johann Galtung's Peace Research*, Boulder, CO, Lynne Rienner, 1995）のだが、それは、「平和」をたんなる物理的攻撃行為の不在と規定することで、はるかに狡猾である人間的搾取の構造の遍在を見過ごしてしまっている、という非難に対する応答としてであった。ガルトゥンクは、「搾取」という用語はマルクス主義との同一視による負荷をあまりに帯びていると考えており、それにかわる「構造的暴力」という用語を提案した。それは、人口の特定の部分に、たびたび物理的または心理学的危害を与えたり、自由に制約を押しつけたりするよう機能する制度的機構すべてを指している。構造的暴力は、それゆえ、「個人的暴力」（同定可能な人間主体による暴力）とも「文化的暴力」（危害を与えることを正当化する世界についての一連の信念や想定）とも区別されうる。人類学文献でこの用語が使用されるときもまた、主要には、このような用法にしたがっている（e.g., Philippe Bourgois, “The Power of Violence in War and Peace: Post–Cold War Lessons from El Salvador.” *Ethnography* 2001 vol. 2 [1]: 5–34; Paul Farmer, “An Anthropology of Structural Violence.” *Current Anthropology* 2004 vol. 45 [3]:305–25; *Pathologies of Power: Health, Human Rights, and the New War on the Poor*, Berkeley: University of California Press,

2005; Arun Gupta, *Red Tape: Bureaucracy, Structural Violence, and Poverty in India*, Durham, NC: Duke University Press, 2012)。

＊11　現実に存在する世界を前提とすれば、このことはあきらかに意味をなさない。もし、たとえば、物理的ないし性的暴力への恐怖によって女性が排除されている空間が存在するならば、この恐怖、男性にそうした暴行の実現を促すもろもろのおもい込み、犠牲者に「［こんなところに］来るから［こういうことになるの］だ」と考える警察、その結果、女性の大多数の側の、これらはわたしのいてよい場所ではないという感覚、これらのあいだの区別をすることは不可能になる。あるいは、その結果、特定の職業に就くことのできない女性の側の「経済的」帰結から、以上の要素を区別することも不可能である。このすべてが、単一の暴力の構造を形成している。

ヨハン・ガルトゥンクによるアプローチの究極の問題は、Catia Confortini の指摘しているように（"Galtung, Violence, and Gender: The Case for a Peace Studies/Feminism Alliance." *Peace and Change*, 2006 vol. 31 [3]:333–67）、わたしたちが念頭においているのが、暴力や暴力の脅威が、決定的で構成的な役割をはたす、そのような物質的諸過程であるようなときに、「諸構造」を、抽象的で漠然とした実体とみなしていることにある。事実、システムを支えている暴力が、どういうわけか、その暴力の諸効果の原因ではないと想像してしまうことができるのは、この抽象への傾向そのものであると論じることもできるだろう。

＊12　なるほど、奴隷制はしばしばモラルの関係として枠づけされている（主人は奴隷の精神的福祉に父性的な関心をよせている、などといったたぐいである）が、多数のひとが観察してきたように、そうしたお話しを、主人も奴隷も、いずれも信じてはいない。そうしただれの眼にも虚偽とわかるイデ

オロギーに調子を合わせるよう強いる力能それ自体が、主人の純粋な恣意的権力を確立するにあたっての、ひとつの要素なのである。

＊13 Keith Breckenridge, "Power Without Knowledge:Three Colonialisms in South Africa."(www.history.und.ac.za/Sempapers/Breckenridge2003.pdf).

＊14 Keith Breckenridge,"Verwoerd' s Bureau of Proof:Total Information in the Making of Apartheid."*History Workshop Journal* 1985, vol. 59:84.

＊15 Andrew Mathews, "Power/Knowledge, Power/Ignorance: Forest Fires and the State in Mexico." *Human Ecology* 2005, vol. 33(6): 795–820; *Instituting Nature:Authority,Expertise,and Power in Mexican Forests, 1926–2011*, Cambridge: MIT Press, 2011.

＊16 David Apter, *The Politics of Modernization*, Chicago: University of Chicago Press, 1965; *Choice and the Politics of Allocation: A Developmental Theory*, New Haven:Yale University Press, 1971.

＊17 「暴力行為は、それ以外の行動の表現に劣らず、文化的意味に深く浸透されており、歴史的に埋め込まれた行動のパターンの制約内で、個人の行為主体性《エージェンシー》に開かれた契機である。現存する文化的形式、シンボル、アイコンなどを活用する個人の行為主体性は、それゆえ、「詩的《ポエティック》」ともみなしうるかもしれない。その下に横たわるルールに縛りつけられた基層からみても、また、それを通して文化的表現の新しい意味や形態が生まれるところの、この基層が配備される様式からみても」(Neil Whitehead, "On the Poetics of Violence," in *Vioence*, James Currey, ed. Santa Fe, NM: SAR Press, 2004, pp. 9–10.

＊18 犯罪の問題にかんしては、そこに実際の物理的接触がないとしても、わたしたちはだれかの頭に

銃をつきつけてカネを要求するような行為を暴力犯罪として扱う傾向がある。しかしながら、暴力についてのリベラルの定義のほとんどが、物理的危害の脅威それ自体を暴力の形態として規定することを避けている。その壊乱的なふくみゆえに、である。その結果、リベラルは、暴力を合意なき危害の行為として、保守派は、正当な権威［当局］による認可のない合意なき危害の行為として定義する傾向をもつことになる。もちろん、それによって、国家そのもの、あるいは、かれらの認めるいかなる国家も、「暴力」に関与することは不可能になってしまう（C.A.J. Coady, "The Idea of Violence." *Journal of Applied Philosophy*, 1986 vol. 3 [1]:3–19; をみよ。また、わたし自身の著書 *Direct Action: An Ethnography*, Oakland: AK Press, 2009, pp. 448–49 もみよ）。

＊19　おそらく、この点にかんして、この種類の家父長制的仕組みが、構造的暴力をはっきり示す事例であることを指摘する必要はないだろう。それらの規範は、微細であったりさして微細でなかったりするものの、際限のないやり方で、物理的危害の脅威によって押しつけられているのである。

＊20　この一節をはじめて書きつけて以来、この実験についてのエッセイの所在を探しているのだが、みつからない（一九九〇年あたりのフィールドワークの最中に、アンタナナリボのアメリカ領事館である雑誌を眺めていたとき、映画『トッツィー』についての記事のなかに、それをみつけた）。この話をするとき、よく返ってくるのが、じぶんたちが女子だったらと想像することに一〇代の男子が抵抗を示す本当の理由は、たんにホモフォビアではないか、という意見である。なるほど、たしかにこの件にかんしていえば、それは正しい。しかし、だとしても、次にこう問わねばならない。そもそもなぜホモフォビアはかくも強力なのか、そして、なぜホモフォビアがこのようなかたちであらわれるのか？　つきつめれば、一〇代の女子の多くも等しくホモフォビア的なのである。だが、だからといっ

て、じぶんが男子だったらと想像することの楽しみを妨げはしないのだ。

＊21 bell hooks, "Representations of Whiteness," in *Black Looks: Race and Representation*, Boston: South End Press, 1992, pp. 165–78.

＊22 パトリシア・ヒル・コリンズ、ダナ・ハラウェイ、サンドラ・ハーディング、ナンシー・ハーソック、それ以外による、フェミニスト視点理論の主要テキストを集めたものに、ハーディング編集による1冊（Harding (ed.) *The Feminist Standpoint Theory Reader: Intellectual and Political Controversies*, London: Routledge, 2004）がある。ここでつけ加えておきたいが、この論考の来歴そのものが、ここで記述しているジェンダー化された自明性の、格好の事例である。［というのも］わたしがこの問題を考えはじめたとき、じぶんの議論はあきらかに間接的な影響を受けていたというのに、このような一群の文献についてはまったく知らなかったのである。この発想の多くが実際にはどこに由来をもつのかに気づいたのは、あるフェミニストの友人が介入してくれてはじめてのことだったのである。

＊23 Egon Bittner, *Aspects of Police Work*, Boston: Northeastern University Press, 1970. それに加えて、"The capacity to use force as the core of the police role." in *Moral Issues in Police Work*, Elliston and Feldberg, eds. Savage, MD: Rowman and Little eld, 1985, pp. 15–26; P.A.Waddington, *Policing Citizens: Authority and Rights* London: University College London Press, 1999; Mark Neocleous, *The Fabrication of Social Order: A Critical Theory of Police Power*, London: Pluto Press, 2000.

＊24 むろん、この一節の該当するのは、おおよそ、特定の階級的ステイタスの人間にとってである。「中産階級」であるということの真の定義は、町で警察官をみたとき安心するかそうではないかによる、と、しばしばわたしは述べてきた。これが、たとえば、ナイジェリア、インド、ブラジルの人び

とで、じぶんを中産階級と考える――たいていのデンマーク人や白人のオーストラリア人はそう考えているが――割合が、きわめてわずかであるのかの理由である。ヨーロッパや北米のほとんどの大都市は、人種もまた、「警察官をみて安心するか否かの」大いなる因子である。にもかかわらず、もっとも直接にそして一貫して人種差別的である警察からの暴力にもっともさらされている人びとが、犯罪との戦いが警察の本来の仕事であると主張することも、よくあることではあるが。

＊25　これがヴェーバーが本当にいわんとしたこととは異なっているのは、わたしも承知している。「鉄の檻」というフレーズすら、どうも誤訳であるようだ。このフレーズは、もともとの意味は、「ピカピカの金属製の囲い（shiny metal casing）」、といったようなものであった。すなわち、単調な監獄ではなく、そのものとしては、表面上、魅力的なハイテクの包装なのである。にもかかわらず、二〇世紀のほとんどを通して、ヴェーバーはこのようには理解されなかった。そして、ある意味では、普及した理解は、作者の本当の意図よりも重要なのであり、そして、確実に、より影響力をもっていたのである。

＊26　対照的に、古代エジプトは、冒険的な仕事に就きたがる学生にむけて警告する一連の文学の様式を創造した。それらは典型的には、読者は船長になろうとか、王室の戦車操舵手になろうとか、夢想したことがあるだろうか、といった問いからはじまる。つづいて、そうした表面的には魅力的な仕事が実はどれほどみじめなものであることか、それを描写するのである。結論はいつもおなじである。やめておけ！　官僚になろう。前途ある仕事だし、兵士や船乗りを使い回せて、しかも、連中からは神のごとくあがめられるのだぞ。

＊27　ボンド映画における真のジョークは、ボンドはスゴいスパイなのだ、であるようにおもわれる。スパイは「ふつう」慎重で目立たぬようにすべきものと考えられている。「ところが」ボンドは、真逆

である。たんに、ボンドは、いともたやすく、超人的に、スパイ活動以外のいかなる課題の遂行もこなすことができるから、スゴいスパイであることからも逃れることができるからである。ホームズとの対立という点では、さらに、はてしなく追加することができる。たとえば、ホームズが家族史をもつのに対し、ボンドは孤児であるか、あるいは少なくとも家族的絆をもたないようにみえる。さらには、子孫を残すことなく、たえずセックスに励んでいるようにみえる。ホームズは、とても良好な関係である、ひとりの男性パートナーをもっている。ボンドはさまざまな女性パートナーをもつが、たいてい、死ぬ。

＊28　議論を充分に尽くすには、はるかに時間がかかるであろうし、ここではその余裕はない。だが、いまではハリウッドのアクション映画のデフォルトであるようにみえる、「すべてのルールを破るならずものデカ」を前面に推したデカもの映画《コップ・ムービー》は、一九七〇年代まではまったく存在していなかった。事実、二〇世紀前半のアメリカ映画で、警察官の視点をとったものはほぼまったく存在しない。ならずものデカ映画は、西部劇が消滅したそのときにあらわれ、その大部分が、都市の官僚制的状況への西部劇のプロットの移植なのである。クリント・イーストウッドがこの移行を決定づけたことはよく知られている。セルジオ・レオーネの『名無しの男』[三部作]（一九六四、一九六五、一九六六年）から『ダーティ・ハリー』（一九七一）へ、である。論じられてきたように、西部劇のプロットは、一般的に、基本的に高潔な人間が、それ以外の状況であればいっさい正当化しえないであろうことがらでも、正当性をもっておこなうことができる状況を創出する、その努力であった。これを都市の官僚制的環境に移植することは、穏やかならぬ含意をもつ。実際、ジャック・バウアーは、このジャンルの論理的な極限であると論じることもできるだろう。

＊29　Marc Cooper, "Dum Da Dum-Dum." *Village Voice*, April 16, 1991, pp. 28–33.

＊30　これはリベラルないし右翼リバタリアンの自由市場観念と類似しているようにみえるかもしれない。その観念も、政府の干渉に対立しているが、リベラリズムの鉄則とわたしの呼ぶものにしたがって、つねに、より大きな官僚制を生み出してしまうからである。しかし、左翼の諸観念が、つねに必然的に、おなじ道をたどって官僚制を形成してしまうとはわたしは考えない。実際、蜂起の諸契機はつねに、現存する官僚制の構造総体を根絶することからはじまるからである。こうした構造はしばしば再侵入してくるが、それが起きるのも、革命家たちが政府を介して行動をはじめたときにはじめてである。かれらが、たとえばサパティスタのように、自律的なエンクレーヴをなんとか維持しようとするときには、こうしたことは生じないのである。

＊31　わたしは「存在論」という用語を用いるのに、やや躊躇がある。というのも、哲学用語として、これは近年多大なる濫用を被っているからである。専門的にいえば、存在論は現実の本性についての理論であって、現実についてなにを知りうるのかについての理論である、認識論と対立している。社会諸科学において、「存在論」は、「哲学」「イデオロギー」「文化的前提の集合」などを表現するもったいぶったやり方にすぎなくなっており、それについてのかなりのものが、哲学者であれば認めないであろう。ここではわたしは「政治的存在論」という特殊な意味で使っている。それはたしかに、わたしの創作した意味であるが、根底にある諸現実についての一連の仮説を指している。「現実主義的になろうよ」といわれるとき、そこでいわれる「現実」とはなんであろうか？　政治的出来事の表面の下をうごめいているとみなされる、隠された現実、根底にある諸力とはなんであろうか？

＊32　金持ちや権力者ですら、たいてい、そこに住む人間の大多数にとって、この世界はみじめな場所

であることを認めはするだろうが、それでも、これは不可避である、か、あるいはそれを変革しようとするいかなる試みも、事態を悪化させるだけだと主張するだろう。わたしたちが実際に理想的な社会的秩序のもとに生きているとは、いわないのである。

＊33　残念なことに、タイトルはそうならなかった。そのかわり与えられたタイトルは、『資本主義にヒビを入れよう』(*Crack Capitalism*, London: Pluto Press, 2010,『革命——資本主義に亀裂を入れる』高祖岩三郎・篠原雅武訳、河出書房新社、二〇一一年)という、それよりぜんぜんよくないものだった。

＊34　ここでの主要テキストは、James Engell, *The Creative Imagination: Enlightenment to Romanticism*, Cambridge MA: Harvard University Press, 1981 と、Thomas McFarland, *Originality and Imagination*, Baltimore: Johns Hopkins University Press, 1985 である。

＊35　ここでつけ加えたいのだが、フェミニズム理論それ自身が、想像力への構造的暴力の諸効果についての深い考察を、早々に、じぶん自身のサブフィールドに囲い込んでしまった。ほとんどの男性理論家の著作へ、影響をほとんどもたなかったのは、そのためである。

＊36　まちがいなく、こうしたことすべてが、解釈労働——あるいは、わたしたちが女性の仕事とふつうみなしているもののほとんど——を労働として認識するのは困難にさせながら、これら二つを根本的に異質な活動とみなすことを容易にしている。わたしとしては、それを一次的［初期的］労働形態(primary form of labor)と認識するのが、おそらくより正しいとおもう。明確な区別がここで可能であるとすれば、それは、根源的とみなされるべき人間存在にむけられた、ケア、エネルギー、労働である。わたしたちがそれについてもっともケアすることがら——わたしたちの愛、情熱、競合意識、執着心——はつねに、他者である人びとであり、資本主義的ではないほとんどの社会では、物質

的財の生産は、人間を形成するというより広範なプロセスの従属的契機であることが自明視されている。事実、資本主義のもっとも疎外的側面のひとつが、その反対であると考えるよう、わたしたちが考えるよう強いられるという事実、そして、社会とはなによりまずモノのアウトプットを上昇させるためにある、と考えるよう強いられる事実にある、とわたしは考える。

＊37　わたしの著作、*The Democracy Project*, New York: Spiegel & Grau, 2012（『デモクラシー・プロジェクト――オキュパイ運動・直接民主主義・集合的想像力』木下ちがや・江上賢一郎・原民樹訳、航思社、二〇一五年）をみよ。わたし自身の考えたタイトルは、皮肉なことに、「あたかもわたしたちがすでに自由であるかのように（As If We Were Already Free）」であった。ところが結局、わたしはじぶん自身の著作のタイトルも決定できないほど不自由なのであった。

＊38　*A Paradise Made in Hell:The Extraordinary Communities That Arise in Disaster*, New York, Penguin, 2010（レベッカ・ソルニット『災害ユートピア』高月園子訳、亜紀書房、二〇一〇年）。

第2章

＊1　おなじように一九四九年にオーウェルは、未来のディストピアを一九八四年に設定した。たかだか三四年先である。

＊2　実際のところ、テレビ電話がはじめてあらわれたのが一九三〇年代、ナチス支配のもとでのドイツの郵便局においてであった。

＊3　フレドリック・ジェイムソンの *Postmodernism; or, The Cultural Logic of Late Capitalism*, Duke University Press, 1991, pp. 36–37 からの引用である。オリジナルの論文は一九八四年に発表されている。

＊4　オリジナルの著書は、一九七二年に、ドイツ語で *Der Spätkapitalismus* として公刊された。最初の英語版は、*Late Capitalism*, London: Humanities Press, 1975 である（エルネスト・マンデル『後期資本主義　1〜3』飯田裕康・的場昭弘・山本啓訳、柘植書房、一九八〇年、一九八一年）。

＊5　おそらく、この立場の古典的言明は、Howard McCurdy, *Space and the American Imagination*, Washington, D.C.: Smithsonian, 1997 をみよ。しかしこの種のレトリックのそれ以外のヴァージョンについては、以下もみよ。Stephen J. Pyne, "A Third Great Age of discovery," in Carl Sagan and Stephen J. Pyne, *The Scientific and Historical Rationales for Solar System Exploration*, SPI 88-1, Washington, D.C.: Space policy institute, George Washington University, 1988, あるいは、Linda Billings, "Ideology, Advocacy, and Spaceflight: Evolution of a Cultural Narrative," in *The Societal Impact of Spaceflight*, Stephen J. Dick and Roger D. Launius, eds. Washington, D.C.: NASA, 2009.

＊6　Alvin Toffler, *Future Shock*, New York: Random House, 1970（アルヴィン・トフラー『未来の衝撃——激変する社会にどう対応するか』徳山二郎訳、実業之日本社、一九七〇年）。

＊7　この場合もまた、ソヴィエトには対応物がある。ツポレフ Tu-144［旧ソ連最初のジェット旅客機］である。事実上の最初の超音速旅客機であり、最初のフライトは一九六八年［一二月三一日］で、コンコルドより数カ月早かったが、一九八三年に、商業目的としては放棄された。

＊8　Alvin Toffler, *The Third Wave*, New York: Bantam Books, 1980（アルヴィン・トフラー『第三の波』鈴木健次訳、日本放送出版協会、一九八一年）。

＊9　トフラー自身の政治は、よりわずかに両義的ではあるが、だが、それも、たいしたことはない。『未来の衝撃』の成功以前には、かれは主に、ビジネス・ジャーナリストとして知られていたのだが、

その最大の成果は、おそらく『プレイボーイ』誌で、アイン・ランドにインタビューしたことであろう。ほとんどの保守派と同様、抽象的原理としての女性の平等には理解したふり《リップサービス》をみせるが、実際のフェミニストやフェミニズム的争点となると、批判以外を語ったことがない。典型的な事例としては、Alvin Toffler and Heidi Toffler, *Revolutionary Wealth: How It Will Be Created and How It Will Change Our Lives*, New York: Doubleday, 2006, pp. 132-33 をみよ。トフラーもギルダーもともに、母性への脅威に大いに執着しているのは、たしかに興味深い。あたかも、両者とも、シュラミス・ファイアーストーン［Shulamith Firestone（1945-2012）アメリカのフェミニスト。ラディカル・フェミニズムの初期の展開の中心的人物］の思想に——ファイアーストーンが実際に注目されるはるか以前より——対抗することに、みずからの政治の基礎をおいているかのようである。

＊10　エキセントリックな人物たちではあったが、こうした人物たちの右派への影響をあなどることは、まったくできない。というのも、かれらは右派に属する創造的で先見の明のある人間とみなされているからである。たとえば、ギルダーのサプライサイド経済理論は、レーガノミクスの主要な発想源のひとつとして広範囲にわたって参照されている。そして、かれの「テクノロジー・レポート」も広く読まれているので、業界筋はそれを「ギルダー効果」と呼ぶくらいである。かれが積極的に評価した会社の株価は、その直後から、ほとんど例外なく上昇する、という効果のことである。

＊11　たとえば、ウィン・マコーマック［オレゴン州出身の出版経営者であり編集者］は、一九九〇年代の終わりごろ、シカゴ大学の元学長によって設立されたシンクタンクに参加していた経験について、わたしに教えてくれた。そのシンクタンクの主要な目的は、この一世代かそこら以内に、機械が完全に肉体労働にとってかわるときに起きるであろう騒乱を阻止する方法を考案することにあった。

＊12　ここでは未公刊の『ゼロ・ワーク』誌——のちのミッドナイト・ノーツ・コレクティヴの登場を準備した——で描写されたような、一九七〇年代はじめの現実の政治的抗争について、詳細に記述する余裕はない。しかし、かれらが明確にあきらかにしてみせているのが、多くの組み立てライン産業において、この時代の山猫ストは、単調な労苦作業を機械化によって置き換える要求に重点をおいていたこと、そして、雇用主にとって、組合に組織された「ラストベルト」の工場を放棄することが、そうした要求をかわす自覚的な戦略となったことである（たとえば、Peter Linebaugh and Bruno Ramirez, "Crisis in the Auto Sector," 初出は *Zero Work* から。*Midnight Notes*, 1992 で公刊された）。

＊13　ときに、アメリカ合衆国は、産業プランニングに関与していないという幻想を維持したがるが、批評家が長きにわたって指摘してきたように、実状は異なっている。直接のプランニングの多く、それゆえR＆D［研究開発活動］が、軍を通して実現している。

＊14　このプロジェクトは、まさにエネルギアと呼ばれていた。これが、スペースシャトルは退役したというもののいまだグローバルな宇宙プログラムの主力である、巨大打ち上げロケットをソヴィエト連邦が開発した理由であった。このプロジェクトのニュースがアメリカ合衆国ではっきりと公表されたのは、ソヴィエト崩壊の二年前の、一九八七年になってやっとのことであった。www.nytimes.com/1987/06/14/world/soviet-studies-satellites- to-convert-solar-energy-for-relay-to-earth.html.

＊15　このことは興味深い問いを投げかけている。この特殊な神話世界のどれほどの部分が、スラブ由来である——少なくとも部分的には——のだろうか？　しかしながら、この解明のためには、多くの調査が必要となろう。

＊16　Jeff Sharlet［ジェフ・シャーレット］の教えてくれたところによると、こうした想像上のむすび

つきはおそらく、わたしたちの考えるよりもはるかにすすんでいた。一九五〇年代と六〇年代には、無視できない数の米国議会議員をふくめた、多数の有力アメリカ人たちが、ソヴィエト人たちは実際に宇宙人と接触しているのではないか、UFOはソヴィエトの同盟者ではないのか、さもなくば、宇宙人のテクノロジーを借りたソヴィエト製の乗り物なのではないか、疑惑をもっていたようにみえるのだ（たとえば、Sharlet の著作 *Sweet Heaven When I Die:Faith,Faithlessness,and the Country In Between,* New York: Norton, 2012], pp. 146–48 をみよ）。

＊17 一例としては、Judith Barad, *The Ethics of Star Trek*, New York: Perennial, 2000 である。この著作は、その三二八頁のうち、民主主義や集合的な政治的意思決定についてふれたところは一箇所たりとも存在しない。

＊18 わたしたちが決して耳にしないであろうセリフを、さらにあげると、たとえばこうだ。「ヴァルカン・ベイジョー伝統主義者同盟が連立与党の支持をやめて、もし、じぶんたちの候補者が今年の教育大臣になれなかったら、選挙のやり直しをさせようとしてるらしいんだけど、このニュース聞いた?」。エスニックな差異を横断する潜在力をもったイデオロギー的差異が不在のため、連邦内部で想像することの唯一の政治的分割が種族間のものであることにも、注意を払おう。アンドリア人［ヒューマノイド種族であり惑星連邦創設種族のひとつ］の意見はこうだ、ベタゾイド人［ヒューマノイド種族、惑星連邦加盟］の意見はああだ、というわけだ。これもまた、ソヴィエト連邦やそれに似た体制のもとで生じた実態と似ている。そこでは、集権化された再分配システムとイデオロギー的体制順応主義《コンフォーミティ》の強要の結合のために、エスニックな差異は、公然たる政治的表現をみいだすことの可能な唯一の差異であった。このことが、途方もなく破滅的な政治的帰結をもたらしたのである。

＊19　すべてのエスニック集団が、惑星連邦では代表者を有しているわけであるが、いつも奇妙な例外がひとつだけあるのが気になっていた。ユダヤ人である。このことは、オリジナルシリーズでは、カークとスポックを演じていたのがともに、ユダヤ系の俳優であったこと――有名な話だが、ヴァルカン人のあいさつは正統派ユダヤ教の祝福のしるしである――を考えれば、なおさら注意を惹く。しかし、ひとりのキャプテン・ゴールドバーグもルービンステイン中尉もそこには存在しない。わたしの知るかぎり、ユダヤ人のキャラクターが登場したことはないのである。

＊20　ここで示した出来事の経過は、いくぶんかは仮説的なものである。というのも、述べたように、その歴史は書かれていないからである。ただし、マイケル・ムーアが議論の口火を切ったというわけではない。むしろ、かれのコメントは、当時すでに語られていたことを、支持するものであった。フェレンギ人が最初にあらわれたのが、かなり早くて、一九八七年で、ボーグはもっとはやい。だが、それらが惑星連邦と対照をなすオルタナティヴとしてより目立ってくるのは、のちになったのことである。この問題が保守サークルのなかにどれほど怒りを呼んだかを知るには、（『スタートレック』の生みの親である）“Gene Roddenberry”［ジーン・ロッデンベリー］と“communism”とで検索をかけて《ググって》みればよい。

＊21　この用語はもともと“Franks”［フランクス］から派生している。アラブ人による十字軍の総称である。かくして、フェレンギ人は、奇妙な中世の遺産をもっていることになる。かれらの名は、ムスリムがキリスト教徒にあてた敵対的名称なのである。ムスリムはキリスト教徒たちを、野蛮で、不信心で、きわめて貪欲であるため、すべての人間的品位を欠落させている者、とみなしていた。かれらの物理的みかけやふるまいも、まさにおなじ理由から、このおなじキリスト教徒たちがユダヤ人にあ

てがっていた敵対的イメージを彷彿させるものである。

＊22　かくして、たとえば、最近の――二一世紀の――労働についての研究書は、次のようにはじまるのである。「二〇世紀の終わりに、ふたつの広範な展開が労働を変容させてきた。最初のものは、ソヴィエト連邦の崩壊であり、世界規模での市場資本主義の勝利である。二番目は、コンピュータを基礎とした生産テクノロジーと経営指揮統制システム（management command-and-control systems）の広範囲の活用である」（Rick Baldoz, Charles Koeber, Philip Kraft, *The Critical Study of Work: Labor, Technology, and Global Production*, Philadelphia: Temple University Press, 2001, p. 3）。

＊23　その設計者であるミハイル・カラシニコフ――いまだ存命である［二〇一三年に死去］――は、最近、記者会見をおこなって、次のように指摘している。イラクの米兵は、すきあらばじぶんの武器を捨て、押収したＡＫ-47とひんぱんに取り替えている、と。

＊24　もちろん、たんに大学職員の数を数え上げることは、それ自体欺瞞的である。というのも、それは、財団やそれ以外の助成金付与機関によって雇用される職員の急増を無視しているからである。

＊25　おなじように、ユニヴァーシティ・カレッジ・ロンドンの物理学者であるDon Braben［ドン・ブラーベン］は、もしいまの世界に生きているとしたら、アルバート・アインシュタインは助成金を獲得することは決してできないだろう、といっている。これは別の人たちの指摘だが、アインシュタインの主要な論文のほとんどは、査読を通過できないだろう［主要な研究は、ピアレビュー審査を通過しないだろう］。

＊26　Jonathan L. Katz, "Don't Become a Scientist!" (wuphys.wustl.edu/~katz/scientist.html).

＊27　さらに悪いことに、業界の友人たちの指摘するところによれば、助成金授与機関は、申請書や経

過報告などの作成を、だれかにやらせるのではなく、じぶんでやれ、としつこくいっているらしい。その結果が、だれの眼にも成果をあげている科学者たちですら、その［研究］時間のおおよそ四〇パーセントをペーパーワークにつぎ込む、という事態である。

＊28　なるほど、シリコンバレー的なある種の資本主義企業――最先端と自認しているような――は、古風《オールドスタイル》のベル研究所風青天井方式をとることもあるし、実際、そうしていると周知させもしている。しかしこうした努力も、よく調べてみると、いつも、おおよそは宣伝のための見世物であることが判明するのである。シリコンバレー流の企業では、イノベーションは大部分が新会社に外注《アウトソース》されている。現在、もっとも有望な研究は概して、企業でも政府の直接の助成を受けた環境でもなく、非営利部門（ほとんどの大学もふくむ）でおこなわれているが、ここでもまた、制度文化の企業化によって、ますます多くの時間が助成獲得術に費されている。

＊29　David Harvie, "Commons and Communities in the University: Some Notes and Some Examples," *The Commoner* no. 8, Autumn/ Winter 2004 (www.commoner.org.uk/08harvie.pdf).

＊30　たとえば、石油会社が買収して安全なところに封印した代替燃料が本当に存在するかどうかはわからないが、世間では、さもありなんと推測されている。わたしの知っているロシアのジャーナリストは、全国に無料でワイヤレス環境を提供できるインターネットベースステーションの設計をおこなった、じぶんの友人について語ってくれた。この特許は数百万ドルで即座に購入され、主要インターネットプロバイダーによって封印された。そのような逸話は、そもそもことの次第から検証不可能であるが、そのような逸話が存在していること、そしてありそうなことだという空気《オーラ》をまとっていること、それ自体が重要なのである。

＊31 Neal Stephenson, "Inovation Starvation," *World Policy Journal*, Fall 2011, pp. 11-16.

＊32 ときおり頭に浮かぶのだが、スチームパンクは、本当のところ、まさにこのような状況へのノスタルジアを表現しているのではあるまいか。わたしは一度、このトピックをめぐる博物館のシンポジウムに参加したことがあるのだが、奇妙におもえたのが、発言者たちの発言がもっぱら「スチーム」の要素に集中し、「パンク」にはふれなかったことである。一九七〇年代のパンクロックは、救済的未来の不在を体現していた。事実、そのもっとも有名なスローガン《マントラ》のひとつは、「ノーフューチャー」だった。ヴィクトリア時代のSF的未来への愛着は、なによりもまず、第一次大戦の大殺戮以前の最後の瞬間、すなわち、だれもが救済的未来が可能であるとたやすく感じることのできた最後の瞬間へのノスタルジアではあるまいか。

＊33 Giovanni Arrighi, *The Long Twentieth Century: Money, Power, and the Origins of Our Times*, London:Verso, 1994（ジョバンニ・アリギ『長い二〇世紀——資本、権力、そして現代の系譜』土佐弘之監訳、作品社、二〇〇九年）。

＊34 おそらくこの解雇は、そのオカルトへの没頭と、少なくとも同程度、かれのリバタリアン・コミュニズムへの政治的親近性に関係していた。かれの妻の姉妹は、魔術結社のリーダーであったとおもわれるが、最終的にかれと決別して、L・ロン・ハバードのもとへ走った。NASAを去ってからも、パーソンズは、じぶんの魔術を応用して、ハリウッドのために花火効果を創作しつづけ、一九五二年［本書では一九六二年となっているが、一九五二年の誤り］に自爆した。

＊35 Lewis Mumford, *The Myth of the Machine:Technics and Human Development*, New York: Harcourt Brace Jovanovich, 1966（ルイス・マンフォード『機械の神話——技術と人類の発達』樋口清訳、河出書房新社、

一九八一年)。

＊36　ここで記しておきたいが、本論考の元になったアイデアの多くに賛同してくれたピーター・ティール［Pay Pal の創始者で起業家かつ投資家。右派リバタリアンとして知られている］は、まさにこの理由から、反市場かつ親独占の資本家を公然と自称している。かれは急速なテクノロジー的変化を促進させるには、それが最良の方法と感じているのである。

＊37　記憶しているかぎりで、少なくとも二〇代の頃から、少なくとも年に一回は、だれかから、老いを食いとめる薬が三年ぐらいで出来るらしい、と耳にしている。

第3章

＊1　"Bureaucracy" in *From MaxWeber:Essays in Sociology*, H.H.Gerth & C. Wright Mills, eds., New York: Oxford University Press, 1946, pp. 233-34（マックス・ウェーバー『官僚制』阿閉吉男・脇圭平訳、恒星社厚生閣、六一‐六二頁)。

＊2　当時、かれはアメリカ人の訪問者に次のように語っている。「わたしの発想は、労働者階級にわいろを与えること、いうなればそうすることで、国家がじぶんたちのために存在している社会制度であること、かれらの福祉に関心をもっている社会制度であることを納得させることにありました」（引用は、William Thomas Stead, *On the Eve: A Handbook for the General Election*, London: Review of Reviews Publishing, 1892, p.62 より)。この引用はおぼえておくと役に立つ。というのも、こうした一般的観点――福祉国家は、おおよそ労働者階級が革命的になることへの恐怖から労働者階級を買収するために形成された――は、懐疑を招きよせ、それが支配階級の自覚的意図であったのか証拠を求められがち

だからである。しかし、ここでは、まさに福祉国家の最初の試みが、その創設者によってはっきりとそうであると認められているのである。

＊3 Herodotus, *Histories*, 8.98（ヘロドトス『歴史（下）』松平千秋訳、岩波文庫、一九七二年）。

＊4 『想像の共同体』で、ベネディクト・アンダーソンが、新聞にのみ焦点を合わせながら、この現象にほぼふれていないのは興味ぶかい。

＊5 これはいまだ真実である。現在、アメリカ合衆国では、三分の一の政府職員が軍隊、四分の一が郵便業務にたずさわっていて、それ以外の部門をはるかに凌駕している。

＊6 残念なことに、このエッセイは現存しない。以下の著作をみよ。*The Mark Twain Encyclopedia*, J. R. LeMaster, James Darrell Wilson, and Christie Graves Hamric, eds. New York: Routledge, 1993, p. 71; Everett Emerson, *Mark Twain, a Literary Life*, Philadelphia: University of Pennsylvania Press, 2000, p. 188.

＊7 Lenin, *State and Revolution*, London: Penguin, 1992 [1917], p. 52（レーニン『国家と革命』宇高基輔訳、岩波文庫、七三－七四頁）。

＊8 Peter Kropotkin, "Anarchist Communism," in *Anarchism: A Collection of Revolutionary Writings*, New York: Dover, 1974, p. 68.

＊9 Gordon Wood, *Empire of Liberty: A History of the Early Republic, 1789–1815, Oxford History of the United States*, Oxford: Oxford University Press, 2011, pp. 478–79.

＊10 実際、ニューヨーク市に育った者として、二〇世紀転換期ごろ、つまり、壮大さそのものが共和国の力量を反映しているとみなされていた時代の公共施設の壮麗さと、一九七〇年代以降に市民むけ

に市の建設したものの、意図的ともおもえる安っぽさのあいだの興味をそそる隔絶に、わたしはいつも困惑してきた。わたしにとって、前者の時代を代表する少なくともふたつの偉大な事例は、長大な大理石の階段とコリント式の列柱で飾られた堂々たるニューヨーク中央郵便局とニューヨーク公共図書館の本館である（ちなみに、一九八〇年代に入ってからもかなりまで、書籍のリクエストを書架に伝えるための空気式チューブのシステムを維持していた）。おもいだすのは、旅行者としてスウェーデン王の夏の宮殿を訪ねたさいのことである。生まれてはじめて宮殿のなかに足をふみ入れたのはそのときである。わたしの最初の感想は、こりゃまったくニューヨーク公共図書館そのものじゃないか！というものだった。

＊11 Mark Ames, *Going Postal: Rage, Murder, and Rebellion from Reagan's Workplaces to Clinton's Columbine and Beyond*, Brooklyn: Soft Skull Press, 2005.

＊12 このことをみごとに伝えていたのが、偉大な映画『ハリウッド・シャッフル』〔日本語タイトル『ハリウッド夢工場』〕である。映画の世界で成功するために、屈辱的なレイシズム的ステレオタイプを演じることに耐える決意をした、不運な若いアフリカ系アメリカ人の主人公に立てた作品であるが、かれの祖母はかれのことをおもいだしながらやさしくこう語る。「郵便局にはいつも仕事があったんだ」。

＊13 このパターンは実際あらゆる種類の映画にまで拡がっている。たとえば、たとえはぐれ者の主人公が科学者であったとしても、その官僚組織の上司はほとんど例外なく有色人である。主人公がたまに有色人のこともあるかもしれないが、たいていは白人である。ボスが——少なくともお節介なやかましやであり共謀の加担者ではない場合——白人であることはほとんどない。

＊14 いうまでもなく、第二章でのインターネットの命運についてのわたしの言及が述べたように、そ

うした詩的テクノロジーは、それ自体が官僚制的テクノロジーに化してしまうという、不幸な傾向をもっている。

＊15　フロイトはこのふたつの概念を和解させようと試みた魅力的な人物である。つまり、理性とモラリティが同一であった中世の観念とは異なり、合理性（エゴ）はもはやモラリティを表現しないのであり、むしろ、かたや情念《パッション》（イド）、かたやモラリティ（超自我）のあいだを、矛盾する方向に行ったり来たりするものなのだ。

＊16　この事態がもっとも強力に展開しているのが軍事官僚制においてである、と論ずることもできるかもしれない。将校たちはしばしば、文民指導者がかれらにもたらす政治的展開がどのようなものであれ、等しい献身と効率をもって貢献できると誇りをもって語る。しかし、これは官僚制的心性のたんなる延長にすぎない。たとえば、貴族の将校の一団によって支配された軍隊のふるまいは、それとはまったく異なっている。

＊17　たとえば、極端なかたちをとる政治的イスラームの社会的基盤について、いまますます文献が増えつつある。それらの文献があきらかにしているのは、エンジニアや諸科学の研究者をとりわけ惹きつけるものを、それがもっているということである。

＊18　ミスター・スポックが虚構のキャラクターであるのはまさにそのためである。とはいえ、もちろんスポックは実際には無感情であるとは考えられておらず、かれはたんにそのようにみせかけているだけである。それゆえある意味で、かれは合理性の理念を完璧に表現しているのである。

＊19　妄想的前提にもとづきながら論理的に一貫した議論を考案すること、あるいは、問題の現実的な評価をおこないながらその解決に完全に誤った論理を応用することも、完璧に可能である。人びとは、

つねに、どちらもおこなっている。

＊20 わたしがここで言及しているのは、ピュタゴラス学派の運動ではなく、その創設者であるピュタゴラスである。というのも、ピュタゴラスの名を冠して知られるようになる教義を創造するにあたってのかれ自身の役割は、現在、論争の的である。Walter Burkert〔ヴァルター・ブルケルト〕によれば、ピュタゴラスに帰しうるのは輪廻転生の教義のみであって、数学的コスモロジーはそうではない。それはヒッパソス、フィロラオス、アルキタスのような、のちのピュタゴラス学派のさまざまな人物に帰されてきたし、あるいはプラトンによってのちに考案され、ピュタゴラス学派に帰せられてきたとさえされることもある（さすがにこれについてはないようにおもわれる）。

＊21 ある説話によれば、この教義の政治的重要性の大なるゆえに、のちのピュタゴラス学派のひとりであるヒッパソスは、無理数を発見したとき、仲間から海に投げ込まれた。古代の伝説の述べるところによれば、ヒッパソスは、そうした問題を暴露したというその不信心のため、神よりの罰として、たまたま海に投げ込まれたという。わたしにとって、より興味をそそられるのは、ある出典からの次のような話である。ヒッパソスは神が無理数である、いいかえれば、神はコスモスの内在的合理性を超えた超越的原理を表現していると考えていた、というのである。それが本当なら、古代の「宇宙宗教」というあらたな論理との大いなる決別であったといえるだろうし、かくしてかれが仲間からの反感を買ったとしても驚くべきではないだろう。これから詳述する主権についての考察とそれがいかに関係しているのかについて、考えてみるのは興味をそそる。

＊22 ハンス・ヨナス（Hans Joas, *The Gnostic Religion*, Boston: Beacon Press, 1958〔『グノーシスの宗教――異邦の神の福音とキリスト教の端緒』秋山さと子・入江良平訳、人文書院、一九八六年〕）は、

わたしの知るかぎりでは、グノーシス主義を記述するのに「宇宙宗教」という用語を使った最初の人物である。グノーシス主義は、理念的な宇宙の秩序という観念を拒絶し、人間の魂は根本的に創造とは異質であり、そのはっきりとした否定であるとみなしていた。アウグスティヌス的キリスト教は、事実上、双方の要素をふくんでいるのであって、マニ教的二元論に、根本的に異教的である精神と聖性の同一性の主張とを統合している。

＊23　それはストア派から派生しているが、しかし、古代においては、ヨーロッパ中世においてのようには普遍に近いものにはならなかった。

＊24　動物たちがそうするとして、それはもちろん、遊び《プレイ》においてである。

＊25　Edmund Leach, *Social Anthropology*, Oxford, Oxford University Press, 1982, p. 121（エドマンド・リーチ『社会人類学案内』長島信弘訳、岩波書店、一九九一年）。

＊26　人間を動物から区別するものは想像力にあるとみなすことは、論理的により筋が通っているといえるかもしれないが、中世的観点からすれば、まったく認めがたかった。というのも、占星術とネオプラトニズムに影響された当時の一般的な神学においては、想像力は低次の存在に対応しているからである。すなわち、想像力は聖なる知性と物質的世界のあいだの媒介者なのである。ちょうど、星辰界（astral plane）が天界と地上界を媒介するように。実際、当時の多数が、わたしたちのもろもろの想像の能力は星辰的実体からなる、と、思弁していた。

＊27　出典は、Francis Yates, *Giordano Bruno and the Hermetic Tradition*, London: Routledge and Kegan Paul, 1964, p. 144（フランセス・イエイツ『ジョルダーノ・ブルーノとヘルメス教の伝統』前野佳彦訳、工作舎、二〇一〇年、一九八頁）より。さらなるオリジナルは、Robert Fludd, *Meteorologica cosmica*,

Frankfort, 1626, p. 8.

＊28　Francis Yates, *op cit*, p. 119における翻訳より（イエイツ、同上訳書、一九〇頁）。

＊29　そしてまた、ローマを拠点にしつづけていた教会のヒエラルキーに基盤をおく。教会は、当時のヨーロッパに現存していたなかで、もっとも洗練され、地理的にも広範にわたる行政システムを維持していた。

＊30　原《プロト》官僚制についてはHans Nissen et al., *Archaic Bookkeeping: Early Writing and Techniques of Economic Administration in the Ancient Near East*, Chicago/London: University of Chicago Press, 1993をみよ。また、David Wengrow, *What Makes a Civilization?*, Oxford: Ox-ford University Press, 2012, pp. 81–87. もみよ。

＊31　あるいは人類学の記録するところから、マオリ、ないし北米北西海岸のファースト・ネーション（集権的な統治や行政のシステムを有しない、貴族と平民に分割された「ポトラッチ社会」としてしばしば言及される）、あるいはさらに、すべての成人男性がこの種の恒常的な自己誇示的ふるまいに関与しているパプアニューギニアのイアトムル族のような、より平等主義的な英雄社会について考えてもいいだろう。

＊32　わたしのここでの主要なテキストは、David Wengrow "'Archival' and 'Sacrificial' Economies in Bronze Age Eurasia: An Interactionist Approach to the Hoarding of Metals," in *Interweaving Worlds: Systemic Interactions in Eurasia, 7th to the 1st Millennia BC*, in T. C. Wilkinson, S. Sherratt, and J. Bennet, eds. Oxford: Oxbow, 2011, pp. 135–44. わたし自身、英雄社会については、以下で議論しているin "Culture as Creative Refusal," *Cambridge Anthropology*, vol. 31 no. 2 (2013), pp. 1–19.

＊33　この点については、わたしの著作、*Lost People: Magic and the Legacy of Slavery in Madagascar,*

Bloomington: Indiana University Press, 2007, pp. 129–31. をみよ。

＊34　たとえば、フン族のアッティラは、ニーベルンゲン伝説とヴォルスング・サガの双方に、登場人物としてあらわれる。

＊35　「ファンタジー文学」が、『不思議の国のアリス』や『オズの魔法使い』から『クトゥルフの呼び声』にいたるまで、きわめて広範囲の文学作品を包摂できるものであることはあきらかであり、ＳＦもまたファンタジー文学のサブジャンルにふくめる批評家は多数存在する。それでも、中つ国スタイルの英雄ファンタジー文学は「無徴の項」でありつづけている。

＊36　別の場所でわたしは、これについて、「醜悪な鏡の現象」としてふれたことがある。David Graeber, "There Never Was a West: Democracy Emerges from the Spaces in Between," in *Possibilities: Notes on Hierarchy, Rebellion, and Desire*, Oakland: AK Press, 2007, p. 343 をみよ。

＊37　ここでの核心的な差異は、中世のカーニヴァルが、ローマのサーカスとは大きく異なり、実際に大部分がボトムアップに組織化されていたことであることは、まちがいない。

＊38　第二次大戦中に書かれた、息子への手紙より。「わたしの政治的立場は、〈アナーキー〉（哲学的なそれで、統制《コントロール》の廃棄を意味しています。爆弾を抱えたひげ面の男たちのことではありません）か「非立憲的」君主政に、ますますかたむいています。わたしは国家という言葉（イングランドとその住民からなる無主の領域以外の意味のそれ、すなわち、権力も権利も精神をもたないなにものか以外の意味のそれ）を使用した者はだれであれ逮捕するでしょう。そして回心の機会を与えたのち、処刑することでしょう……」。この手紙はさらに、命令の関係がただひとつありうるとすれば、小規模の対面的集団の内部のみであると感じていること、世界におけるひとつの希望は、「不満を抱えた男たちが、

ますます工場や発電所に爆弾を仕掛けているようになっている」ことにある、と述べている (Letter to Christopher Tolkien, November 29, 1943; in *The Letters of J.R.R.Tolkien*, Humphrey Carpenter, ed. London: Allen & Unwin, 1981, #52.)。人格的権威のみが正当であるというこの主張は、あらわれかたはさまざまあれど（ファシズム、共産主義、あるいは福祉国家）、生涯にわたる官僚制への嫌悪の反映であると主張する人たちもある。たとえば、John Garth, *Tolkien and the Great War: The Threshold of Middle-earth*, London: HarperCollins, 2011, p. 94, と、Mark Home, ***J.R.R.Tolkien***, Nashville, TN: Thomas Nelson, 2011, pp. 124–27. をみよ。後者は次のように述べている。「王と「アナーキー」のあいだの振幅は、北欧の部族史の研究者にとっては奇妙なものではない」(*ibid.*, p. 125) どころか、むしろ、ここで英雄社会と呼んでいるものに典型的なものである、と。

＊39 Douglas Adams［ダグラス・アダムズ］のファンならば、これもまた二〇世紀中盤における官僚制の偉大なる諷刺である、*The Hitchhiker's Guide to the Galaxy*（『銀河ヒッチハイク・ガイド』安原和見訳、河出書房新社）が、まさにこうしたシナリオからはじまり、地球の破壊にいたることを想起することだろう。

＊40 高貴なる戦士の首長・対・悪の魔法使いというシナリオは、基本的には、ブリテンの植民地的比喩表現である。アフリカの植民地における「ブリテンの」役人たちは、ほとんど例外なく、尊敬する戦士エリートを探し求め、もしみつからないときは、あれこれの「ウィッチドクター［呪術医］」――かれらはこれもまた例外なく、有害な影響源とみなしていた――の策略で追い払われたものと考えていたようだ。*King Solomon's Mines*［『キングソロモンの秘宝』］は、この神話の小説における究極の表現である。

＊41　ホイジンガは実際には、プレイとゲームを同一のものと把握している。Johan Huizinga. *Homo Ludens:The Play Element in Culture*, Boston: Beacon Press, 1955（『ホモルーデンス』高橋英夫訳、中公文庫、一九七三年）。

＊42　そしてもし、ゲームをプレイするとき、この「プレイ」の要素は、予測不可能な要素である。その度合いに応じて、ひとはたんに規則を適用するだけではなく、スキルを活用し、あるいは、サイを投げ、あるいは、それ以外のやり方で不確実性を受け入れるのである。

＊43　ここでは典型的な事例をひとつだけあげるにとどめる。J. Lowell Lewis, "Toward a United Theory of Cultural Performance" in *Victor Turner and Contemporary Cultural Performance*, Graham St. John, ed. London: Berghahn, 2008, p. 47である。しかし、専門的文献ではこのような発想はなんども指摘されている。わたしがつけ加えうるのは、この分析によって、ダンジョン&ドラゴンやそれに類するロールプレイングゲームがとても楽しい、その理由がわかるという点である。すなわち、それらがかくも楽しいのは、プレイとゲーム原理の完全なミックスを達成しているからである。

＊44　"Alternative Futures," *Times of India*, February 10, 2007, in timesof india.indiatimes.com/edit-page/Alternative-Futures/article- show/1586903.cms.

＊45　Carl Schmitt, *Political Theology: Four Chapters on the Concept of Sovereignty*, Chicago: University of Chicago Press, 2004 [1922]（カール・シュミット『政治神学』田中浩・原田武雄訳、未来社、一九七一年）。シュミットの議論は、ナチスによって、強制収容所の法的正当化のために利用された。

＊46　「インドのコスモロジーにおいては、プレイはトップダウンの観念である。プレイへの移行やその諸前提が、高次の抽象や一般性のなかに埋め込まれているのだ。プレイの諸特性は、全体を通して

反響している。しかしそれ以上に、プレイの諸特性は、コスモスの運動そのものに不可欠なのである」。D. Handelman, 1992. "Passages to play: Paradox and process," *Play and Culture*, vol 5 no. 1, p. 12. 引用は、Brian Sutton-Smith, *The Ambiguity of Play*, Cambridge: Harvard University Press, 2001, p. 55より。

＊47 Sutton-Smith *op. cit.*, pp. 55–60. ボトムアップのプレイ、すなわち、本質的に壊乱的なものとしてのプレイの観念は、対照的に、つねに存在してきたが、こうした問いにかんしてのわたしたちの思考の支配的様式に本当になったのは、ロマン主義によってはじめてである。

＊48 あるいはより正確にいえば、その代表者たちが、特定の状況にあってそこに居合わせかつ職務中であるならば、暴力的にふるまうことの許されている唯一の人間たちである、ということである。

＊49 二〇〇二年の世界銀行に対する抗議行動のなかで、ワシントンDCの警察は公園を包囲し、そのなかにいる者はだれでも逮捕するよう決定した。おもいだすのは、わたしが指揮官に声をかけ、なんで逮捕されるのか、たずねたことである。かれはこう答えた。「なにか考えるのはあとだ」。

＊50 警察官が罪の問われることも、たまにはある。だが、たいてい、そういう場合は、銃器で脅しをかけながらの、肛門への挿入がみられたときである。少なくとも、即座に想起されるのはふたつの事例である。まず、警察官ジャスティン・ヴォルペ。かれは一九九七年のニューヨークのある公衆トイレでほうきの柄でもってのけんかが起きたさいに、じぶんにパンチを喰らわせたと誤っておもい込んだ男を強姦した。そしてデニス・クラウスである。ジョージア州の警察官であり、かれは、ひんぱんに女性たちからのドメスティック・バイオレンスの通報に対応しながら、彼女たちに性的奉仕を強要していた。そして、一九九九年、女性のひとりを銃で脅しながら、肛門性交をおこなおうとした。その結果、かれらは、ともに刑務所送りとなる。実際に警察官を刑務所送りにするには、相当悪逆であ

る粗暴なおこないを必要とするものである。たとえば、グローバル・ジャスティス・ムーヴメントやウォール街占拠運動のさい、非暴力の抗議者たちの手首や指を――しばしばそう通告したあと――計画的に折るという事例が相次いだのだが、当該警察官のだれひとりとして告訴されることはなかったし、ましてや暴行罪に問われることもなかった。

＊51　これと、先ほど述べた合理主義的観点のあいだの複雑な関係に注意しよう。その合理主義的観点においては、創造性は、それが聖なるないしコスミックな理性の原理に対立しているがゆえに悪魔のごときものとみなされていた。「他方で」ここでは創造性が悪魔的なものとみなされるのは、それが聖なる、ないしコスミックなプレイの原理の性質を帯びているがゆえに、なのだ！

＊52　現代の政治理論家のなかには、多かれ少なかれ、このことを包み隠さず、積極的に主張するひとたちもいる。ここではとりわけ、クエンティン・スキナーのような思想史家やフィリップ・ペティットのような哲学者の素描した、シヴィック・ヒューマニズムとして言及される思考の学派を念頭においている。かれらによれば、古典的なリベラルの伝統において「自由《フリーダム》」とは、権力の干渉、あるいは暴力の脅威――というのも法システムは規則破りをした人間に暴力をもって威嚇するからである――なしに行為することが可能であるという問題ですらなく、**恣意的**権力の干渉なしに行為することが可能であるという問題である。ここでは詳細に立ち入る余裕はないのだが、こうして問題の定式そのものが自由のゼロサム的観点を提示するようになった。「恣意性」とはつまるところ、たんに「規定されていない」ということを意味している。恣意的な権威のシステムにおいて、決定は、独裁者の「意志と快楽」を反映する。しかし、独裁者の観点からすれば、「恣意性」とは自由である。それゆえ支配者が自由でないときは、人びと「人民」は自由である。「したがって」権力ある人びとは、規則《ルール》に

従属しなければならない。しかし、すべての市民がある程度の権力を有しているがゆえに、事情はそれ［権力ある人びと］と変わらない［規則にしたがわねばならない］。究極的には、自由とは他者の恣意的（規則《ルール》に拘束されていない）権力からの保護を意味しているがゆえに、そして、権力とは遍在している（everywhere）がゆえに、この論理は、人間生活のすべての要素を一群の透明な規則に還元することにお墨つきを与えるものである（この点についての主要なテキストとしては、Philip Pettit, *Republicanism: A Theory of Freedom and Government*, Oxford: Clarendon Press, 1997; Quentin Skinner, “Freedom as the Absence of Arbitrary Power,” in *Republicanism and Political Theory*, Cécile Laborde and John Maynor, eds. Malden, MA: Blackwell Publishing, 2008 をみよ）。

＊53　Marilyn Strathern, *Audit Cultures: Anthropological Studies in Account- ability, Ethics and the Academy*, London: Routledge, 2000.

＊54　言語は変化するだけではく、歴史的環境とはかかわりなく、かなり恒常的な割合で変化する傾向がある。この事実の上に、言語年代学という、科学の一分野総体が存在しているのである。

＊55　Jo Freeman,“The Tyranny of Structurelessness.” 最初に公刊されたのは *The Second Wave* (vol. 2, no 1) において、である。*Quiet Rumours:An Anarcha-Feminist Reader, Dark Star Collective*, Edinburgh: AK Press, 2002, pp. 54–61 で再刊された。

補論

＊1　ちなみに、わたしのここでの分析の対象は、とりわけ最初の二、三〇年の、主流のコミックブック［がらみの］フィクションである。わたしの原稿が最初に発表されたとき、このジャンルのもっと

も洗練された作品、たとえば、フランク・ナイトの『バットマン』、『ウォッチマン』シリーズ、『Vフォー・ヴェンデッタ』、そしてそれ以外のもっとはっきりと政治的であるコミックのプロットが考慮されていないことが、ときに批判された。それに、主流のコミックスすらも、時間がたつにつれ、よりはっきりと政治的になってきたのである（たとえば、レックス・ルーサーは大統領になってしまうのだ！）。それでも、大衆的ジャンルの本質を理解したいならば、そのもっとも洗練されたハイカルチャー的ヴァリアントに着目するのはどうか。大衆的ジャンルの本質を理解したいならば、凡作をこそ検討せねばならないのだ。

＊2　あまりにバットマン映画を大量にみすぎたひとりの人物の事例をカウントしようなどとおもわないならば。

訳者あとがき

本書は、以下のような悩みをお抱えの方に、うってつけである。

・世の中は、規制はいらないとか、自由化だとか、官僚制の弊害だ、役人を減らせ、だとか、あいかわらず呼号されています。それに、そういうことをいうと、あいかわらず政治家も人気があがります。でも、世の中がそういう雰囲気になればなるほど、実際には、どこもかしこも規則だらけになっていくような気がしてなりません。しかも、規則の「遵守」もいろんな場面で以前よりもうるさくなっているし、なんにつけても融通がききません。こういうのをちょっと前までは「お役所仕事」といってたのではないでしょうか？　その時代のほうが、まだ融通がききました。それに、なにをするにもめんどうな手順が増えたり、これまでは不要だったりするところで必要になったりしています。それに悩ましいのは、作成しなければならない書類がとんでもなく増えていることです。気のせいか、役人というか官僚も相変わらずいばってる、というか、以前よりも強力になってるようにもみえます。いわれていることと実際におこっていることが、あまりに違っているようにおもうのです。これは、被害妄想でしょうか。

・コンピュータが導入されて、合理化で業務の簡素化もすすんでいるといわれています。ペーパーレスの時代ともいわれています。ところが、実際に、そういう名目で、たとえばウェブ上でのあたらしい手続きの方法が導入されると、どうしても、以前よりも、ややこしくなって手順も増え、奇々怪々なものと化していく気がしてなりません。それに、やっとパソコンで作成した書類もプリントアウトして提出させられたりして、結局、そこは前と変わらないし、いっこうにペーパーレスもすすんでいるようにおもえません。それどころか、ペーパーは増えていくいっぽうです。いまでは、コンピュータによる合理化とか簡素化といわれると反射的にぞっと寒気が走るようになりました。心身にどこか、疾患があるのでしょうか。

・現代はテクノロジーの発展がすごいといわれています。でも、少し前までは、二〇〇一年にはできるというような感じであった宇宙旅行もまだできないし、宇宙ステーションもないし、それをコントロールしている感情をもったロボットもありません。空飛ぶ自動車も飛んでいないし、それどころか飛行機も音速も越えなくなってしまい、人類の経験する速度はむしろ減速しているのではないでしょうか。癌もハゲも、あるいは風邪すらも、特効薬がまだあらわれません。タケコプターとはいいませんが、それに近いものすらない。それなのに、パソコンがキーボードなしにタッチで操作できるとか、新発売の携帯電話のディスプレーが広くなって余白がなくなったとか、曲がるとか、付属カメラのレンズがふたつになった、とかで大騒ぎしているのが、どうしてもバカバカしくおもえてしまいます。こんなじぶんは、誇大妄想のひねくれものなのでしょうか。

・この世界に不必要なことをしているとしかみえない、なにをやって暮らしているのかもよくわからない元犯罪者の企業家が、マスコミでやたらとえらそうにしているのが、わかりません。いっぽうで、この世界にとってだれもが必要としているようにみえる仕事——たとえば保母さん保父さんのような——をしているひとたちがいます。ところが、この不必要にしかみえないひとは、必要とされているひとたちよりも大金を稼ぎ、しかもその大事な仕事をさげすむようなことをいいます。とても不条理におもえます。じぶんは時代遅れなのでしょうか。

・コラボやグループワーク、プレゼン、自己点検、自己評価などなどで、「想像力」を養い、「創発性」なるものを促進し、ときに「生きる力」などというものをつけさせると、いわれています。ところが、ミーティングも課題も拘束時間も、そしてペーパーワークもやたらと増え、だれもが疲弊しています。まったく効果がないどころか、そうした「想像力」とか「創発性」のようなものを、封殺してまわっているようにしかおもえません。日に日に、みんなの顔も生気を失なっているようにみえます。しかし、エリートたちが、まさか、アホにもわかりそうなそんな矛盾に気づかないことがあるでしょうか？　やっぱり、現場のわれわれの無能が問題なのでしょうか。

・どうしても書類書きが苦手です。じぶんは、決してそれを望んだわけではありません。むしろ、そういう仕事がいやだからこそ、「クリエイティヴ」が売りの仕事に就いたはずなのです。なのに、なぜこう事務仕事が増えるのか、毎日が苦痛で仕方がありません。そのせいか、注意しているつもりですが、締め切りは忘れる、日時はまちがえる、数字がちがっているといったことで、叱責される日々です。他のみなさんも、おなじ境遇なのに、スマートに対応しているようにみえ、ますます、自己嫌悪がつのります。これほどの愚か者もあまりいないにちがいありません。この世に、わたしの居場所はないのでしょうか。

・なにかイベントのあとに、いつのまにか、ゴミを拾うのがやたらともてはやされるようになりました。これが日本人の美徳だとも、いわれます。しかし、わたしはそれをみるたびに、ぞっとします。たぶん、ひとに迷惑をかけてはいけないとか、ルールを守ることがなにより大事だというひとが増えていることと、関係があるのではないでしょうか。そういうひとが増えていることにも、なにやらおそろしくなってしまいます。わたしは、心が汚れているのでしょうか。

こういう悩みを、本書が、解決してくれるわけではない。しかし、それは決して、あなたの責任ではないことは、雄弁に語ってくれるはずである。

本書は、David Graeber, *The Utopia of Rules:On Technology, Stupidity, and the Secret Joy of Bureaucracy*, Melville House, 2015 の全訳である。原題をそのまま日本語にするならば、『規則のユートピア――テクノロジー、愚かさ、官僚制の秘かな愉しみについて』になる。そのままでは、日本語圏の読者には内容が伝わりにくいこともあり、翻訳タイトルはメインタイトルについては韓国語訳を参照して『官僚制のユートピア』（仏語訳は『官僚制』である）に変更した。サブタイトルも、本書のキーワードを利用して、少し手を加えている。

予告されながら延び延びになっている、マーシャル・サーリンズとの共著『王たちについて（*On Kings*）』がいまだ刊行されていないので、二〇一七年一〇月の現時点での最近著となる。

著者を一躍「国際的ブレイク」にみちびき、また、本人いわくイングランド銀行の貨幣史認識も一変させた――かもしれない――ほど、アカデミズムを超えて話題を呼んだ『負債論』から一転、本作は主要に現代を対象に、ラフで、手がかりにとりあげる素材も多種多様、だが、わたしたちの日常のなかの、だれも相手にしようとしない「つまらない」、しかしそこにこそわたしたちの世界の核心がひそんでいる「灰色」で覆われた領域、を、劇的におもしろく、かつ、おそらく、同時代のほとんどだれよりも深くえぐりだしてみせた。

いつものように、各頁であざやかな常識転覆をみせてくれる本書を読むと、かれのこの独自のスタイルの原因が、その問いの立て方にあることが感じられる。いわないお約束になっていることに――正確にいえば、なんとなくだれもが黙従していることに――あらためて問いをたててみせることで、ただよう空気の色合いそのものを一変させ、わたしたちの当のふるまい自身を、解明すべき謎に変えてみせるのである。たとえば、「空飛ぶ自動車」がなぜまだSFのままなのか、という問いは、おそらく、多数のひとの意表をつくものであろう。訳者自身も、第二章のオリジナル論文については以前に読んで、その意表をついた問いと常識転覆的な応答に、一読して仰天した。ソヴィエト連邦の数々の、たいてい失敗に終わった壮大なプロジェクトを、テクノロジーという視点から「再評価」するなどという発想は、それまで寡聞にして聞いたことがない。しかも、それを、反官僚主義的「想像力」を世界の根源に位置づけるアナキズム的視点からやってみせるのである。だれも、グレーバーがここであげているいくつかの理由――予測のペースが速すぎた、非現実的であったなど――をあいまいに混合させたまま、現在の「テクノロジーの驚異」なるものになんとなく、そういうものだとみているだろう。そこに、グレーバーは、過去からの人間のまなざしを導入して、そのまなざしに託しながら、わたしたちの日々のゲームを根源的に揺さぶってみせるのである。「世界のどこでも超高速でアクセスできる図書館と郵便局とメールオーダーのカタログの合体にすぎないものをきみたちはもてはやしているのか」。現在のまどろみから覚めたまなざしで提示された、このいわば「過去からの」問いから、資本主義あるいは資本主義的市場とテクノロジーの関係、あまりに自明化された資本主義とイノベーションのかたいむすびつきが断ち切られる。資本主義は、その本性からテクノロジーの発達やイノベーションとむすびついているわけではない。むしろ、資本主義は官僚制と必然的にむすびつくことで、イノベーションを封殺することもある。こうして、大戦直後からはじまった、官僚制化された資本主義のもとでのテクノロジーの展開の封殺、より正確には、詩的テクノロジーの官僚制的テクノロジーへの従属の過程は、現在のわたしたちのネオリベラル資本主義にいたって頂点に達する、とみなされるのである（ここには、イノベーションと資本主義という論点に対して興味深い視点が提示されている）。

もう一点、本書でも、やはり、グレーバーの思考の顕著な特徴をなしている「両義性」に充ちていることは指摘しておきたい。原題のサブタイトルに「官僚制の秘かな愉しみ」とあるように、本書は第三章にいたって、わたしたちがひそかに抱いている官僚制への愛情にたどりついている。すなわち、ここで、官僚制という現象は、ゲームとプレイの振動という両義的場面にまでつきつめられ、こうして再構築すべき官僚制批判の出発点が示されるのである。このかん『負債論』

についての反応のなかで、誤解とおもわれるものの大半が、この両義性につまずいたものだった。だが、グレーバーの読書において欠かすことのできない態度が、この両義性につきあうことである。そして、その読書の経験は、日々、「両義性」への感性を摩耗されているなかで、わたしたちの思考を鍛えてくれるはずである。また、その意味で、グレーバーのテキストは、「人類学的思考」の醍醐味を、今日、親しみやすいかたちで、多くのひとに、もっともよく示すものであるともいえるだろう。

上下左右、どこをみても「秩序派」の「優等生」的感性に侵食され、増殖する規則《ルール》によってありとあらゆる時空間が埋め尽くされていく日本社会が、規則のユートピア、官僚制のユートピアとしては、世界の先端を走っているのはまちがいない。もともと、マクロには、近代化以来（あるいはもしかすると幕藩体制以来）の独特の強力な官僚制、ミクロには、既存秩序への服従の表明以外の意味をほとんどもたない無内容な規則へのフェティシュ——たとえば校則——のあったところに、「全面的官僚制化」の波が押し寄せてきたのである。そのおそるべき帰結を、いまわたしたちは目撃しているわけだ。

しかし、わたしたちの悩みは、世界の悩みでもある。本書を読むならば、日本社会が決して特別におかしくて、世界から孤立しているわけではないことがわかるはずだ。「左派」が「官僚制の最悪の要素と資本主義の最悪の要素の悪夢のごとき混合物」しか想像できず、的を外してはいるもののそれでも右派が「官僚制批判」を旗印にし、革新のイメージを独占しつつあるのもおなじである。あるいは、世界的な左派の再起のなかで、いまさらの「リベラル化」の果てに消失しかけているというところは少し異なるかもしれない。そこは、反官僚制的エートスの人びとの日常からの消滅の傾向や、反官僚制的エートスやその倫理、あるいは論理を自覚的に保持したり発展させたりする領域の、これも消滅の傾向が、日本社会ではとりわけ徹底しているようにみえることと相関しているかもしれない。ともかく日本社会における「全面的官僚制化」の具体的様相については、今後の探求が必要だろう。いずれにしても、本書は、官僚制批判の再開という、わたしたちにとっても切迫した課題をも示唆するものである。

そうした状況介入的な意味をおいても、本書は、現代の数少ない官僚制論として、その「数少ない」という事態もふくめて鮮やかに説明してみせた、傑出した研究書であり、また、歴史を通してみても、数ある官僚制論のなかで、その洞察と根源的な批評性において、きわだってすぐれた仕事のひとつであるといえよう。

『負債論』が、その広大なスケールと高密度の記述、そして、そのひらめくような発想と挿話の積み重ねもあいまって、「明快であるが困難」といったおもむきの特異な厄介さをもっていたが、本書についてはそういうことはないとおもう。したがって、ここでは解説のようなものは、これ以上つけくわえない。とにかく読んでみて、愉しんで、刺激を受けたなら、そこからあれこれ考えて、思考や行動にとって使えるとおもったら役立ててほしい。

訳文について、少しふれておく。rule については「規則」と一律にあてている。rule and regulation という、regulation との並列の表現が多く、日本語だと、規則と規制というように、見分けがたくなるのが悩みどころだったが、ほとんどにルビをあてることで「解決」を試みている。また、プレイとゲームの違いについて、日本語においても、両者ともに、遊びや遊戯と区別されないことが多い。それぞれに、べつの日本語をあててもよかったが、やはり「ゲームをプレイする」といった表現のニュアンスが失われないよう、また、概念的な差異を強調できるように、カタカナを使用した。引用文献については、すでに翻訳のあるものについては可能なかぎり参照したが、訳文にはほとんど変更を加えている。

翻訳の過程で、今回も、早稲田大学のマニュエル・ヤンには、重要な箇所について、貴重な指摘をいただいた。記して感謝したい。

いつもながら、以文社の勝股光政さん、そして大野真さんにも、お世話になった。記して、感謝したい。

二〇一七年一一月一八日

酒井隆史

著・訳者紹介

著　者

デヴィッド・グレーバー（David Graeber）

1961年，ニューヨークに生まれる．文化人類学者・アクティヴィスト．ロンドン・スクール・オブ・エコノミックス大学人類学教授．2020年9月，滞在先のイタリア・ヴェネツィアにて逝去。

訳書に『アナーキスト人類学のための断章』（以文社，2006年），『負債論』（以文社，2016年），『民主主義の非西洋起源について』（以文社，2020年），『ブルシット・ジョブ』（岩波書店，2020年）のほか、日本語のみで出版されたインタビュー集として『資本主義後の世界のために（以文社，2009年）がある。著書として、*Toward an Anthropological Theory of Value: The False Coin of Our Own Dreams*，(Palgrave，2001，以文社より近刊)．*Lost People: Magic and the Legacy of Slavery in Madagascar*（Indiana University Press，2007)．*Direct Action: An Ethnography*（AK Press，2007)．*On Kings*（HAU，2016，以文社より刊行予定）など多数．

訳　者

酒井隆史（さかい　たかし）

1965年生まれ．大阪府立大学教授．専攻は社会思想史，都市文化論．主要著作に，『完全版　自由論』（河出文庫，2019年），『暴力の哲学』（河出文庫，2016年），『通天閣』（青土社，2011年）．訳書に，スラヴォイ・ジジェク『否定的なもののもとへの滞留』（ちくま学芸文庫，共訳），マイケル・ハート，アントニオ・ネグリ『〈帝国〉』（以文社，共訳），マイク・デイヴィス『スラムの惑星』（明石書店，監訳），デヴィッド・グレーバー『負債論』（以文社，監訳）がある．

官僚制のユートピア
——テクノロジー、構造的愚かさ、リベラリズムの鉄則

2017年12月10日　第1刷発行
2025年 3月10日　第4刷発行

著　者　デヴィッド・グレーバー
訳　者　酒井隆史
発行者　前瀬宗祐
発行所　以　文　社
〒101-0051 東京都千代田区神田神保町 2-12
TEL 03-6272-6536　　FAX 03-6272-6538
印刷・製本：中央精版印刷

ISBN978-4-7531-0343-0